DIE GRAUE EDITION
GERHARD FITZTHUM
AUF DEM WEG

GERHARD FITZTHUM

AUF DEM WEG

ZUR WIEDERENTDECKUNG DER NATUR

DIE GRAUE EDITION

DIE GRAUE REIHE 64
Schriften zur Neuorientierung in dieser Zeit
Herausgegeben von Prof. Dr. Walter Sauer und
Dr. Florian Lauermann in Zusammenarbeit mit der
Prof. Dr. Alfred Schmid-Stiftung, Zug/Schweiz

ISBN 978-3-906336-64-0
 Printed in Germany
Schutzumschlag: Foto Gerhard Fitzthum
Satz und Druck: Kraft Druck GmbH, Ettlingen
Bindung: Buchbinderei Josef Spinner GmbH, Ottersweier

Inhalt

Vorwort

Wo sind wir eigentlich, wenn wir im Internet surfen, wenn wir handytelefonierend über den Marktplatz eilen, wenn wir im Auto sitzen und auf das Display des Navigators starren? Und was bedeutet diese so oft und gern geübte Praxis für die Beziehungen zu dem konkreten Lebensraum, in dem sich unsere Ahnen und Urahnen zu bewegen pflegten? Bewohnen wir diesen Planeten noch im Vollsinne des Wortes, oder ist er längst zu einem kaum noch wahrnehmbaren Hintergrund verschwommen – zu einer Art universaler Bildschirmschoner, der sich von selbst wegklickt, wenn wir uns in den digitalen Kosmos des 21. Jahrhunderts einloggen – in jene zweite Wirklichkeit des heutigen Menschen, die für viele bereits zur ersten geworden ist?

Und warum scheint dieser Riss des Bandes zur analogen Welt niemanden zu beunruhigen? Weil sich die Menschen unseres Kulturkreises im Biotop des irdischen Lebens noch nie zu Hause gefühlt haben? Sich seit jeher nichts sehnlicher wünschen als die vollständige Emanzipation von der Natur – von jener üblicherweise „real" genannten Welt, in der es so unangenehme Dinge wie Altern, Krankheit und Tod gibt?

Diesen Fragen widmet sich der einleitende Essay, der den Titel *Eine kleine Philosophie der Abwesenheit* trägt. Im Grunde thematisieren aber auch die anderen Beiträge das, was man den blinden Fleck des modernen Selbstverständnisses nennen könnte: Die fehlende Raumbeziehung, die notorische Abspaltung von der Natur um und in uns, die Geringschätzung der einzigen Heimat, die wir haben – den Boden, auf den wir unsere Füße setzen, beziehungsweise gesetzt hatten, bevor wir dazu übergingen, uns von Fahrmaschinen durchs Land rollen zu lassen. Um uns der Natur überlegen fühlen zu können, nehmen wir in Kauf, was dem Naturwesen in uns zuletzt schadet: den Lärm, die Lichtverschmutzung, die fortwährende Beschleunigung, den Verlust des Orientierungssinnes, die Asphaltierung der Welt.

‚Lösungen', die uns umstandslos auf den Boden der materiellen Wirklichkeit zurückkehren ließen, wird man in diesem Band vergeblich suchen. Anzeichen der Resignation allerdings auch. Den hier versammelten Betrachtungen liegt die Überzeugung zugrunde, dass die latente Natur- und Leibfeindlichkeit der westlichen Zivilisation kein Ausdruck einer naturwüchsigen Entwicklung ist, die man als ‚anthropologisch' und deshalb alternativlos hinnehmen muss. Stattdessen gehe ich davon aus, dass die genannten Probleme ‚hausgemacht', nämlich integrale Bestandteile jenes kollektiven Selbstverständnisses sind, das mit „christlich-abendländisch" nur sehr unscharf bezeichnet ist. Der Einwand liegt auf der Hand: Solche Erklärungsversuche seien obsolet, weil der aggressive Ethnozentrismus des christlichen Weltbildes, wie wirksam er auch einmal gewesen sein mag, längst in den Eigendynamiken der Globalisierung aufgegangen wäre. Doch darin liegt ein doppelter Trugschluss: Erstens entkommt man den Selbstbeschwörungsmustern einer religiös fundierten Kultur nicht einfach dadurch, dass man aus der offiziellen Kirche austritt. Und zweitens fußt auch die Logik der Globalisierung auf der zweitausend Jahre alten Vorentscheidung, dass die Erde die an sich bedeutungslose Kulisse eines Heilsgeschehens ist, das fundamental auf den Menschen bezogen bleibt und dem Rest des planetarischen Lebens nur die Rolle des Mittels zum Zweck lässt. Kein Wunder, dass die Beziehungen zum dreidimensionalen Erfahrungsraum heute im Rausch *virtueller* Inszenierungen untergehen. Kein Wunder also, dass wir drauf und dran sind, unsere primären Referenzpunkte in digitale Paralleluniversen zu legen, die auf Artenvielfalt, Klimagleichgewicht und Tageslicht so wenig angewiesen sind, wie auf unsere *leibliche* Präsenz. Und genau darin liegt die Herausforderung unserer Zeit: Wen soll das Zukunftsszenario eines unbewohnbar werdenden Planeten denn noch aufrütteln, wenn dieser schon jetzt nicht mehr wirklich bewohnt wird?

Interpretiert man die Entfremdung vom Hier und Jetzt des In der Welt-Seins nicht als zwangsläufigen Prozess, so öffnen sich kleine Spielräume für das, was Optimisten „Umdenken" zu nennen pflegen. Zu leicht macht es sich aber, wer glaubt, dass damit eine bloß theoretische Einstellungsänderung, eine neue Art des Denkens, ein weiterer, noch subtilerer intellektueller Zugriff gemeint wäre. Ein Umdenken, das diesen Namen verdient, setzt eine Renaissance des Sicheinlassens auf die Natur voraus, ein Hinausgehen, das nicht nur metaphorischen Sinn hat, sondern die Beteiligung des ganzen Körpers fordert – ein Draußen-Sein, das auf den Rückhalt rationaler Absicherungen verzichten kann. Das gesuchte, andere Verhältnis zur Natur ergibt sich weder von selbst noch im Medium angestrengter Nachdenklichkeit. Man muss sich schon aufmachen, die Begegnung wagen – sich auf den Weg machen.

*

Danken möchte ich meinen philosophischen Lehrern Odo Marquard und Klaus Konhardt, ersterem für seine intellektuelle und menschliche Größe, letzterem für seine unfreiwillige Beihilfe, mich vom Vertrauen in jenen ethischen Rationalismus zu kurieren, für den er uns im Anschluss an Immanuel Kant zu gewinnen hoffte.

Danke auch an Nils B. Schulz – für seine Bereitschaft, sich immer wieder neu auf meine weltanschaulichen Obsessionen einzulassen, an Lothar Schneider – für seinen intellektuellen Widerstand und seine allfälligen Hilfestellungen im klaren Denken und Annette Roch – für ihre sinnliche Beziehung zu den Dingen der Welt, zu der ich mich selbst immer wieder mühsam überreden muss – auch mit dieser Arbeit.

Der Welt abhandengekommen
Eine kleine Philosophie der Abwesenheit

Als ‚abwesend' bezeichnet man jemanden, der da sein könnte, es aber nicht ist. Gebräuchlich ist der Begriff zudem für jenes Phänomen, das gemeinhin ‚geistige Abwesenheit' genannt wird – ein Zustand, in dem eine Person zwar körperlich da *ist, ihr jedoch die Außenweltbeziehung, das Bewusstsein für das Hier und Jetzt, fehlt. Der Essay beschäftigt sich weder mit der einen noch der anderen Wortbedeutung. In seinem Zentrum steht ein historisch neuer Typus der Absenz: der paradoxe Fall, dass jemand bei vollem Bewusstsein abwesend ist – ein Zeitgenosse etwa, der handytelefonierend durch die Fußgängerzone eilt und dabei andere Passanten anrempelt, weil er sie gar nicht mehr wahrnimmt. Was man für ein kurioses Randphänomen der allgemeinen Beschleunigung halten könnte, droht zum prägenden Charakteristikum des modernen Menschen zu werden: Eigentlich Leibwesen und damit an konkrete Aufenthaltsräume gebunden, hält dieser sich immer häufiger noch an ganz anderen ‚Orten' auf, wodurch er für die raumzeitliche Begegnungswelt keinen Blick mehr hat und für die dort befindlichen Personen zum Phantom wird – zu einem Wesen, das* da *und* nicht da *zugleich ist. Agenten dieser neuen Form des partiellen Nicht-Daseins sind keine magischen Mächte, sondern ganz banale technische Geräte, die in den letzten Jahren in unser Alltagsleben Einzug gehalten haben – der im Auto eingebaute Navigator etwa oder das Notebook und das Smartphone. Statt harmlose Hilfsmittel zu sein, deren sich der Benutzer von Zeit zu Zeit souverän bedienen kann, öffnen sie Parallelwelten, die diesen gleichsam mit Haut und Haaren verschlingen. In einem Universum, das sich aus Ferndialogen, virtuellen Zonen und digitalen Bausteinen zusammensetzt, zählt der Leib nun mal so wenig wie der physikalische Raum, in dem er sich ausbreitet. Die kartesische Trennung von Körper und Geist erfährt damit eine unerwartete Bestätigung – durch eben jene Alltagserfahrung, die diese Trennung eben noch als Hirngespinst entlarvt hatte.*

Der Begriff Abwesenheit scheint eindeutig: Abwesend ist, wer da sein sollte, es aber nicht ist. Morgens in der Schule beispielsweise, wenn der Lehrer in die Reihen schaut. Schüler P. ist abwesend. Alles klar! Über P. selbst erfährt man dabei aber herzlich wenig: nur dass er sich in diesem Moment nicht an diesem spezifischen Ort, im Klassenzimmer, befindet. Womöglich erfreut er sich in allernächster Nähe, am Schulhof, mit einer ebenfalls abwesenden Klassenkameradin, intensivster Anwesenheit.

Darin steckt eine so kuriose wie banale Wahrheit: Als *abwesend* wird bezeichnet, wer im Grunde *an*wesend ist, sich an einem realen Ort befindet, nur eben außer Sichtweite. Deshalb lässt sich der Begriff auch nicht auf die eigene Person anwenden. Wohin auch immer ich verschwinde, erfahre ich mich doch als präsent. Existieren heißt nun mal, zur Anwesenheit verdammt zu sein. Kein Wunder, dass man sein Dasein gelegentlich als Last empfindet.

Gefürchteter als die immerwährende Präsenz ist allerdings ihr Gegenteil, die endgültige Abwesenheit der eigenen Anwesenheit. Doch auch diese, das Ende meiner Existenz, wird nur von meinen Mitmenschen festgestellt, von denen, die mich gekannt haben und die mich jetzt mehr oder weniger vermissen. Für mich selbst ist mein finales Verschwinden ohne Wirklichkeit. Der Tod beschäftigt und schreckt mich nur so lange, wie ich im Vollsinne *da* bin, mich im Modus der Anwesenheit befinde.

Dem Begriff Abwesenheit wohnt also eine gewisse Paradoxie inne. Im ersten Fall, dem vorübergehenden räumlichen Nichtdasein, bin ich auch dann nicht abwesend, wenn alle anderen mich dafür halten, im zweiten, der des Ablebens, bin ich es zwar, habe damit aber nicht das geringste Problem, weil man anwesend sein muss, um sich als *ab*wesend denken zu können.

Weniger Probleme gibt es mit der sogenannten geistigen Abwesenheit, jenem temporären Abtauchen des Bewusstseins, das jeder schon erlebt und überlebt hat. Im Unterschied zu den vorgenannten Formen des Nichtdaseins zeichnet diese sich dadurch aus, dass sie von einem selbst wahrgenommen werden kann, wenn auch nur *ex post,* im Nachhinein – nachdem man das eindringliche Hallo! gehört hat, das einem die Ehefrau, der Arbeitskollege oder sonst wer zum wiederholten Male entgegengeschleudert hat. Schlagartig ist man wieder da, was einen zu Recht folgern lässt, dass man zuvor abwesend gewesen sein muss. Man antwortet nun verschämt „Entschuldigung, ich war abwesend." Obwohl körperlich präsent, war man für die Außenwelt vorübergehend unerreichbar, man war irgendwie verschwunden, ohne seinen Körper mitgenommen zu haben.

In dieser dritten, weniger strengen Bedeutung meint das Wort kein Verschwinden mit Haut und Haaren, sondern nur einen reversiblen Wahrnehmungsverlust – die Unterbrechung jenes Bewusstseinsstroms, der die räumliche Orientierung, die Ansprechbarkeit von außen, garantiert. Trotz evidenter leiblicher Präsenz erfährt man sich nicht mehr als Teil des Raumes, in dem man sich befindet. Dabei ist es keineswegs ungewöhnlich, der Welt auf diese Weise abhanden zu kommen. Menschen verlieren sich immer schon hin und wieder in Gedanken, Phantasien und Tagträumen – und das gewiss nicht nur zu ihrem Schaden.

Spannend wird die Sache erst dadurch, dass in den letzten Jahren eine ganz neue Form der partiellen Absenz aufgetaucht ist, eine Spielart, bei der die Betroffenen bei vollem Bewusstsein abwesend sind. Ermöglicht wird dies durch neue Produkte der Informations-, Unterhaltungs- und Kommunikationsindustrie, die die Aufmerksamkeit ihrer Nutzer auch dort absorbieren, wo eben noch die Wachheit der Außenbeziehung vorherrschte – im öffentlichen Raum. Idealtypisch ist der Handybenutzer, der ganz alleine über den belebten Marktplatz geht, dabei hochkonzentriert und in voller Lautstärke mit einem unsichtbaren Gesprächspartner kommuniziert. Obwohl an seiner geistigen Wachheit kein Zweifel besteht, ist seine Beziehung zur dreidimensionalen Umwelt unterbrochen, der Geist hat gewissermaßen den Leib verlassen, er irrlichtert durch ein

Universum, dessen Koordinatensystem nicht länger durch Raum und Zeit gebildet wird.

Dass jemand als menschliches Ufo durch den öffentlichen Raum schwebt, wirkt vor allem für Menschen der älteren Generation noch immer herzzerreißend komisch. Schließlich war es noch vor wenigen Jahren ein untrügliches Zeichen von Irrsinn, wenn jemand wild gestikulierend mit Personen sprach, die gar nicht da waren. Mittlerweile haben sich jedoch Gewöhnungseffekte eingestellt. Denn es vergeht ja kein Tag, an dem man nicht auf Zeitgenossen trifft, die die Ausnahmesituation eines Ferngesprächs auf radikalste Weise normalisieren, indem sie mit einem sogenannten Head-Set durch die Welt spazieren, beim Anrufen oder Entgegennehmen eines Anrufs nicht einmal mehr einen Hörer ans Ohr nehmen müssen, sondern ihre intimsten Mitteilungen ansatzlos in die Welt hinaus plärren.

So wird sie bald völlig normal sein – die Ungewissheit, an wen sich ein in der Nähe sprechender Mensch noch richtet, ob er also intentional bezogen ist auf den Raum, in dem er sich befindet, oder er sich in die unsichtbare Gegend der Fernkommunikation zurückgezogen hat und damit aus Sicht der Anwesenden zum *Abwesenden* geworden ist. Die Absenz räumlich anwesender Personen droht zum Zeichen der Zeit zu werden, zum Signum einer Welt, in der unkonkret-ortlose virtuelle Beziehungen das konkrete In-der-Welt-Sein überlagern, einer Welt, in der leibliche Orientierungssysteme zunehmend von technisch-kognitiven ersetzt werden, einer Welt, in der sich der Boden der Erfahrung auflöst und der jeweilige Verweilort des Körpers keine Rolle mehr spielt.

Die antiquierte philosophische Trennung von Körper und Geist bekommt damit eine neue, ungeahnte Aktualität. René Descartes, der den christlichen Leib-Seele-Dualismus philosophisch gesellschaftsfähig machte, könnte sich durch die Entwicklungen der Gegenwart jedenfalls bestätigt fühlen: Der Mensch des 21. Jahrhunderts ist drauf und dran, seine *res extensa* zur Randerscheinung zu machen. Wie nie zuvor scheint es ihm zu gelingen, seiner leiblichen Schwerkraft zu entkommen, die Bindung an Raum und Zeit zu vergessen und den Ort, an dem er sich befindet, allenfalls noch als Kulisse wahrzunehmen. Dass man als Leibwesen zwangsläufig an reale Schauplätze gebunden ist, einen Bodenkontakt braucht, hindert immer weniger Menschen daran, fast nur noch anderswo zu sein – abwesend eben.

Das alles ist zugegebenermaßen verwirrend. Warum sollte man einen Menschen, der vom Straßencafé aus mit seinem Steuerberater telefoniert, als abwesend bezeichnen? Oder jemanden, der sich von seinem mobilen Navigationssystem durch die Fußgängerzone leiten lässt? Welcher Begriff von Präsenz, welche Definition von Wirklichkeit liegt einer solchen Sprechweise zugrunde?

Die Analyse des alltäglichen Sprachgebrauchs gibt hier einen ersten Hinweis. Demnach ist ein Mensch nur dann im Vollsinne anwesend, wenn er dies sowohl körperlich als auch geistig ist. Auf die Idee, einen Schlafenden oder Bewusstlosen mit diesem Prädikat zu versehen, käme folglich niemand. Ein Schüler, der im Unterricht schläft, fehlt zwar nicht, gilt aber trotzdem als abwesend. Auch auf Tiere lässt sich das Begriffspaar nicht anwenden. Ein ausgebüchster Hund ist niemals abwesend, sondern allenfalls weg. Es ist ihm unmöglich, abwesend zu sein, weil er gar nicht anwesend sein kann, seine leibliche Präsenz nicht von einem Bewusstsein derselben begleitet wird, ihm also eine Eigenschaft fehlt, die ausschließlich Personen zuschreibbar ist. Der umgangssprachlichen Ontologie zufolge besteht das Wesen des Menschen also darin, an seinem jeweiligen Aufenthaltsort in zweifacher Weise präsent zu sein – körperlich *und* geistig.

Solche Wesensbestimmungen sind notwendig abstrakt. Um ihre lebensweltliche Bedeutung zu erschließen, sind Beispiele aus der Alltagspraxis hilfreich. Das einer Busreise von Italien nach Frankreich etwa, Juni 2007. Zwei Fahrer, Italiener, eine Reiseleiterin, Italienerin. Keiner von ihnen war jemals an dem Ort, den wir ansteuern. Klar, dass das im Cockpit eingebaute Navigationsprogramm aktiviert wird. Wir sollen beim nächsten Kreisel die zweite Ausfahrt nehmen, tönt bald eine resolute Frauenstimme durch den ganzen Bus. Vor der folgenden „Rotonda“ werden wir aufgefordert, die dritte Ausfahrt zu nehmen, worauf die Anweisung folgt, bei der nächsten Ampel links abzubiegen. Derartige Kommandos wiederholen sich in der Folgezeit unzählige Male, jeweils eingeleitet von einem Piepston, der einem durch Mark und Bein geht.

Nach einer halben Stunde biegen wir nach Süden ab. Seltsam, denn auf der Karte sah das alles ganz anders aus. Dem Chauffeur scheint jedoch nichts aufzufallen, munter gibt er Gas. Doch dann passiert das, was man den GAU der technischen Navigation nennen könnte: Wir fahren auf eine markante Abzweigung zu, aber das Gerät bleibt stumm. Fahrer und Co-Pilot starren sich entsetzt an, auch die Reiseleiterin weiß keinen Rat. Sekunden später steht der Bus auf dem Randstreifen und die Katastrophe ist perfekt: Kein Mensch weiß, wo wir jetzt sind. Und das in einem radikalen Sinne des Wortes: Niemand weiß, wo Nord, Ost, Süd oder West ist, wie das Dorf heißt, nach dessen Durchquerung wir eben abgebogen sind, nicht einmal, wo wir eigentlich hergekommen sind und schon gar nicht, in welcher Richtung unser Reiseziel liegt.

Wir sind also plötzlich aus der Welt gestürzt – oder genauer, in sie zurückgefallen, in eine Welt, in der man sich gemeinhin nach Himmelsrichtungen, Straßenkarten und Ausschilderungen orientiert. Von wo sind wir aber zurückgekehrt? Wo waren wir bis zu diesem Zwischenfall? Was ist das für ein Zustand, in dem wir uns befunden hatten, jener Zustand, in dem wir uns durch das Arve-Tal bewegten, als ob es sich um eine dekorative Fototapete handelte?

Sicher ist erstmal nur die Analogie zur klassischen geistigen Abwesenheit: Die Unvermitteltheit, mit der wir in das Hier und Jetzt zurückgekehrt sind, lässt den Schluss zu, dass wir zuvor irgendwie abwesend waren. Warum aber abwesend? Sind wir nicht alle brav auf unseren Sitzen gesessen, wach und munter? Ist die Panne nicht einfach die Folge menschlichen Versagens? War sie nicht die banale Konsequenz des Orientierungsdefizits, das zum modernen Reisen dazugehört?

Sich einem öffentlichen Verkehrsmittel anzuvertrauen heißt in der Tat, sich die Mühen der Eigen-Orientierung zu sparen.

Wer sich mit Hilfe moderner Transportsysteme durch den Raum schießen lässt, weiß nur noch im Idealfall, an welcher Stelle er sich jeweils genau befindet. Beim schnellsten der gegenwärtigen Verkehrsmittel, dem Flugzeug, weiß er es im Grunde nicht einmal am Ziel der Reise. Der Name für das Nichtangekommen-Sein, obwohl man körperlich bereits da ist, lautet Jetlag. Jedenfalls ist das Phänomen so alt wie die Eisenbahn, selbst im Postkutschenzeitalter wurde räumliche Orientierung schon delegiert, aus der Verantwortung und damit auch aus der Kontrolle des Reisenden genommen.

Der Unterschied zur geschilderten Überlandfahrt liegt jedoch auf der Hand. War das raumzeitliche Delirium in der Vergangenheit immer nur für die Fahrgäste reserviert, so sind es in unserem Fall die Fahrer selbst, die keine Orientierung mehr haben – sie, die von Berufs wegen genau dafür zuständig sind. Unter den Bedingungen moderner Navigationstechnik halten sich offenbar selbst die Chauffeure nicht mehr dort auf, wo sich ihr Körper befindet – sie steuern das Fahrzeug im Modus der Abwesenheit. Wie das funktioniert, ist klar: Die Navigationsleistung wird einfach an ein Instrument delegiert, genauer an ein Computerprogramm. Einmal aktiviert, wird es zum Subjekt der Orientierung. Die Akteure von einst verkümmern zu bloßen Vollstreckern, die sich diktieren lassen, was sie vor wenigen Jahren noch selbst gestaltet hatten. Fällt die Technik aus, bricht auch die Welt der Befehlsempfänger zusammen, es öffnet sich jenes Nichts, vom dem unsere Reisegruppe verschlungen zu werden drohte.

Aber hat der Fahrer nicht einfach nur einen Fehler gemacht, sich nicht richtig konzentriert, sich auf eine fahrlässige Weise treiben lassen? Eigentlich nicht: Er war ganz bei der Sache, steuerte das Gefährt mit wachem Geist und spürbarer Souveränität. Die Passagiere fühlten sich in bester Obhut. Mit der sprichwörtlichen geistigen Abwesenheit hat das beschriebene Phänomen also nur den Effekt, den Orientierungsverlust, gemein. Wäre das Chauffeur-Duo im herkömmlichen Sinne geistesabwesend gewesen, so wäre es an der besagten Kreuzung schlagartig in den Raum zurück katapultiert worden, aus dem es sich zuvor träumend verabschiedet hatte. Beide hätten sich nun erinnert, wo sie zuletzt vorbeigefahren sind, die Route blitzschnell rekonstruiert und auf dieser Basis ein Fehlermanagement in Gang setzen, das verlorene Raumbewusstsein also wiederfinden können. All dies war evidenterweise nicht der Fall. Fahrer und Co-Pilot waren absolut hilflos, und sie waren es, weil ihnen die sich in selbst-bewusster Fortbewegung konstituierende Raumbeziehung fehlte, an die sie hätten andocken können. Bezogen auf die konkretweltliche Umgebung waren sie die ganze Zeit schon gleichsam nirgendwo gewesen und waren deshalb auch jetzt, im Moment des Scheiterns, nirgends – Wesen aus Fleisch und Blut, die sich in einem virtuellen Universum eingerichtet hatten, in dem es keiner Raumbeziehung bedarf, weil Orientierung hier eine Ware ist, die, einmal gekauft, zuverlässig zur Verfügung steht. Unsichtbar für die Fahrgäste waren sie Teilnehmer einer Parallelwelt geworden, die so lange nicht als solche erkannt (und damit auffällig) wurde, wie alles funktionierte, die digitale Kopie also mit dem Original – der realen, räumlichen Welt – deckungsgleich schien.

Dieser Ausstieg aus der sinnengestützten Raumerfahrung hat sich inzwischen auch dort etabliert, wo man ganz alleine unterwegs ist, die Orientierung also nicht an Fahrzeuglenker oder Reiseleiter delegieren kann, sondern selbst die Verantwortung übernehmen muss – auf einer Bergwanderung beispielsweise. Wie beim Navigationsprogramm des Straßenverkehrs heißt das Stichwort auch hier GPS. Es ist jene bahnbrechende Innovation, die auf den Daten basiert, die Informations-Satelliten zur Erde senden. Diese haben den Globus komplett vermessen, ein Abbild der Planetenoberfläche in digitalisierter Form geschaffen. Man benötigt nur noch eine Landkarte, die das Netz von Messpunkten enthält, und den Apparat selbst. Vor der Tour liest man zu Hause einfach die angegebenen Koordinaten ein.

Unterwegs kommt man dann ohne das konzentrierte Abgleichen von Karte und Topographie aus, das bis vor wenigen Jahren noch nötig war. Es reicht ein Blick auf das Gerät, das man um den Hals hängen hat. Das Display informiert über die genaue Lage im Raum, über die Entfernung zum nächsten eingegebenen Zielpunkt und die Richtung, in die man vom Standort aus gehen muss. Im Prinzip ist nun kein Verlaufen mehr möglich, jeglicher Irrtum ausgeschlossen. Sogar bei Nebel und dichtem Schneetreiben. Selbst blutige Anfänger trauen sich nun sorglos dorthin, wo sie ohne eigene Erfahrung und Orientierungssinn eben noch ihr Leben riskiert hätten.

Aber ist das wirklich so neu? Waren wir nicht auch schon in früheren Zeiten auf technische Hilfsmittel – Straßen- oder Wanderkarten, Kompass, Höhenmesser – angewiesen? Zweifellos! Nur dass sie ohne unsere persönliche Vorleistung nichts taugten. Man musste die Karten auch lesen können, was nur gelang, wenn man sich grundsätzlich orientieren konnte, wenn man einen Bezug zwischen sich und der Landschaft hergestellt hatte, sich also als Teil jenes Raums begriff, in dem man unterwegs war. Voraussetzung war also ein aktives Draußensein – die Kontinuität eines Raumbewusstseins, das sich unter den Mühen des *en passant* einstellte. Man benötigte eine Art unbewusste Aufmerksamkeit, die keine reine Verstandesleistung war – eine Umweltbeziehung, die aus der Interpretation sinnlicher Wahrnehmungen resultierte, statt aus deren Ersetzung.

Auf ein und derselben Technik basierend, unterscheiden sich die Navigationsprogramme für Wanderer und Autofahrer vor allem durch den Grad an Selbstentmündigung, den sie verursachen: Der Wanderer kann sich noch einbilden, sich selbst zu orientieren, hat er die Daten doch persönlich eingegeben und die Karte wenigstens in der Hand gehabt. Der Autofahrer mutiert hingegen zum Handlanger des Programms; von einem Roboter unterscheidet er sich nur noch dadurch, dass er auf die aktuelle Verkehrssituation achten muss, das Ziel der Reise selber festgelegt hat und irgendwann Hunger bekommt.

Warum derartige Orientierungshilfen so erfolgreich sind ist klar. Die Abgabe von Verantwortung bedeutet einen Zugewinn an Freiheit – statt sich auf Abzweige zu konzentrieren, kann man sich sorglos treiben lassen, in Gedanken oder Gespräche vertieft. Dass diese Freiheit zuletzt unfrei macht, wird dabei gerne ausgeblendet. Der Verzicht auf den Aufbau einer Raumbeziehung führt früher oder später aber zum Verlust des

Orientierungssinns und damit zur vollständigen Abhängigkeit von den Geräten, für deren Beherrscher man sich hält.

Erste Anzeichen dieses generellen Orientierungsverlusts sind schon erkennbar. Eines besteht darin, dass das eigentlich als Kommunikationsmittel erfundene Handy in den letzten Jahren eine zweite, ungeahnte Karriere als Navigationshilfe gemacht hat. Zumindest in jener Generation, die bereits multimedial vorsozialisiert ist, werden unbekannte Treffpunkte nicht mehr mit den herkömmlichen Mitteln der Orientierung im Raum gesucht, sondern über eine Serie von Handytelefonaten angesteuert.

Konkret sieht das so aus: Geleitet vom Navigationssystem des Autos fährt man bis zum letzten programmierbaren Punkt, dem Parkplatz am Rande der Fußgängerzone. Sofern man noch keinen mobilen Navigator und die dazu nötigen Programme besitzt, beginnt nun das Problem. Man hat bei der telefonischen Verabredung wieder einmal nicht genau genug zugehört. Warum auch? Im Zweifelsfall kann man ja noch anrufen! Das Wissen um das funktechnische Sicherheitsnetz sorgt dafür, dass der Zweifelsfall auch tatsächlich eintritt. Die Suche beginnt also geradezu zwangsläufig mit einem weiteren Telefonat: „Wir sind jetzt am Parkplatz, wie finden wir euch?“ Es folgt die neuerliche Beschreibung, die man gar nicht allzu genau haben will. Dass man jederzeit wieder anrufen kann, hat die Konzentrationsbereitschaft bereits hoffnungslos unterminiert. Man merkt sich allenfalls die ersten Stichworte, geht los, und ruft dann wieder an. Das letzte Telefonat findet nicht selten bereits in gegenseitiger Sichtweite statt. Weil man die ganze Zeit nicht wirklich in jenem materiellen Raum unterwegs war, in dem sich leibliche Wesen begegnen, erkennt man die anderen nur noch, wenn sie rufend und winkend direkt vor einem stehen. Schlagartig wechselt man nun die Dimension und geht lachend die letzten Schritte auf sie zu. Dieses Lachen ist das der Erleichterung und der Wiedersehensfreude, aber es ist auch das einer kleinen Scham. Schließlich hat man als Sinnenwesen, in das man sich im Angesicht der Freunde zurückverwandelt hat, kläglich versagt. Und man weiß, dass auch die anderen dies wissen.

Doch kommen wir zum Handy selbst – einem der wichtigsten Agenten der frei flottierenden Abwesenheit. Das mobile Telefon hat die Fernkommunikation in wenigen Jahren revolutioniert. Wollte man einem außer Reichweite befindlichen Menschen einst eine Mitteilung machen, so musste man persönlich zu ihm gehen oder einen Boten schicken, später konnte man einen Brief, noch später ein Telegramm senden. Vor hundertdreißig Jahren wurde dann der Fernsprecher erfunden – über eine dünne Leitung war die Stimme des anderen hörbar geworden, nicht als Aufzeichnung, sondern in Jetztzeit, simultan. Ohne das Haus zu verlassen, konnte man fortan mit abwesenden Menschen reden – als ob sie anwesend wären.

Selbst von unterwegs ließ sich dieser körperlose Direktkontakt irgendwann herstellen – von sogenannten Telefonhäuschen aus. Der Unterschied zum heutigen Handytelefonat war jedoch enorm: Man trug der kommunikativen Sondersituation Rechnung und zog sich für die Zeitdauer des Gesprächs aus dem öffentlichen Raum zurück – in eine Kabine aus Glas, deren Tür sich hinter einem von selbst schloss. Für alle sichtbar hatte man einen Sphärenwechsel vollzogen, einen Raum betreten, der einerseits die Schwerkraft eines konkreträumlichen Gehäuses hatte, andererseits aber die immaterielle Verlängerung des Hauses war, von dem aus der Gesprächspartner sprach.

Das Mobiltelefon macht derartige Zwischen-Räume überflüssig, denn es erlaubt die Fernkommunikation an jedem erdenklichen Ort – im Freibad, im Supermarkt, im Theater, in Bus und Bahn. Um mit Personen zu sprechen, die sich hunderte von Kilometern entfernt aufhalten, muss man sich jetzt nicht einmal mehr erheben. Wenn es dennoch jemand tut, nach dem Klingeln seines Handys aufspringt und nach draußen stürzt, hat dies meist ganz banale Gründe: Drinnen ist der Empfang zu schlecht oder es ist dort einfach zu laut. Von einem freiwilligen Rückzug in die Nichtöffentlichkeit kann folglich keine Rede sein. Der rasche Ortswechsel zielt auf die Sicherung der Gesprächsbedingungen *in* der Öffentlichkeit.

Ihr ursprüngliches Kennzeichen, Privatsache zu sein, hat die Fernkommunikation damit verloren. Im Unterschied zur eben zu Ende gehenden Festnetz-Ära platzt der Anrufer nicht mehr in eine häusliche Privatsphäre, sondern in den öffentlichen Raum. Wer dort mit seinem unsichtbaren Gesprächspartner zu sprechen beginnt, doppelt in gewisser Weise auch den Raum der Mitanwesenden, er nötigt diese, Anteil zu nehmen an einem Kommunikationsereignis, von dessen Sinn sie – mangels Mithöranlage – ausgeschlossen sind.

Auditiv involviert, aber nicht gemeint, kann man nicht umhin, den halbierten Dialog des Handybesitzers als lästig zu empfinden. Bei Lichte betrachtet ist er aber nicht lediglich ein weiterer Fall akustischer Umweltverschmutzung, sondern ein Akt der Demontage des öffentlichen Raums. Dieser wird einerseits durch sein Gegenteil, das Element des höchst Privaten, kolonisiert. Andererseits wird er gleichsam perforiert, durch unsichtbare Kanäle, über die sich nichtanwesende Menschen zu Wort melden – durch die Eröffnung kommunikativer Nebenschauplätze also, die mit der realen Situation des Miteinander-an-einem-Ort-Seins konkurrieren und kollidieren.

Wird hier aber nicht fälschlich eine strukturelle Homogenität öffentlicher Räume unterstellt? Sind diese nicht immer schon durch ein Mischverhältnis von öffentlichen und privaten Elementen bestimmt? Ist das periodische Abtauchen aus der gemeinsam geteilten Welt also nicht völlig normal?

In gewissen Grenzen mag das stimmen. Doch wie selbstbezogen anwesende Menschen hier auch agieren mögen, der öffentliche Raum bleibt doch, was er im Grunde ist: privilegierter Ort der Selbstvergewisserung des Individuums als soziales Wesen, ein Energiefeld von Kontaktaufnahme und Begegnung. Begegnung setzt aber Anwesenheit voraus, ein prinzipielles Offensein für die Umwelt, in der man sich aufhält. Es ist diese Präsenz der Mitmenschen, die die alltägliche Verkapselung ins Ich, in die Eindimensionalität der privaten Existenz, aufsprengt. Das Sein unter anderen, die nicht nur körperlich anwesend, sondern auch umweltoffen und deshalb ansprechbar sind, ist das nötige Gegengift gegen die sich verselbstständigende Selbstbezüglichkeit, die längst die Form einer Zivilisationskrankheit angenommen hat – ein Gegengift, das auch da wirkt, wo man von dieser Ansprechbarkeit keinen Gebrauch macht, die Kontaktaufnahme also im Status der Möglichkeit belässt.

Nun mangelt es in öffentlichen Räumen immer dem einen oder anderen Zeitgenossen an Präsenz, zum Beispiel weil er auf der Parkbank eingeschlafen ist, vor sich hin träumt oder sich in seine Zeitung vertieft hat. Für die atmosphärische Qualität von Parks, Plätzen und Straßen ist dies jedoch unerheblich – es sind Rückzüge privater, intimer Natur, die für den Rest der Anwesenden alles beim Alten lassen. Der Tagtraum bleibt beim Träumer, der Inhalt der Zeitung bei dem, der sie gerade liest. Und auch die Gedankenwelt, in die sich jemand – umspült vom Strom der Passanten – zurückzieht, auch diese Gedankenwelt entfaltet sich nur in dem, dessen Produkt sie ist.

Der Handynutzer ist für das fragile Wirkungsgefüge der Öffentlichkeit weniger harmlos. Statt einen selbstgenügsamen Rückzug in die Privatheit zu leisten, greift er im Akt seines Rückzugs aus der Umwelt auf ebendiese aus. Er suggeriert Präsenz, indem er sich unüberhörbar macht, indem er sich ins Zentrum jener Welt drängt, der er gerade die Zuwendung verweigert.

In dieser Hinsicht ähnelt der Outdoor-Telefonist dem Autofahrer. Dieser nimmt am Leben öffentlicher Plätze nur teil, indem er an ihnen vorbei oder durch sie hindurch fährt. Abgeschottet von der Außenwelt, sitzt der Fahrzeuglenker in seinem Gehäuse aus Blech und Glas – einem mobilen Zweitheim, das ihn auf dem Weg durch die Fremde begleitet. Klar, dass er derart verkapselt nicht mehr dem Raum angehört, den er beschallt. Unüberbietbar präsent und abwesend zugleich, konterkariert der motorisierte Zeitgenosse das Prinzip Öffentlichkeit, die Möglichkeit der Begegnung auf Augenhöhe, des Einander-nahe-kommen-Könnens. Historisch betrachtet ist die allgemeine Motorisierung die erste Zerstörung des öffentlichen Raums.

Mit dem Mobiltelefon hat nun seine zweite Zerstörung eingesetzt. Das IT-Produkt importiert den aggressiven Isolationismus der Verkehrswelt in die letzten Residuen des Zusammenseins, die Fußgängerzone, den Stadtpark, das Restaurant, das

Straßencafé – dorthin also, wo auch die, die mit dem eigenen Wagen gekommen sind, ihre schützende Kapsel verlassen und in den Modus der Anwesenheit zurückwechseln müssen.

Via Handy bevölkern sich derartige Orte nun zunehmend mit Wesen, die eigentlich gar nicht da sind – einerseits mit Telefonierenden, die beim Abtauchen in die Parallelwelt des körperlosen Direktkontakts ihre leibliche Hülle zurückgelassen haben, und andererseits ihren Gesprächspartnern, die sich von fernher eindrängen, ohne anwesend zu sein. Natürlich muss man diesen Befund nicht dramatisieren. Man kann die Übervölkerung konkreter Räume mit abwesendem Personal einfach als akzeptablen Preis für den beispiellosen Luxus betrachten, an jedem Ort der Erde zwischen nahen und fernen Gesprächspartnern wählen zu können. Zudem ließe sich argumentieren, dass die soziale Welt des modernen, von Atomisierung bedrohten Individuums mittels Handy größer und behaglicher, ein Absturz in die Isolation unwahrscheinlicher geworden ist.

Aber stimmt Letzteres denn? Wird durch die flagrante Telefonierwut wirklich mehr erzeugt als ein Schein von Sozialität? Sind Gespräche im engeren Sinne überhaupt noch möglich – unter dem endlosen Stakkato kommunikativer Signale?

Eine typische Szene: Vier Jugendliche haben sich in einer Kneipe verabredet. Nach und nach betreten sie das Lokal und legen ihre Smartphones auf den Tisch. Diese sind einerseits Statussymbole und Kultobjekte, andererseits aber auch sichtbare Zeichen von Erreichbarkeit, Belege, dass sich die Anwesenheit ihres Benutzers nicht auf das Hier und Jetzt reduziert, Indizien dafür, dass man sich gegen aufkommende Langeweile gewappnet hat, man sich trotz evidenter konkreträumlicher Anwesenheit nicht mit den Impulsen bescheiden will, die von diesem speziellen, raumzeitlich begrenzten Aufenthaltsort ausgehen.

Kein Wunder, dass die jungen Leute bekommen, wofür sie sich gar nicht entscheiden müssen: Gerade ist die Unterhaltung in Gang gekommen, wird sie schon unterbrochen – eines der Handys klingelt. Das Gerät macht Lärm und muss dies auch, weil sich Anrufende mangels körperlicher Präsenz ja nur auditiv bemerkbar machen können. Der Terminus Lärm leitet sich nicht zufällig vom französischen *alarme* ab, er bezeichnet ein Warngeräusch, das stört und stören muss – in diesem Fall das Gespräch. Dieses wird nun auf zweifache Weise unterbrochen: zunächst durch das Aufgeschrecktwerden und dann, nach der nötigen Reaktionszeit, durch die Entgegennahme des Anrufs. Der Angerufene absentiert sich jetzt aus der Runde, die anderen kehren zum Thema zurück, sofern sie sich an dieses noch erinnern. Eine direkte Anknüpfung ist aber kaum noch möglich, etwa weil man auf etwas antworten wollte, was der jetzt Abwesende gesagt hat, oder weil man von diesem gehört werden möchte. So plaudert man erstmal, bis alle wieder versammelt sind – oder bis der nächste Anruf einen weiteren Anwesenden in den Schlund der Abwesenheit reißt.

Werden derartige Rahmenbedingungen zum Normalfall, so ändert sich auch die Struktur der Kommunikation, und zwar zwangsläufig und nachhaltig. Die sprachliche Interaktion wird zu einer Unterhaltung auf Abruf – zu einem Dauerprovisorium. Unter dem Damoklesschwert fernmündlicher Unterbrechungen macht es naturgemäß keinen Sinn mehr Themen anzusprechen, deren Behandlung mehr als zwei bis drei Sätze erfordert, schließlich geht die Wahrscheinlichkeit, dass man bei der Sache bleiben kann, gen null. Die dialogische Situation wird nun derart labil, dass niemand mehr bereit ist, in diese zu investieren. Fern davon, Ort der Entwicklung und des Austauschs von Gedanken oder gar des Aufbaus einer diskursiven Spannung zu sein, pegelt sich die Unterhaltung auf das Mitteilungsformat jener *Short Messages* ein, von denen es wieder und wieder torpediert wird.

Jetzt kann man natürlich zweierlei einwenden: Erstens, dass der undosierte Handyeinsatz eine altersspezifische Erscheinung ist, die mit zunehmendem Erwachsenwerden ihre Faszinationskraft einbüßt. Und zweitens, dass die vier wohl auch ohne Smartphones keine Gespräche im engeren Sinne geführt hätten. Schon allein die Gruppenkonstellation erzwinge den Small Talk – der Ort gehaltvoller Kommunikation sei und bleibe der Dialog, das Gespräch unter vier Augen. Im Prinzip stimmt das wohl. Doch hat auch das soziale Rauschen des Small Talks die Potenz zur Selbstüberbietung und kann im günstigsten Fall zu einem intensiven und inhaltsbezogenen Gespräch werden. Unter der SMS-Logik des Mobilfunkzeitalters käme das Abgleiten ins Wesentliche aber einem Wunder gleich.

Darüber hinaus ist natürlich auch das klassische Zweiergespräch von Handyattacken bedroht. Obwohl viele Menschen sich ein solches Gerät mit der festen Absicht anschaffen, es nur anzustellen, wenn sie es wirklich brauchen, erweist sich dies für die überwältigende Mehrheit als frommer Wunsch. Um sich beides, Nutzung und Nichtnutzung, offenzuhalten, müsste ja genau das getan werden, was man am wenigsten möchte: dem Instrument eine feste Stelle im Alltagsbewusstsein einräumen, also *dem* intentional zugewandt bleiben, zu dem man eigentlich auf Distanz gehen wollte. Den Empfangsstatus mit halber Kraft zu überwachen, funktioniert nämlich nicht. Das Handy ist nun zu oft aus, wenn es an sein sollte, und an, wenn es aus sein sollte. Klar, dass man den Widerstand irgendwann aufgibt und auf Empfang bleibt. Nirgendwo ist sie illusionärer als beim Mobiltelefon – die Vorstellung einer persönlichen Autonomie im Umgang mit dem eigenen technischen Gerät. Gekauft, um zu Diensten zu stehen, entzieht sich das Handy seiner Aufgabe und versetzt – gerade umgekehrt – seinen Besitzer in den Stand-by-Modus. Kein Wunder, dass neuerdings Ratgeber auf den Buchmarkt drängen, die das Loblied der Unerreichbarkeit singen. Die ist zum Luxus geworden, den sich allenfalls die oberen Zehntausend der Wirtschaftswelt leisten können, diejenigen nämlich, die eine Sekretärin und einen Stab von Mit- und Zuarbeitern haben, die dem Moloch der Fernkommunikation geopfert werden.

So bleibt das Mobiltelefon gewöhnlich auch dann eingeschaltet, wenn sich jemand mit seinem besten Freund verabredet hat. Den Idealfall unterstellt, dass sich die beiden wirklich etwas zu sagen haben, wird ein jetzt ankommender Anruf zwar als echte Störung betrachtet, die sogleich abzustellen ist. Doch leichter gesagt als getan. Das nachträgliche Abschalten erfordert einige Überwindung, da man durch die Weitergabe seiner Handynummer seiner Umwelt das Versprechen der Erreichbarkeit gegeben hat. Noch schwieriger wird es, wenn man zunächst auf das Display blickt und erkennt, dass der Kontaktversuch von einer nahestehenden Person ausgeht. Wer sich verpflichtet fühlt, den Anruf wenigstens kurz anzunehmen, ist nun vollends verloren. Selbst dann, wenn es gelingt, das Gespräch nach wenigen Sätzen abzuwürgen, hat sich schon ein emotionaler Nebenschauplatz geöffnet, der den Angerufenen in Beschlag nimmt und die aktuelle Gesprächssituation kontaminiert. Bedingung der Möglichkeit eines intensiven Zweiergesprächs ist nun mal jenes vorübergehende Sichverschließen gegenüber Dritten und sonstigen Außenweltreizen, das die Alltagssprache Sicheinlassen nennt. Sicheinlassen heißt aber, ganz und gar *da*, an einem Ort, zu sein. Wer sich aus ihm herauslocken lässt verliert das, was man gemeinhin Präsenz nennt – das Offensein für das, was wirklich nahe ist –, den mit Haut und Haaren anwesenden Gesprächspartner.

Mit dem sozialen Mehrwert des Mobiltelefons ist es also nicht weit her. Jede Menge ‚unmöglicher' Gespräche ermöglichend, unterminiert es die anderen, realen. Wenn sich durch die frei flottierende Telefonie etwas erhöht, dann die Quantität kommunikativer Prozesse – auf Kosten ihrer Qualität. Wer meint, sich mittels Dauerkommunikation vor der Einsamkeit retten zu können, riskiert gleichsam, vor vollen Tellern zu verhungern. Der portable Begegnungsersatz garantiert auf Dauer genau das, wovor er zu schützen verspricht – Einsamkeit. Da helfen einem auch die dreihundertzweiundvierzig „Freunde" nicht, die der zeitgenössische Facebook-Nutzer im statistischen Durchschnitt hat.

Freilich ist hier nicht Einsamkeit im klassischen Sinn eines gerissenen Kommunikationsbandes gemeint. Dieses ist ja nicht nur intakt, sondern geradezu zur Fessel geworden. Was verloren zu gehen droht, ist vielmehr die notwendige Rückseite der Kontaktaufnahme – jenes Aushalten der Eigenpräsenz bei realer Abwesenheit der anderen, das gewöhnlich Erfahrung des Alleinseins genannt wird. Alleinsein und erfüllte Sozialität bedingen einander, sie sind die beiden Pole, zwischen denen sich gelingendes Dasein aufspannt. Verschwindet der eine, verliert auch der andere seinen Sinn. Dass ohne echten Selbstbezug keine wirkliche Außenbeziehung möglich ist, gehört deshalb auch zu den Grunderkenntnissen jeder modernen Paartherapie. Eine handygestützte Alltagspraxis unterläuft das Alleinsein, hebt die Einsamkeit aber nicht auf, sondern entreißt sie nur der Wahrnehmbarkeit. Zu Ende gedacht ist sie die Krankheit, für deren Heilung sie sich hält.

Dergleichen bleibt natürlich unbemerkt – nicht nur in der Gruppe, sondern auch in der angesprochenen Zweierkonstellation. In der Öffentlichkeit angerufen zu werden schmeichelt nun mal selbst da, wo der Anruf ungelegen kommt. Er ist ein Beleg der eigenen Wichtigkeit – für die meisten Zeitgenossen womöglich der einzige. Am deutlichsten wird die destruktive Potenz des öffentlichen Telefonieraktes beim direkten Opfer des fernmündlichen Überfalls, jenem Gesprächspartner, der sich beim telekommunikativen Verschwinden seines Gegenübers keiner dritten Person zuwenden kann. Er sitzt nun da und wartet. Mithören ist unanständig, Weghören unmöglich, Aufstehen und Weggehen ein Affront. Erbarmungswürdiger als ein so Alleingelassener kann kaum ein Mensch dreinschauen: Aus allen Bezügen herausgerissen, starrt er stumpf vor sich hin, nicht einmal seinen Gedanken kann er jetzt nachhängen. Der abwesende Freund bleibt ja stets präsent – in der Unmittelbarkeit seiner leiblichen Anwesenheit und der Eindringlichkeit seiner Stimme. Sich inmitten eines intensiven Zweiergesprächs einem unsichtbaren Dritten zuzuwenden, ist daher nicht einfach nur unhöflich. Es bedeutet, sein Gegenüber in eine Art Geiselhaft zu nehmen – eine Geiselhaft, die nur derjenige unbeschadet übersteht, der selber ein Handy dabei hat und die Zeit nutzt, alte Übertragungsberichte zu löschen oder ein paar Short Messages abzusetzen.

Der Einwand liegt auf der Hand: Das alles ist maßlos übertrieben – aus der Mücke der Handykommunikation wird ein Elefant der sozialen Verwahrlosung gemacht. Etablieren sich auf der Rückseite der kommunikativen Entfremdung nicht vielleicht ganz neue Formen der Nähe? Und wird es nach der Anfangseuphorie der Gründerjahre nicht irgendwann einen abgeklärteren Umgang mit dem Mobiltelefon geben, eine Rückeroberung der verloren gegangenen Freiheit, durch bewusstes Abstellen, wenigstens am Wochenende?

Für derartige Hoffnungen gibt es nicht den geringsten Anlass. Um dem Handy eine unaufhaltsame Karriere vorherzusagen, musste man schon vor zehn Jahren kein Prophet sein. Garantiert wird sie allein schon durch die populäre Vermarktungsstrategie der sogenannten Flatrate. Das Prinzip ist bestechend simpel: Man zahlt am Monatsanfang einen überschaubaren Betrag und telefoniert fortan kostenlos. Je mehr man telefoniert, desto billiger werden logischerweise die jeweiligen Anrufe. Damit verschwindet die letzte Irritation des Ferngesprächs – die Tatsache, dass es ein Konsumgut ist und man für jede Minute bezahlen muss. Was dergestalt kostenlos wird, verwandelt sich in einen Gegenstand, der so selbstverständlich und gedankenlos genutzt wird wie Kühlschrank, Klimaanlage und Atemluft. Die Zuwendung zu Abwesenden ist ohne Zweifel zur prägenden Kulturtechnik geworden, die allenfalls noch Schadensbegrenzungen erlaubt – Handyverbote in bestimmten Zugabteilen etwa oder die Freisprechanlage im Auto. Die wurde erfunden, um die Zahl jener High-Speed-Telefonierer nicht zu groß werden zu lassen, die erst beim Crash in das Hier und Jetzt zurückfinden.

Gesichert ist die ungebremste Ausbreitung des Mobiltelefons auch deshalb, weil es sich bereits von seiner ursprünglichen Monofunktionalität emanzipiert hat und zum sogenannten Smartphone geworden ist. Mit diesem kann man auch fotografieren, Musik hören, E-Mails abrufen, Fotos versenden und im Internet surfen. In seinen Speicher passen mehrere Dutzend Spielfilme und zahllose Musiktitel, die man sich in Sekundenbruchteilen aus dem Internet herunterladen kann. Mit einem Telefonvertrag hat man das World Wide Web nun gleichsam in der Tasche.

Folgerichtig wird die Präsenz unserer Mitmenschen, ihre intentionale Bezogenheit auf den sie umgebenden Raum, auch dann weiter abnehmen, wenn es ihnen gelänge, die Zahl ihrer Telefonate stabil zu halten. Das Gerät ist einfach zu nützlich, um es beim Ausgehen zu Hause liegen zu lassen. Neun von zehn US-Bürgern behalten ihr Smartphone dreihundertfünfundsechzig Tage im Jahr rund um die Uhr höchstens in Armlänge von sich entfernt. Und achtzig Prozent blicken morgens, noch vor dem Zähneputzen, erstmals auf das Display.

Unter der Hand hat sich das Mobiltelefon der Anfangsjahre also in einen mobilen Klein-PC verwandelt, mit dem man nebenbei auch noch Ferngespräche führen kann. Immer leistungsfähigere Betriebssysteme haben es zum Allzweckgerät der modernen Alltagsbewältigung werden lassen – zu einem neuen, externen Organ des Menschen, bei dessen Versagen dieser mit seinem logistischen Zentrum auch seine Identität verliert und in jenen leeren Raum stürzt, der die Nacktheit der Offline-Existenz inzwischen bedeutet. Der Ausfall des Geräts wird heute gerne mit dem Gefühl des Amputiertseins beschrieben – eine glatte Untertreibung, denn das Smartphone ist viel mehr als ein Körperteil von vielen. Was nützen einem im virtuellen Raum noch zwei intakte Beine und Arme?

Wenn alles funktioniert, gewährt das Hightech-Instrument indes eine monadenhafte Selbstgenügsamkeit. Das Display hinauf und hinunter scrollend, steht einem nun ein ganzes Universum von Servicediensten zur Verfügung: Man kann mit jedem Erdenbewohner jederzeit Kontakt aufnehmen, sich über Google Earth an x-beliebige Orte beamen und mit Hilfe einschlägiger Online-Lexika alle Fragen der Welt beantworten, ohne auch nur einen Moment selber nachdenken zu müssen. Die Wesensmerkmale Ubiquität und Allwissenheit, die die Theologen einst für den Schöpfer reservierten, passen nun auch auf sein vermeintliches Ebenbild. Der Mensch des 21. Jahrhunderts braucht keinen Bezug zu einer äußeren Welt mehr, weil er sie *in* sich, genauer gesagt: *bei* sich trägt – in einer Kunststoffschale von der Größe einer Zigarettenschachtel.

Was früher einmal Wirklichkeit genannt wurde, um den Unterschied zu bloß erdachten und phantasierten Gebilden zu markieren – diese Wirklichkeit hat damit ihr digitales Korrelat bekommen. Sie ist zu einem Ensemble von Zeichen und Botschaften geworden, die auf der Oberfläche von Bildschirmen erscheinen und nur noch rezipiert und verstanden, statt in einem umfassenderen Sinne sinnlich wahrgenommen werden müssen. In der Welt seiend, aber von jeder Auseinandersetzung mit dem konkreten Raum befreit, vagabundiert das moderne Individuum durch ein ihm fremder und fremder erscheinenden Universum – als blinder Passagier einer Reise, bei der alles Reale nur noch Kulisse ist.

Einen Vorschein auf diesen Kontaktverlust bietet die Fahrt in Nah- und Fernzügen der Deutschen Bundesbahn. Mobiltelefone sind hier längst nicht mehr die einzigen portablen Geräte, mit deren Hilfe man seiner Umwelt die Aufmerksamkeit zu entziehen pflegt. Ergänzt werden diese von Notebooks, Tablet-Computern und leistungsfähigen Playstations, technischen Weiterentwicklungen jener Gameboys, an denen schon eine Generation von Kindern lernte, sich aus der Wirklichkeit einer ganzheitlich erfahrbaren Umgebung zu verabschieden. Immer wieder lässt sich jemand auf seinen Platz fallen, um sofort seine Wunderwaffe gegen die Langeweile in Betrieb zu nehmen. Mit einem solchen Zeitgenossen ein Gespräch zu suchen, verbietet sich von selbst. Zu evident ist seine Abwesenheit – im Unterschied zu der des gemeinen Handybenutzers wird diese nicht einmal mehr durch Funklöcher unterbrochen. Immer öfter trifft man auf Zeitgenossen, die beim Hinsetzen sogleich die Jalousien herunterziehen, damit sich das Licht der alten Welt nicht auf dem Display spiegelt und dem Abtauchen einen unerwünschten Widerstand entgegensetzt. Von der Gegend, durch die er fährt, sieht der multimedial versorgte Fahrgast aber auch dann nichts mehr, wenn er die Jalousien oben lässt. Beim Aussteigen kann es ihm nur vorkommen, als sei er stundenlang durch einen Tunnel gefahren. Von Punkt A gestartet ist er am Ende an Punkt B angekommen, fast so, als ob er per Mausklick gereist wäre. Ergebnis ist ein Ortswechsel ohne Raum-Erfahrung, jenes seltsam leere Gefühl, das man aus der U-Bahn kennt.

Dort, in der städtischen Untergrundbahn, ist man ja wirklich abwesend – vergraben in der Erde, einem Un-Ort überantwortet, dem jede räumliche Strahlkraft fehlt, zu dem deshalb auch keine Beziehung aufzubauen ist. Die innere Emigration des Fahrgasts ist in modernen Massentransportmitteln ohnehin kein Wunder. Die Kombination von Tempo und Kapselatmosphäre verunmöglicht es, das Band zur Außenwelt aufrechtzuerhalten.

Paul Virilio hat dieses Phänomen bereits vor dreißig Jahren beschrieben. Er nannte den unbekannten Ort, an dem sich moderne Passagiere während der Fahrt befinden, das „Land der Geschwindigkeit". Dieses ist naturgemäß ein Reich der Abwesenheit. Es ist das Land, in dem man die uns bekannte, leiblich vermittelte Realität verlassen hat. Vor dem Hintergrund der jüngsten Entwicklungen wirkt Virilios „Dromologie" allerdings überholt. Um den weltlichen Erfahrungs- und Begegnungsraum zu verlassen, genügt inzwischen das Betätigen einer Funktionstaste, die Beschleunigung des Körpers war und ist nur *eine* Form der Auflösung des raumzeitlichen Daseins. Instrumente der Umweltnegation wie iPhone, MP3-Player und Spielkonsole ermöglichen ihren Benutzern, das Land auch im stationären Zustand zu wechseln.

Der Mensch des 21. Jahrhunderts entschwindet also gleichsam bei voller Anwesenheit. Und das eben nicht nur dort, wo er, einem Projektil gleich, durch die Landschaft geschossen wird, sondern selbst da, wo sich die Unmittelbarkeit der Raumbeziehung noch anbietet. Auch in der Fußgängerzone und anderen belebten, Licht durchfluteten Orten der Welt begegnen sich jetzt zunehmend verkabelte und verkapselte Existenzen – technisch hochgerüstete Zeitgenossen, die ihren Umweltbezug virtualisiert und sich damit gegen Außenreize immunisiert haben. Erfahrungsgestützte Unterscheidungen wie die zwischen nah und fern, unten und oben, draußen und drinnen, verlieren damit zunehmend an Relevanz. Wer bei der Flucht aus der Ödnis seines Computerzimmers sein Notebook mit ins Straßencafé nimmt, hat zwar eine Ortsveränderung vorgenommen, hätte im Blick auf dieses räumlich Andere aber genauso gut zu Hause bleiben können. Versunken in die Parallelwelt der Virtualität, kommt er dort, wo er seinen Körper nun zwischengelagert hat, nicht mehr wirklich an. Er bleibt abwesend, in der Dunkelkammer der sich verselbstständigenden Selbstbezüglichkeit, die Webdesigner zu trügerisch schönen, bunten Welten ausgeleuchtet haben.

Für den Kapitalismus ist die Bereitstellung solcher Nicht-Orte natürlich ideal. Was dieser immer schon am dringlichsten braucht, sind räumlich entwurzelte Menschen. Unwohl in der eigenen Haut, sehnt sich das beziehungslos nur um sich selber kreisende Individuum nach Halt – und greift nach Dingen, mit denen sich eine leere Existenz möblieren lässt – Markenkleidung, Sportgeräte oder eben Produkte der Kommunikations- und Unterhaltungsindustrie.

Mit den portablen Geräteversionen verfolgt die Herstellerindustrie den Konsumenten inzwischen auch noch dorthin, wo er sich in einen Nichtkonsumenten zurückverwandeln konnte, in den Stadtpark oder das außerstädtische Naherholungsgebiet, an jene Orte also, die bislang von der Gratisbeziehung des Draußenseins geprägt waren.

Damit beginnt das virtuelle Universum seine letzte Grenze zu verlieren. Nach und nach überfließt es selbst noch den Ort, der bislang als sein Gegenstück und Korrektiv galt, die sogenannte Realität, jenen Ort, an dem sich nicht nur Menschen aus Fleisch und Blut begegnen, sondern auch die von diesen gestaltete Welt und die darin enthaltenen Elemente der Natur: Flora, Fauna, Wind und Sonne. Im multimedial organisierten Bewusstsein schrumpft dieses Reich konkreter, leiblich vermittelter Erfahrungen zu einer Art universaler Bildschirmschoner, der sich von selbst wegklickt, wenn man sich in eines der virtuellen Informations- und Kommunikationsnetze einloggt, in jene zweite Wirklichkeit des modernen Menschen, die für viele längst zur ersten geworden ist.

Dies, die Auflösung realer Horizonte, könnte man natürlich für ein geschichtliches Novum halten, für einen so dramatischen wie unvorhersehbaren Nebeneffekt des technischen Fortschritts. Doch die abendländische Kultur ist keineswegs aus den Fugen geraten. Im Gegenteil. Die Abkehr von der irdisch-leiblichen Wirklichkeit hat eine lange und ungebrochene Tradition, an deren Anfang Denker wie Platon und Augustinus stehen. Die Hinwendung zu den Reizen der Außenwelt galt dem Kirchenvater als *voluptas oculorum*, als Augen-Sünde. Seine Doktrin von der Alleinwichtigkeit der Gottesbeziehung war so wirksam, dass sich noch Petrarca, tausend Jahre später, seines affektiven Verhältnisses zur Natur schämen zu müssen meinte. Die theoretische Geringschätzung der äußeren Welt bekommt am Übergang zur Neuzeit dann eine praktische Dimension: Denker wie Francis Bacon und René Descartes ebnen der modernen, abendländischen Wissenschaft den Weg. Fortan ist die Natur nicht länger Teil einer verehrungswürdigen Schöpfung, sondern bloße Ressource, die nach Belieben ausgebeutet werden kann. Als Apotheose der Alleinwichtigkeit des Menschen wirkt dann auch der erkenntnistheoretische Subjektivismus Immanuel Kants. Demzufolge erkennen wir an der Außenwelt nur, was unser Denkapparat zuvor gleichsam in sie hineingelegt hat. Auch wenn dies von Kant nicht ontologisch gemeint ist, verblasst dieses Andere, Äußere zum Produkt bloßer Anschauungsformen, einem Spiegel, in dem der Mensch nichts mehr entdeckt als sich selbst.

Mit Hilfe der modernen Kommunikations- und Unterhaltungstechniken steuert das christliche Abendland ganz offenbar seiner Vollendung entgegen – einem Zustand, in dem alles das, was man einmal „Welt“ nannte, bedeutungslos wird. Wenn diese sich noch zeigt, dann in technisch verfremdeter Gestalt – in Filmen oder Werbeclips, als digitalisierte Landkarte und Computersimulation. Das In-der-Welt-Sein, für das das leibliche Draußensein stets konstitutiv war, verkürzt sich auf diese Weise zum Navigieren in Datenströmen, und damit zu einem menschlichen Selbstgespräch, in dem alles anwesend ist – nur nicht das wirklich Anwesende.

Offen bleibt, ob das wirklich schlimm ist. Muss man wissen, wo genau man ist, wenn es Geräte gibt, die einem das per Knopfdruck mitteilen? Brauchen wir eine Welt, die mehr ist als unser Produkt, ein Anderes, das nicht von uns aufbereitet und zugerichtet, von vorneherein auf uns bezogen ist?

Die Notwendigkeit einer solchen Beziehung lässt sich in der Tat nicht andemonstrieren. Zu den Kennzeichen der sinnlich-sinnenhaften Verarmung gehört ja, dass sie sich nicht wahrnimmt. Um sich an der flagranten Abwesenheit der Mitmenschen zu stören, muss man selber ja anwesend sein. Angesichts der Geschwindigkeit, mit der immer neue Techniken der Umweltnegation auf den Markt drängen, könnte sich das Problem also gewissermaßen von selbst erledigen. Die moderne Informations- und Kommunikationsgesellschaft wäre dann an einem *point of no return* angekommen, dem kollektiven Autismus.

Wer vor dieser Entwicklung warnt und den galoppierenden Weltverlust als Gefahr betrachtet, hat aber schon heute keine Chance mehr Gehör zu finden. Er wird verdächtigt, die Zeit zurückdrehen zu wollen, rousseauistischen Heilsvorstellungen eines intakten Mensch-Natur-Verhältnisses aufgesessen zu sein. Das Plädoyer für das Offenhalten des räumlichen Horizonts gilt als Rückfall in einen Animismus, in pseudoreligiöse Wahnvorstellungen, denen man mit aufklärerischer Nüchternheit entgegentreten müsse.

So nüchtern, wie sie sich selbst sehen, sind diese Ideologiekritiker indes auch wieder nicht. Ganz im Gegenteil hat ihr Realismus irrationale, geradezu religiöse Züge. Er vertraut darauf, dass das Leibwesen Mensch keine Beziehung zu der naturhaften Welt braucht, aus der es hervorgegangen ist. Eine derart absonderliche Annahme kann man nur – *glauben*.

Die Asphaltierung der Welt

Beim letzten Haus verjüngt sich die Dorfgasse zu einem Hohlweg, der sich in die Wiesen hinausschlängelt. Er ist von alten Kirschbäumen gesäumt, mit Pflastersteinen befestigt und durch kniehohe Trockenmauern von den umgebenden Viehweiden abgetrennt – ein Artefakt und doch kein Fremdkörper. Die Natur ist nämlich bestens integriert: Moose und Flechten bevölkern die aufeinander geschichteten Steine, aus jeder Ritze drängen Gräser und Farne ans Licht, hie und da huscht eine Mauereidechse in Deckung. Dass es einem nach wenigen Schritten langweilig werden könnte, ist nicht zu befürchten. Auf Wegen nach menschlichem Maß hat man stets das Gefühl, gut voranzukommen – ein angenehmes Gefühl.

Eine derart intime Beziehung zwischen Weg und Wegrand kann man inzwischen lange suchen. An Stelle behaglicher Saumpfade führen heute breite Asphaltbänder in ausgeräumte Agrarlandschaften hinaus. Auch gut, könnte man denken – kein Widerstand, nirgendwo. Man kann sich einfach treiben lassen, muss nicht einmal vor die Füße schauen. Was im ersten Moment so beflügelnd wirkt, wird über kurz oder lang jedoch zur Strapaze. Für den Geist, weil es nichts Eintönigeres gibt als das Abschreiten toter Asphaltstreifen. Und für den Körper, weil die Füße immer exakt gleich aufsetzen, was die Gelenke schnell ermüden lässt. So sehr sich Autofahrer, Inlineskater und Radfahrer auf solchen Rollbahnen auch wie zu Hause fühlen, denjenigen, die sich die Landschaft zu Fuß erschließen wollen, sind sie ein Graus.

Die Verwandlung eines auf Zwei- und Vierbeiner zugeschnittenen Wegleins in eine Asphaltschneise ist natürlich kein Einzel- und Ausnahmefall. Entsprechende Formatwechsel prägen nicht nur die europäische Kulturlandschaft, sondern langsam, aber sicher auch den ganzen Globus. In Deutschland fand die entscheidende Zäsur in den frühen siebziger Jahren statt – mit der sogenannten Flurbereinigung. Aus dem Blickwinkel der Naturschützer die schiere Katastrophe, hatte sie das, was man „geschichtliche Notwendigkeit" zu nennen pflegt: Kleine, mit Stein- und Buschreihen voneinander abgegrenzte Felder ließen sich nun mal nicht rationell bewirtschaften.

Das kleinräumige Wegenetz verschwand allerdings auch deshalb, weil es gar nicht mehr benutzt wurde. Statt einen Fuß vor den anderen zu setzen, saßen die meisten Menschen inzwischen ja hinter den Windschutzscheiben von Fahrmaschinen. Damit sich die vielbeschworene Freiheit des Autofahrers nicht als Illusion erwies, musste das Land erst mal autogerecht gemacht werden. Es brauchte mindestens drei Meter breite, gut befestigte und halbwegs geglättete Fahrbahnen, zugeschnitten auf die Motorwelt, als deren Interessenvertreter der ADAC ins Licht der bundesdeutschen Mobilitätsgeschichte getreten war.

Wehmut über das Verschwinden der Wege und Stege kam damals nicht auf. Das Verwischen der Spuren einer fußläufigen Gesellschaft war ein willkommenes Zeichen, dass die dunklen Zeiten vorbei waren, es zügig und unbeirrbar vorwärtsging, hinein in eine glänzende Zukunft, in der sich ein weiterer Menschheitstraum erfüllen würde, der vom Ortswechsel ohne Kraftanstrengung.

Die Achtlosigkeit gegenüber den Infrastrukturen früherer Generationen war indes kein Novum. Verkehrswege waren im Laufe ihrer langen Geschichte immer wieder überbaut, durch modernere und leistungsfähigere ersetzt worden. Keiner unserer Vorfahren wäre je auf die Idee gekommen, dagegen aufzubegehren. Und auch heute erscheint es uns nur natürlich, wenn Asphaltmaschinen ausrücken, um in die Jahre gekommene Fahrbahnen in neuem Glanz erstrahlen zu lassen. Der Fortschrittsglaube der siebziger Jahre mag zwar verblasst sein, das mit ihm verbundene Convenience-Prinzip gilt aber weiterhin als *ultima ratio*: Alles hat immer komfortabler zu werden und muss immer schneller gehen. Die Geschichte der menschlichen Verkehrssysteme scheint nur ein einziges, von allen geteiltes

Ziel zu haben: die größtmögliche Eliminierung der Reibungsverluste.

Diese Selbstverständlichkeiten infrage zu stellen ist der Sinn dieses Essays. Er erzählt nicht nur die Kurzgeschichte des modernen Mobilitätsbewusstseins, sondern nimmt auch dessen gerne übersehene Rückseite in den Blick: die sinnliche Verarmung, das chronische Erlebnisdefizit – den Kontaktverlust zur realen, dreidimensionalen Umgebung. Die Arbeitshypothese lautet: Die Asphaltierung der Welt ist nicht nur das Nebenprodukt einer fortschreitenden Entfremdung von der Natur, sondern zugleich auch Motor dieser Entfremdung. Mit jedem Kilometer, den wir auf geglätteten Kunstbahnen durchs Land rollen, wird uns rätselhafter, was wir mit unserem Leib eigentlich anfangen sollen – jenem Leib, der über die Jahrhunderttausende unserer Gattungsgeschichte für die Fortbewegung zuständig war und damit jene Verbindung zur Natur verbürgte, die uns heute zunehmend entgleitet.

Warum ist niemand über diese Entwicklung besorgt? Warum nehmen wir ungerührt zur Kenntnis, dass allein hierzulande jeden Tag hundert Hektar Boden versiegelt werden? Warum akzeptieren wir die fortgesetzte Asphaltierung von Feld-, Wald- und Wiesenwegen, unter der wir als Wanderer und Jogger leiden? Die Antworten scheinen auf der Hand zu liegen:

1. Da heute alle Auto fahren, liegt es im allgemeinen Interesse, jeden erdenklichen Ort auf autogerechten Verbindungen zu erreichen.
2. Einmal aufgebracht, hält Asphalt mindestens zwanzig Jahre und ist deshalb auf lange Sicht die kostengünstigste Verkehrsoberfläche.
3. Es gibt keinen Untergrund, der bequemer, sauberer und sicherer wäre als eine gut verdichtete Schicht aus Erdöldestillat.

Der praktische Nutzen ist so überwältigend, dass kaum jemand genauer hinzuschauen wagt. Wer dies tut, erkennt jedoch, dass auch dort graue Streifen ins Gelände planiert werden, wo weit und breit keine unentrinnbaren Sachzwänge auszumachen sind. Verbirgt sich hinter dem Verlangen nach praktischen Einheitsuntergründen womöglich auch ein höchst irrationaler Affekt – eine Aversion gegen die undomestizierte Natur, ein Ressentiment gegen alles, was wir nicht selber gemacht und gestaltet haben – gegen den Eigensinn der Elemente, den Schmutz der Feldwege, den Staub der unversiegelten Welt? Drängt es den Homo Faber insgeheim danach, den Planeten mit einer Art Isolierschicht zu überziehen, im Dienste eines autonomen, bequemen und keimfreien Daseins, das sich die Widerstände der Natur vom Halse geschafft hat?

Doch gehen wir erstmal einen Schritt zurück: Wann hat die Asphaltierung der Welt begonnen und wie und warum? Das teerartige Bindemittel, das im Altgriechischen *asphaltos* hieß, war schon bei den Sumerern bekannt, rund 1200 Jahre vor Christus. In der antiken Welt wurde die in der Natur vorkommende zähe Ölmasse vornehmlich als Dichtmittel benutzt – für Boote, Kanäle, Bäder und Hausmauern. Bei den Römern kam die chemisch träge, elastische und leicht süßlich riechende Substanz dann auch im Straßenbau zum Einsatz – allerdings nur als Fugenmörtel zwischen den verlegten Steinblöcken. Im Mittelalter schien die systematische Nutzung des sogenannten Erdharzes dann aufgegeben, obwohl lokale Vorkommen, wie die im Westschweizer Val Travers, weiterhin ausgebeutet wurden. Dass die Verkehrswege aus einem verdichteten Erd-, Stein- und Lehm-Gemisch bestanden, war auch in den folgenden Jahrhunderten nur selbstverständlich. Kein Mensch störte sich daran, dass es wellig und holprig vorwärtsging – die meisten Passanten waren ja auch *per pedes* unterwegs, und der menschliche Fuß ist von Natur aus für die Bewältigung solcher Untergründe ausgelegt. Sich die Straßen und Plätze als blitzsaubere, topfebene und monochrome Flächen vorzustellen, hätte die Phantasie der Zeitgenossen wohl auch kaum ausgereicht.

Damit man auf die Idee kam, glattgewalzte Teer- und Asphaltbänder in die Landschaft zu legen, bedurfte es eines spezifischen Interesses, das sich erstmals gegen Mitte des 19. Jahrhunderts zeigte. Der Adel ließ sich fortan mit farbigem Naturasphalt Mosaiken in die Parkanlagen zaubern, in Potsdam und Glienicke etwa. Zugleich waren bei den Damen der höheren Gesellschaft hochhackige Pumps in Mode gekommen. So wurden in Paris, London und New York die Trottoirs asphaltiert, nicht etwa die Straßen. Zwischen 1850 und 1880 brachen dann alle Dämme: In den USA hatte man Erdöl zu raffinieren begonnen, wobei große Mengen Bitumen anfielen, der Grundstoff des heute omnipräsenten Kunstasphalts. Als erste erhielt nun die Innenstadt von Paris synthetische Verkehrsflächen, die anderen europäischen Metropolen zogen wenig später nach.

Weil man für den Einbau von Bitumen tonnenschwere Walzen brauchte, die Transportkosten noch immer immens waren und die einflussreiche Klientel fehlte, bestanden die Verkehrswege auf dem Land nach wie vor aus wasserbindenden Decken – und zwar überall. Der erste Ort in der deutschen Provinz, an dem der Asphalt im großen Maßstab Einzug halten sollte, war Berchtesgaden – eine Destination, die pikanterweise gerade nicht wegen ihrer urbanen Fortschrittlichkeit aufgesucht wurde, sondern ganz im Gegenteil, um der Natur so nah wie möglich zu kommen.

Der Gemeinderat beschloss dort am 25. März 1925, die Hauptstraße asphaltieren zu lassen – „um der immer unhaltbarer werdenden Staubplage abzuhelfen", wie es in der Fremdenverkehrschronik heißt. Doch zwischen den zahlreichen Ausflugszielen der Region wehten die Staubfahnen der Autos täglich höher. Die entfesselten Reibungskräfte der neuen Verkehrsmittel ließen gar keine andere Wahl, sie erzwangen den Bau von robusteren und staubfreien Verkehrsflächen. Was einst die Stöckelschuhe von den Gehsteigen gefordert hatten, forderten nun die Autos von den Straßen – eine künstliche Oberfläche, die unverwüstlich und plan, zugleich aber auch rutschfest war.

Dazu kam ein psychologischer Sachzwang: Nachdem die ersten Straßenstücke eine saubere Bitumendecke bekommen hatten, erschienen die verbliebenen umso unzumutbarer, wie der Chronist für das Jahr 1927 notiert: „Das Fahren auf den von tiefen Schlaglöchern übersäten Straßen wurde als geradezu lebensgefährlich bezeichnet. Wenn sich bei Regen die Schlaglöcher in tiefe Pfützen verwandelten, konnte man die Benützung dieser Straßen nicht einmal Fußgängern zumuten."

Dass es erst dort lebensgefährlich wird, wo keine holprigen Trassen mehr zur Langsamkeit zwingen, sollte erst später bemerkt werden. Unreflektiert blieb auch, dass die Fußgänger gar kein Problem gehabt hätten, wenn sie nicht von vorbeifahrenden Sonntagsfahrern ins Wasser getrieben oder nassgespritzt worden wären. Wer von unzumutbaren Zuständen spricht, hat bereits Blickwinkel und Maßstäbe des Autofahrers übernommen. Die Karriere der synthetischen Straßenoberfläche begann ganz unspektakulär mit der Änderung des Sprachspiels.

Kein Wunder, dass die Berchtesgadener Bürger ihren anfänglichen Widerstand gegen das Automobil bald aufgaben. Selbst die Bergwelt stand diesem nun offen: 1934 begann man mit dem Bau der Deutschen Alpenstraße. Hitler hatte am nahen Obersalzberg gerade seinen „Berghof" bezogen und steuerte von dort die so prestigeträchtige wie aufmarschdienliche Modernisierung des deutschen Straßensystems. Besonderes Augenmerk lag natürlich auf der komfortablen Erreichbarkeit der Hauptstadt. So wuchs im Land Brandenburg die Gesamtlänge des Chausseennetzes zwischen 1933 und 1938 um fast zwanzig Prozent, der Anteil an wasserabweisenden Decken vervierfachte sich in diesem Zeitraum. Da Bitumen importiert werden musste, bevorzugten die Nazis Beton und vor allem Teer, das krebserregende Abfallprodukt der industriellen Kohle-, Koks- und Gasproduktion. Doch gleich ob Asphalt, Beton oder Teer: der Siegeszug rollfreundlicher Straßenbeläge hatte begonnen und das Leben der Menschen in wenigen Jahren kaum weniger stark verändert, als dies heute die Datenautobahnen des Internets tun.

In Berchtesgaden, wo noch heute die Jahrestreffen des Deutschen Asphaltverbandes stattfinden, kam man erst 1937 wieder auf die Idee, etwas für die traditionelle Klientel zu tun. Pläne wurden nun laut, einen fünfhundert Kilometer langen Wanderweg von Berchtesgaden nach Lindau zu bauen – mitten durchs Gebirge. Ein Projekt, dessen Realisierung der Kriegsausbruch dann verhinderte.

Natürlich ging es um ein neues touristisches Angebot. Es ging aber auch darum, den Fußgängern etwas von dem Bewegungsraum zurückzugeben, den diese zuvor verloren hatten: in den Talsohlen, wo es für den Erholung suchenden Gast zunehmend ungemütlich geworden war. Eine neue Zweiklassengesellschaft der Mobilität war entstanden, die erstmals eine räumliche Trennung der Verkehrsteilnehmer erforderte. Hatten die alten Landstraßen noch allen gesellschaftlichen Gruppierungen offen gestanden, Adligen und Kirchenfürsten zu Pferd oder in der Kutsche ebenso wie Handwerkern, fahrenden Händlern, Tagelöhnern und Bettlern, so gehörten sie nun ausschließlich den Vertretern einer ganz neuen Klasse, die nicht über Herkunft, sondern über materiellen Besitz definiert war – den Besitz eines Automobils oder eines Motorrads. Den im Wortsinne mittel-losen Zweibeinern blieb nur der Rückzug von der Straße. Nicht nur, weil sie bei einer Kollision mit einem Motorfahrzeug stets den Kürzeren gezogen hätten, sondern auch, weil sie den Verkehr behinderten. Besonders galt dies natürlich auf den neuen Asphaltpisten. Weil an die phantastischen Möglichkeiten solcher Rennstrecken nicht adaptierbar, hatte der Fußgänger auf diesen auch nichts mehr verloren. Er war zum Störfaktor geworden, zum Saurier des Mobilitätsfortschritts, den man aus dem Weg hupte, wenn er vor einem noch schnell die Straße überqueren wollte.

Dieses Problem löste sich im Nachkriegsdeutschland gewissermaßen von selbst: dadurch, dass sich die letzten Fußgänger irgendwann in Autofahrer verwandelt hatten. Dem erwartbaren Klassenkampf zwischen motorisierten und nichtmotorisierten Verkehrsteilnehmern waren damit die Interessenwidersprüche ausgegangen oder, genauer gesagt, sie waren zu inneren Widersprüchen geworden, mit denen sich der auto-mobil gewordene Zeitgenosse nun selber auseinandersetzen musste. Von einer offenen Kritik an den Nebenfolgen des motorisierten Verkehrs nahmen die Betroffenen nicht nur deshalb Abstand, weil sie vom Freiheitszugewinn geblendet waren, sondern auch, weil sie diese Kritik gegen sich selbst hätten richten müssen. So vollzog sich die kulturelle Assimilation an das Auto weit schneller, als dies zu erwarten gewesen war. Leise knurrend hatte man die fatale Rückseite der Motorwelt in Kauf zu nehmen gelernt: den Lärm, die Abgase, die beispiellose Gefährdung von Mensch und Tier. Wo Täter und Opfer in Personalunion auftreten, wird es schwierig, Schuldige auszumachen. Deshalb macht es auch keinen Sinn, den guten Fußgänger gegen den bösen Autofahrer verteidigen zu wollen. Die meisten von uns sind stets beides, nur eben zu verschiedenen Zeiten.

Mit der Deckelung dieser inneren Widersprüche hat das Individuum des ausbrechenden Automobilzeitalters erst mal genug zu tun, so viel jedenfalls, dass sich eine andere, nahe liegende Frage gar nicht stellte, die nämlich nach den sinnlich-emotionalen Defiziten der technischen Mobilität – die Frage also, was einem eigentlich entgeht, wenn man, statt sich mit wachen Sinnen gemächlich durch die Welt zu bewegen, vor der Haustüre ins Auto steigt, den Motor anlässt, aufs Gaspedal tritt und sich von A nach B katapultiert.

Dass darüber zu Beginn der Massenmotorisierung niemand nachzudenken bereit war, war einerseits erwartbar, weil die entsprechenden Verlusterfahrungen ja erst noch gemacht werden mussten. Andererseits ist es erstaunlich, weil das Thema hundert Jahre zuvor bereits ausgiebig diskutiert worden war – im Zusammenhang mit der gerade erfundenen Eisenbahn.

Zu ihren profundesten Kritikern gehörte John Ruskin. Den englischen Maler und Schriftsteller störten Geradlinigkeit und Geschwindigkeit des neuen Dampfrosses. Wie ein Projektil werde man darin durch die Landschaft geschossen, schimpfte er. Ruskin zufolge sitzen keine Reisenden mehr in den Abteilen, sondern „menschliche Pakete, die sich per Eisenbahn selber an ihren Bestimmungsort schicken“, an dem sie so ankommen, wie sie den Abreiseort verließen, „unberührt vom durchquerten Raum“.

Unberührt vom durchquerten Raum? Das riecht nach einer Verklärung vorindustrieller Fortbewegungsarten, nach rückwärtsgewandter Naturschwärmerei. Dass es sich um mehr als blinde Technikfeindschaft handelte, zeigen die phänomenologischen Analysen von Wolfgang Schivelbusch. Der Technikgeschichtler beschreibt die gänzlich neue Wahrnehmungsart, zu der die Eisenbahn ihre Fahrgäste zwingt, den „panoramatischen Blick“:

> „Die Tiefenschärfe der vorindustriellen Wahrnehmung geht hier ganz wörtlich verloren, indem durch die Geschwindigkeit die nahegelegenen Objekte sich verflüchtigen. Dies bedeutet das Ende des Vordergrundes, jener Raumdimension, die die wesentliche Erfahrung vorindustriellen Reisens ausmacht. Über den Vordergrund bezog sich der Reisende auf die Landschaft, durch die er sich bewegte. Er wußte sich selber als Teil dieses Vordergrunds, und dies Bewusstsein verband ihn mit der Landschaft, band ihn in sie ein [...] Der panoramatische Blick gehört [...] nicht mehr dem gleichen Raum an wie die wahrgenommenen Gegenstände.“

Die Folge ist eine seltsame Desorientierung. Durch die Implosion der Vordergründe weiß der Fahrgast zu keinem Zeitpunkt der Reise mehr, wo er eigentlich ist. Zwischen Abfahrts- und Ankunftsbahnhof gerät er in eine Art Nirgendwo, das ihm keinesfalls nur unsympathisch ist. Der unvermeidliche Geschwindigkeits-Rausch hat nun mal eine angenehm sedierende Wirkung. Man findet gerade deshalb zur Ruhe, weil jeder Stillstand ausgeschlossen ist – weil man sicher sein kann, dass man seinem Ziel selbst schlafend noch näher kommt.

Ist die Eisenbahnfahrt der Prototyp der Raumvernichtung durch Technik, so ist die moderne Flugreise ihr vorläufiger Höhe- und Endpunkt. Für den, der im Flieger unterwegs ist, liegen zwischen London und Frankfurt keine Räume mehr, auf die er sich beziehen könnte, sondern neunzig Minuten – und sonst nichts.

Dass die Orientierungsverluste der Eisenbahnreise auch für die Fortbewegung via Auto gelten, muss nicht weiter ausgeführt werden. Reduziert auf das bloß Visuelle, die passive Rezeption des Sehens, verkommt die Außenwelt zu einer zweidimensionalen Kulisse, in der einem nichts und niemand mehr begegnet. Waren auf den holprigen Straßen des frühen 20. Jahrhunderts wenigstens noch Reste der sinnlichen Reiseerfahrung des Kutschenzeitalters spürbar geblieben, so fungieren die schwarzen Asphaltbahnen nun vollends als Nullmedium. Indem das letzte Schlagloch und die letzte Bodenwelle verschwindet, wird die Fortbewegung zu einem geradezu aseptischen, von allen lebensweltlichen Bezügen gelösten Vorgang – zu einem Ereignis, an das man sich nur noch erinnert, wenn man eine Panne hatte, besonders lange im Stau stand oder erleben durfte, was passiert, wenn gefrierender Regen oder Schnee die eben noch hinreichend griffige Oberfläche zu einer Rutschbahn macht. „Was dort [im Abteilfenster des Zuges oder im Heckfenster des Autos] gegen den Horizont entschwindet, ist die erste Realität, Raum und Gegenstand der Erfahrung", schreibt Paul Virilio. Die Bodenhaftung des Gefährts verhindert nicht, dass man der realen Umgebungswelt wie in einem Raumschiff davonfliegt.

Im Zuge des Wirtschaftswunders wird das Straßennetz dann massiv ausgebaut. Es sind jetzt so viele Fahrzeuge unterwegs, dass man sich immer öfter in der Kolonne bewegt oder – im sogenannten Stau – gar nicht mehr vorwärtskommt. Eigentlich der ideale Zeitpunkt für jene Ernüchterung, die einem die bislang ungesehenen Nachteile des Autofahrens vor Augen führt. Tatsächlich erscheint 1960 ein Buch mit dem sprechenden Titel *Der letzte Fußgänger*. Ganz in der Tradition der frühen Eisenbahnkritiker reklamiert Ehrenfried Muthesius hier das Verschwinden dessen, was man heute ganzheitliche Erfahrung nennen würde:

> „Die Erde unter den Füßen, von oben Sonnenschein, Wolken, Regen, Schnee, von der Seite Wind und Sturm, so zieht der Wanderer durch das Land. Der ganze Reichtum der Erd- und Himmelskräfte ist sein. Mit der Welt ist er eins, mit der Welt, für die er geschaffen ist und der er angehört. Der arme Autofahrer sitzt in seinem Blechbehälter, gefesselt an sein Steuerrad, ausgeschlossen von der belebenden Wechselwirkung mit den Weltkräften, getrennt von der Erde, ohne Eigenbewegung in seinem Miniatursalon, dessen großstädtische Eleganz er stets mit sich führt und überall verbreitet."

Muthesius' resignativer Klagegesang verhallt jedoch gänzlich ungehört. Die fortschrittsfixierte Bevölkerungsmehrheit hat die Ohren auf Durchzug gestellt – die einzigen Konzessionen an die alte Welt der körperlichen Selbstbewegung sind nun der Sonntagsspaziergang und die im Delirium endenden Exkursionen von Vatertag und 1. Mai. Wer an einem der anderen Tage am Straßenrand ins Nachbardorf geht, gilt als komischer Kauz, als Trunkenbold oder als Landstreicher.

Ungesehen blieben die Wahrnehmungsverluste allerdings auch dort, wo man lautstark für ein waches und intensives Leben plädierte: in der Achtundsechziger-Szene. Diese war insofern gesellschaftskonform, als sie nur dann etwas gegen das Auto hatte, wenn es als bürgerliches Statussymbol in Anspruch genommen wurde. Umgekehrte Prestigefahrzeuge wie die verbeulte Ente oder der öltriefende VW-Bus galten hingegen als Inbegriff politischer Correctness. Wer sich keine dieser abgetakelten Alternativ-Karossen leisten konnte oder wollte, fuhr per Anhalter – wofür ihm jedes Modell recht war, wenn es ihn nur schnell genug ans Ziel brachte. In den Ferien lag dieses möglichst weit entfernt von jenen Orten, an denen sich die erste deutsche Protestjugend, die Wandervögel, siebzig Jahre zuvor eingefunden hatte. Den idealtypischen Vertreter der zweiten Jugendbewegung zog es nach Indien, mindestens aber an griechische Geheimtippstrände. Dort verschrieb er sich inneren Bewegungsformen, experimentierte mit bewusstseinserweiternden Drogen und dämmerte ansonsten seine Zeit am Strand ab. Wenn der eigene Körper in den Fokus geriet, dann als Instrument der sexuellen Befreiung. Der Rest, zumindest die für die kreatürliche Fortbewegung zuständigen Anteile, wurde abgespalten.

Die linksintellektuelle Abneigung gegen die Selbstbewegung im Freien hatte System. Sie speiste sich aus der Überzeugung, dass die Lust an der Naturbegegnung schon einmal zu schrecklichen Verirrungen geführt hatte. Für die theoretischen Vordenker der Szene stand außer Frage, dass der zivilisationskritische Impetus von „Wandervogel" und „Lebensreform" als historische Vorstufe nationalsozialistischer Denkmuster zu interpretieren war. Wer diesen ideologiekritischen Kurzschluss mitmachte, für den roch es auch ein Vierteljahrhundert nach Kriegsende in der heimischen Natur noch nach Blut und Boden, weshalb auch nichts selbstverständlicher war, als einen weiten Bogen um sie zu machen. So blieb die Asphaltierungswelle der siebziger Jahre in den Kreisen der sogenannten Studentenbewegung völlig unbemerkt.

Wenig später nahmen die Grünen den Kampf für die Rettung des Planeten auf – von Seminarräumen und den Hinterzimmern alternativer Cafés aus. Auch sie hielten gepflegte Distanz zum Objekt ihres Engagements. Wenn sie in die Wanderstiefel stiegen, dann nach einem Interkontinentalflug – in Nepal etwa oder auf La Gomera. Passend dazu bot die Reiseindustrie einen neuen, gänzlich unverdächtigen Typus des Aktivurlaubs an, das Trekking. Das Wandern war wieder erlaubt, wenn man es nicht so nannte und solange man deutschen Feld-, Wald- und Wiesenwegen fernblieb.

Was diesen Nahraum anbelangte, überließ man das Feld nach wie vor den Straßenbauämtern, den autofixierten Provinzpolitikern und dem ADAC, die ihre Narrenfreiheit weidlich nutzten. Kein Wunder, dass sich immer mehr Erdölpaste über das Land ergoss. Sechzig Millionen Tonnen pro Jahr. Die Frage, was davon unbedingt notwendig war, wurde nicht gestellt. Wer so gefragt hätte, hätte sich als hoffnungsloser Romantiker decouvriert, selbst bei den Grünen.

Dass die Asphaltierung der Welt in diesen bewegten Zeiten nicht zum Thema wurde, hatte also nachvollziehbare Gründe. Beide weltanschaulichen Kontrahenten betrachteten das Interesse an der Selbstbewegung in heimischen Gefilden als subversiv, die Vätergeneration, weil sie einer Weigerung gleichkam, sich zeitgemäßer Fortbewegungsmittel zu bedienen und damit die von ihnen fleißig geschaffene praktische Welt zu bejahen, und die Generation der aufbegehrenden Söhne und Töchter, weil ihnen jedes Zurück zur Natur als Inbegriff reaktionärer Denkmuster erschien. Dass Fußwege zu den ureigensten Aktionsräumen des Leibwesens Mensch gehören und deshalb an sich bedeutungsvoll und schutzwürdig sind, wurde nicht gesehen, weil es nicht gesehen werden konnte, weil es im eigenen Weltbild keine Stelle hatte.

Doch gibt es nicht längst eine Gegenbewegung? Distanzieren sich nicht inzwischen auch die klassischen Wachstumsparteien von der Betonpolitik des 20. Jahrhunderts? Setzen sich heute nicht an jeder Ecke fußgängerfreundliche Lösungen durch?

Für diesen Gesinnungswandel gibt es tatsächlich einige Indizien. So begann man schon Mitte der achtziger Jahre den Asphalt genau dort zu beseitigen, wo er zuerst in Erscheinung getreten war: in den Innenstädten. Egal wie viel Geld der Rückbau auch verschlang: Die Gassen und Plätze des Altstadtviertels wurden wieder gepflastert. Touristen und Einheimische sollten eine anheimelnde Atmosphäre vorfinden, sollten gewachsene urbane Räume erleben können, ohne dabei von Motorfahrzeugen gestört und von trostlosen Bitumenlachen angeödet zu werden.

Zudem wird seit rund fünfzehn Jahren exzessiv gewandert – und das in beinahe allen gesellschaftlichen Kreisen, seit einigen Jahren sogar auch wieder in heimatlichen Fluren und Wäldern. Nicht zu vergessen die verblüffende Karriere, die das Radfahren in den letzten Jahren gemacht hat – vor allem in den Flusstälern des Landes.

Alles gut also? Ist die Lust an der Selbstbewegung im Freien wieder zurückgekehrt, das Faible für klinisch saubere Einheitsuntergründe Geschichte, der bedingungslosen Versiegelung des Landes der ideologische Rückhalt genommen?

Das wäre wohl etwas zu optimistisch! Denn erstens wird nicht nur in den städtischen Außenbezirken, sondern auch draußen auf dem Land munter weiter asphaltiert. Und zweitens produziert paradoxerweise auch die Rückwendung zum Naturerlebnis neue Asphaltschneisen: Seitdem der Radtourismus als Wirtschaftsfaktor erkannt wurde, sind in allen Bundesländern Ausbauschlachten in Gang gekommen, die denen der siebziger Jahre frappierend ähnlich sind. In jeder noch so abgelegenen Region entstehen nun durchgehend markierte Radrouten – und die sind natürlich asphaltiert, gleich, ob sie entlang von Autostraßen, auf aufgelassenen Bahntrassen oder durch ein Feuchtbiotop führen.

Warum Asphalt? Ganz einfach: Weil man in den zuständigen Baubehörden Nägel mit Köpfen zu machen pflegt, weil es dafür sagenhafte Zuschüsse gibt und weil auch die Radlerlobby für Maximallösungen votiert. Deutlich wird das im Blick auf das Qualitätssiegel, das der Allgemeine Deutsche Fahrrad Club ADFC für touristische Fernradwege entwickelt hat. Im Zentrum seiner Bewertungslogik stehen Rollkomfort und Sicherheit, während Abwechslungsreichtum und naturnahe Ausbauformate geringgeschätzt werden. Die höchste Punktzahl gibt es für mindestens drei Meter breite, babypoglatte Bitumenpisten – für Radler*autobahnen*. Destinationen, die mit möglichst vielen Sternen werben wollen, erreichen dieses Ziel am einfachsten, indem sie die Asphaltmaschine auffahren lassen (was sie meist auch ohne Zögern tun). So werden in den Flussauen Jahr für Jahr hunderte Kilometer von Wiesenwegen und Treidelpfaden unter Asphalt gesetzt – im Namen des sanften Tourismus.

Die Vorzüge breiter Bitumenbänder liegen auf der Hand. Der Radler fliegt nun wie von selbst dahin, er muss nicht länger konzentriert vor sich schauen, kann seinen Blick in die Ferne schweifen lassen. Sogar Wolkenmeditationen sind möglich, während er in die Pedalen tritt.

Unbedacht bleibt aber, dass es vor allem da gefährlich wird, wo man nicht mehr aufpassen zu müssen meint. Unbedacht bleibt auch, dass die Wahrnehmung jetzt etwas von jener „panoramatischen“ Eindimensionalität hat, die einst an der Zugreise reklamiert worden war: Obwohl durch keine Glasscheibe von der Landschaft getrennt, ist auch der moderne Tourenradler nicht mehr Teil des Raums, den er durchquert. Wiesen, Wälder und Dörfer rauschen an ihm vorbei wie die Bilder eines Films. Vom unmittelbaren Kontakt mit Boden und Wegrand, den das vormoderne Reisen gewährt hatte, ist einzig der erhöhte Muskeltonus übrig geblieben. Mit dem Rollwiderstand verliert der Weg den letzten Rest an Gegenständlichkeit, er wird zum bloßen Medium, zu einem statischen Fahrzeug, wie Virilio sagen würde – einem statischen Fahrzeug, auf dem dynamische

Fahrzeuge unterwegs sind. Die Folge ist eine seltsame Bindungslosigkeit – ein Entrücktsein, das erst mal befreiend wirkt, sich auf Dauer aber auch als Gefühl der Leere, als Langeweile, niederschlagen kann.

Warum solche Einbußen an Erlebnistiefe zurzeit noch ungesehen bleiben, ist klar: Die Radler haben nach Jahrzehnten der gesellschaftlichen Marginalisierung endlich wieder eine eigene Trasse und genießen das unschätzbare Glück, nicht mehr von Autos bedrängt zu werden. Außerdem passt die Fortsetzung der Eisenbahnfahrt mit den Mitteln der Muskelkraft zum gegenwärtigen Naturverständnis: Nach diesem ist die Landschaft entweder Hindernis, das man, bewaffnet etwa mit einem Mountainbike, siegreich überwindet, oder sie ist Teil einer gefälligen Inszenierung, bei der man gleichfalls nur noch sich selbst erlebt. Die Natur soll kein Fremdes, Anderes sein, an dem sich unser Denken und Wahrnehmen bricht, nichts, das sich unserem Willen zur Aneignung widersetzt, vielmehr ein Element, das sich so widerstandslos konsumieren lässt wie die virtuellen Erzeugnisse der Filmindustrie – von außen also, aus sicherer Entfernung. In einer Broschüre des Fahrradclubs wird der Altmühl-Radweg mit dem Worten gelobt, dass die durchfahrene Landschaft „einer perfekten Fototapete gleicht“. Eine Selbstoffenbarung.

So einander spinnefeind sich Radler und Autofahrer im Verkehrsalltag auch geben – was die Beseitigung von Rollwiderständen anbelangt, ziehen sie also an einem Strang. Das Zurück zur Natur des modernen Pedaltreters findet auf künstlichen Bahnen statt, die wie von der Rolle in die Landschaft gelegt wurden – auf Bahnen, die auch den Autofahrer so magisch anziehen, dass man ihn mit Pollern und Schranken daran hindern muss, in sie einzubiegen.

Was den Widerstand gegen die fortgesetzte Bitumisierung der Welt anbelangt, liegt die Hoffnung deshalb einzig und allein auf denen, die sich ohne Rollen und Räder durchs Gelände bewegen – den freiwilligen Fußgängern, den Wanderern. Tatsächlich hat kein Outdoor-Hobby in den letzten beiden Jahrzehnten so viel Zulauf erhalten wie das gemächliche Ausschreiten in der Natur, zu dem sich mittlerweile jeder zweite Deutsche bekennt. Das heißt, dass immer mehr Menschen auf Distanz zu jenem Mobilitätsfortschritt gehen, der die Gesellschaft vor einer Generation noch kollektiv in ihren Bann gezogen hatte. Sie befreien sich damit – wenigstens vorübergehend – von den Wahrnehmungsbeschränkungen der mechanisierten Fortbewegung, tauchen in das Universum der Unmittelbarkeit zurück, das sich dem Radfahrer allenfalls auf naturnah ausgebauten Strecken öffnet und dem Autofahrer grundsätzlich verschlossen bleibt.

Bemerkenswerter als die Tatsache, dass wieder gewandert wird, ist aber die Einstellung, mit der man sich heute auf den Weg macht. Glaubt man den Meinungsforschern, so spielen äußere Motive wie Geselligkeit und Körperertüchtigung kaum noch eine Rolle. In der Minderheit sind auch diejenigen, für die das Schrittwechseln lediglich Mittel zum Zweck der Gesundheitsvorsorge ist. Vielmehr sucht der Wandervogel des 21. Jahrhunderts ein sinnenfreudiges Gegenprogramm zum Alltag der angespannten Passivität, die den Computerarbeitsplatz genauso bestimmt wie das Unterwegssein im Straßenverkehr. Es geht ihm um das Erlebnis des Draußenseins, um eine seinlassende Begegnung mit den Elementen, bei der – in Friedrich Nietzsches Worten – „auch die Muskeln ein Fest feiern".

Dabei will der Wanderer vor allem eines nicht: Asphalt unter den Füßen, schon gar nicht im Sommer, wenn man auf der dunklen Bitumenmasse nicht nur jeden Knochen einzeln spürt, sondern durch die in ihr gespeicherte Sonnenenergie auch noch aufgekocht wird. Dass die regionalen Tourismusbehörden die Aversion gegen Hartbeläge aller Art inzwischen sehr ernst nehmen, ist das Verdienst eines einzelnen Mannes – Rainer Brämer. Der auch „Wanderpapst" genannte Natursoziologe hat seine Erkenntnisse über die Bedürfnisse des modernen Freizeitgehers in einen Qualitätsstandard für Wegeangebote übersetzt, an dem heute kein Tourismuspolitiker mehr vorbeikommt – das Deutsche Wandersiegel. Regionen, die sich als Wanderdestination profilieren wollen, sind nun eifrigst bemüht, die ausgearbeiteten Kriterien zu erfüllen, wenigstens in ihrer vom Deutschen Wanderverband inzwischen nachgereichten Light-Version. In beiden Qualitätskonzepten firmieren der Anblick uniformer Neubaugebiete und die Störung durch Verkehrslärm als Negativkriterien. Deutliche Punktabzüge gibt es aber auch für Schwächen in den Kategorien Format und Belag: Führt eine Wanderroute zwölfhundert Meter am Stück über Asphalt, Beton oder Hartschotter, so kann sie allenfalls dann noch als Premiumweg zertifiziert werden, wenn sie entsprechende Mängel auf eben dieser Passage ausgleicht – etwa durch schöne Aussichten, Nähe zu einem Fließgewässer oder sehenswerte historische Stadtkerne. Übersteigt der Bitumenanteil die magische Marke von fünfzehn Prozent, so gilt die Route als durchgefallen.

Wie immer man zu der typisch deutschen Normierungssucht auch steht, die entstandenen Qualitätswege liefern nicht zu unterschätzende Impulse für ein neues Mobilitätsverständnis: Wer hier unterwegs ist erkennt, was im Zuge der Automobilisierung verloren gegangen ist, und beginnt kleinformatige und naturnahe Untergründe einzufordern. Doch Obacht: Das Siegel ist vor allem ein Vermarktungsinstrument – die gesellschaftspolitische Sprengkraft, die darin schlummert, wird nicht einmal ansatzweise ausgenutzt. Statt für die bessere Begehbarkeit der Welt zu kämpfen, passen sich seine Protagonisten einfach nur möglichst geschickt an die vorgefundenen Verkehrsrealitäten an: Wird wieder einmal ein Teilstück für Radler oder Autofahrer asphaltiert, so verlegt man die Route auf den nächsten noch verbliebenen Naturweg oder tritt den Wandergästen eine neue Spur ins nahe Unterholz. Um sich von den Baumaschinen nicht weiter und weiter zurückdrängen lassen zu müssen, werden heute vor allem „Extratouren" konzipiert, Rundwanderwege, die im sicheren Abseits liegen und deshalb den Charakter eines Reservats für Fußgänger haben. Klar, dass das Wandern durch die geographische Auslagerung zu einer Sonderform des Motorsports wird: Um zehn Kilometer zu Fuß zurückzulegen, fährt man das fünf- bis sechsfache dieser Strecke erst mal mit dem Auto – und hernach wieder zurück.

So ist das gegenwärtige Bemühen um den idealen Wanderweg einerseits ein gutes Zeichen, weil es den Nutzer dazu motiviert, Wege nach menschlichem Maß einzuklagen, andererseits ist es aber auch ein Armutszeugnis: Ein Beleg dafür, dass man selbst dort, wo man vom Wandertourismus lebt, an der bestehenden Hierarchie der Verkehrsmittel nicht zu rütteln wagt, dem rollenden Verkehr grundsätzlich Vorfahrt einräumt, das Zufußgehen als räumlich und zeitlich begrenzte Nebensache gering schätzt. Im Unterschied zu Straßen und Radwegen fehlt den Fußwegverbindungen nach wie vor die nötige Lobby, so professionell die Rückkehr zur Langsamkeit mittlerweile auch vermarktet wird. Obwohl das Wandern wieder die gesellschaftliche Anerkennung genießt, die es vor hundert Jahren schon einmal hatte, ist das Bewusstsein dafür, dass das Land auch eine umfassende Infrastruktur des Zufußgehens braucht, noch gänzlich unterentwickelt.

Warum ist das so? Warum zucken wir nur mit den Schultern, wenn die letzten, noch als integrale Bestandteile der Landschaft wahrnehmbaren Wege unter künstlichen Asphaltdecken verschwinden? Warum führt die Wiederentdeckung des eigenen Laufapparats nicht zum Widerstand gegen die einseitige Privilegierung des rollenden Verkehrs? Warum lassen wir uns zur Befriedigung unserer ureigensten Bewegungsbedürfnisse in die hintersten Winkel der Landschaft vertreiben, dorthin, wo die Motorenlobby – im Moment – noch keine Herrschaftsansprüche stellt?

Günther Anders hat 1954 einen bedenkenswerten Erklärungsansatz geliefert, der sich auch auf die Frage der Mobilität übertragen lässt. Dem vor den Nazis nach Amerika geflohenen Heidegger-Schüler war bei seinen neuen Landsleuten ein seltsamer Zug zur Selbstverachtung aufgefallen, wenn sie mit technischen Produkten konfrontiert wurden. Er taufte das Phänomen „prometheische Scham", womit er „die Scham vor der ‚beschämend' hohen Qualität der selbstgemachten Dinge" meinte:

> „Prometheus hat gewissermaßen zu triumphal gesiegt, so triumphal, dass er nun, konfrontiert mit seinem eigenen

> Werke, den Stolz, der ihm noch im vorigen Jahrhundert so selbstverständlich gewesen war, abzutun beginnt, um ihn durch das Gefühl eigener Minderwertigkeit und Jämmerlichkeit zu ersetzen. ‚Wer *bin* ich schon?' fragt der Prometheus von heute, der Hofzwerg seines eigenen Maschinenparks, ‚wer bin *ich* schon?'"

Nach den tieferen Ursachen dieser freiwilligen Unterwerfung sucht Anders allenfalls ganz am Rande, wenn er in einem Nebensatz davon spricht, dass womöglich „die Energie-Reste puritanischen Leibhasses heimlich mit am Werke sind".

Schade, dass er diese Spur nicht weiter verfolgt. Von einer plötzlichen Umwertung der Werte, die auf die Wirtschaftswunderjahre zu datieren wären, ist jedenfalls nicht auszugehen. Die Bereitschaft zur Selbst-Demontage angesichts einer technisch ausgefeilten Sachwelt reicht mindestens bis in die Kindertage der Eisenbahn zurück. Im Blick auf das neu erfundene Massentransportmittel war es nun ein Leichtes, den menschlichen Körper als Fehlkonstruktion zu entlarven. Man musste nur den Antriebsmechanismus einer Dampflok mit den ärmlichen Fortbewegungsorganen biologischer Wesen vergleichen, so wie James Adamson es seinerzeit tat:

> „Das Tier bewegt sich nicht kontinuierlich vorwärts, sondern auf unregelmäßig humpelnde Weise, wobei sich der Körper bei jeder wechselseitigen Bewegung der Glieder anhebt und zurückfällt [...]. Auch wenn wir selber gehen oder laufen, bewegen wir uns nicht regelmäßig vorwärts. Jeder Schritt hebt unseren Körper an und lässt ihn zurückfallen; es ist dieses permanente Anheben unserer Körpermasse, was unsere Bewegung einschränkt und unserer Geschwindigkeit solche engen Grenzen setzt."

Gegen die gleichmäßige und kraftvolle Vorwärtsbewegung einer Maschine gehalten, wirken muskelbetriebene Gehwerkzeuge geradezu vorsintflutlich und Lebewesen, die auf diese angewiesen sind, hoffnungslos antiquiert. Wer mit Füßen statt mit Rollen geboren wurde und mit einem ermüdungsanfälligen Bewegungsapparat ausgestattet ist, verachtet sich nun so, wie die Maschinen, wenn sie es könnten, ihn verachten würden. Eben dies meint Günther Anders, wenn er von prometheischer Scham spricht.

Die Andersartigkeit biologischer Antriebssysteme als Unterlegenheit zu betrachten, ist aber keineswegs zwingend: Züge funktionieren schließlich nur auf Schienen, Autos nur auf Straßen – auf eigens für diese Fahrzeuge präparierten Untergründen. Die Abwertung kreatürlicher Bewegungsformen setzt ein Geschichtsverständnis voraus, das für den Gang der Dinge eine Entwicklungslogik unterstellt, den geschichtlichen Gesamtprozess also in Stadien einteilt, die einander ablösen und in ihrer Abfolge hierarchisch aufeinander bezogen sind, es mit der nächsten stets auf eine höhere Stufe geht. Nur wer dies glaubt, kann Fortbewegungstechniken, die in einer vorangegangenen Phase bestimmend waren, als überholt klassifizieren, das heißt ihnen nur noch eine Art Scheindasein zusprechen – die schale Würde der Gleichzeitigkeit des historisch Ungleichzeitigen.

Was der Fortschrittsgemeinde evident erscheint, ist bei Lichte betrachtet natürlich blanker Unsinn: Denn warum sollte das Zufußgehen einem überholten Stadium der Menschheitsgeschichte angehören, nur weil jetzt vierzig Millionen Pkw im Land herumfahren? Was heißt es schon, wenn der heutige Zeitgenosse „nur“ noch in der Freizeit *per pedes* unterwegs ist? Begeht man nicht einen kapitalen Kategorienfehler, wenn man die natürlichste aller Mobilitätsformen, die Vorwärtsbewegung via Muskelkraft, einer historischen Einordnung unterzieht?

Solche Ungereimtheiten können wohl nur in solchen Gesellschaften unauffällig bleiben, in denen der eigene Leib immer schon weniger als Auszeichnung denn als Bürde betrachtet wird. Genau das ist im christlich-abendländischen Kulturkreis aber der Fall. Wie facettenreich die christliche Theologie im Laufe ihrer Geschichte auch gewesen sein mag, ihre latente Leibfeindlichkeit konnte und wollte sie nie abstreifen. Descartes nahm diese Blickverengung auf, rationalisierte sie und lieferte damit die theoretische Grundlage für jenen rücksichtslosen Ausgriff auf die Natur, der inzwischen auf uns zurückschlägt.

Die Marginalisierung wirklicher Auto-Mobilität, der körperlichen Selbstbewegung, erfährt heute also deshalb so wenig Widerspruch, weil sie uns das Vertrauteste ist, weil wir stillschweigend mit dem linearen, progressiven Zeitbegriff der christlich-jüdischen Kultur operieren, einem Zeitbegriff, der uns zur Emanzipation verpflichtet, notfalls auch von unserer eigenen, kreatürlichen Existenz. Die prometheische Scham passt demnach zu der Gesellschaft, in der sie sich zeigt, sie ist gleichsam älter als die Karriere der modernen technischen Geräte. Je effektiver die heutigen Technokratien die animalischen Momente unseres Daseins außer Wert setzen, desto näher wähnen wir uns der Vollendung des Schöpfungsplans, desto lauter applaudieren wir einer Entwicklung, die uns im mehrfachen Sinne des Wortes den Boden unter den Füßen wegzieht. Die Behauptung, dass sich der abendländische Mensch *zugleich* durch Homo-Faber-Arroganz und latente Selbst-Verachtung auszeichnet, ist deshalb kein Widerspruch. Sie benennt nur den Widerspruch, in den sich die christliche Weltverachtung im Zuge der technischen Revolutionen zwangsläufig hineinmanövrierte – freilich ohne ihn zu bemerken. Eine Gesellschaft, die die beschämenden Abhängigkeiten von der Natur überwinden will, kommt nicht umhin, auch den menschlichen Leib als ontologische Zumutung zu begreifen.

Natürlich kann es nicht darum gehen, den Modernisierungsprozess zu revidieren, die Asphaltdecken abzureißen und zu den Verkehrssystemen des Agrarzeitalters zurückzukehren. Reibungsarme Fahrbahnen sind unverzichtbar, der materielle Wohlstand heutiger Gesellschaften fußt auf dem Prinzip der Beschleunigung, der gelingenden Minimierung des Transportproblems. Komfortable Straßen sind die *conditio sine qua non* einer leistungsfähigen Ökonomie, auch wenn wir mit weltweit einer Million Verkehrstoten im Jahr dafür einen hohen Blutzins bezahlen.

Das Problem ist deshalb weniger der Asphalt selbst als das Verschwinden seines Gegenstücks – das Verschwinden eines Wegesystems, das in seinen Oberflächen und Proportionen dem natürlichen Bewegungsapparat entgegenkommt. Wir sind an einem Punkt angelangt, an dem kaum noch Reste davon übrig geblieben sind und es täglich weniger werden. Die Asphaltierung wandelt sich dort vom Segen zum Fluch, wo sie totalitäre Züge bekommt, wo sie als alternativloses Endziel der Verkehrsgeschichte firmiert, dem alle anderen Bewegungsansprüche sich unterzuordnen haben, wo der Pluralismus der Mobilitätsformen aufgehoben ist zugunsten der mechanisierten Vorwärtsbewegung.

Natürlich wird man einwenden: Dieser Pluralismus ist überhaupt nicht gefährdet. Wandervereine, Tourismusorganisationen und Reiseagenturen sorgen ja dafür, dass Refugien aufgespürt und erhalten werden, in denen man sich durch den Raum bewegen kann, als ob niemals moderne Verkehrsmittel erfunden worden wären. Auch könne ja jeder immer noch selber entscheiden, ob er ins Auto steigen oder lieber zu Fuß gehen wolle.

So zu denken ist populär, aber auch naiv. Der Glaube an die letztliche Entscheidungsfreiheit des Individuums gehört zu den magischen Säulen des technokratischen Weltbildes. Er lässt die Eigendynamiken übersehen, die der sogenannte Mobilitätsfortschritt entfesselt hat und täglich neu entfesselt: Zu Fuß zur Arbeit zu gehen ist schon deshalb nicht mehr möglich, weil der durchschnittliche Arbeitsplatz heute einige Tagesmärsche entfernt liegt. Einkaufen ohne Auto ist ebenfalls schwierig geworden, seitdem es rund um die Wohnquartiere kaum noch Läden gibt. Nicht zu reden vom modernen Zeitmanagement, das alle Formen der Langsamkeit in die Freizeit abschiebt. Dazu kommen noch psychologische Barrieren, die keineswegs weniger wirkungsvoll sind: Wer hat schon Freude daran, neben einer Straße herzulaufen? Ein Trottoir wird weniger als eigenständige Bahn für Zweibeiner erlebt denn als Appendix der Fahrbahn für Autos, die er begleitet. Ist im unmittelbaren Lebensumfeld alles für den motorisierten Verkehr eingerichtet, so disponiert dies in einer Weise zum Autofahren, dass von freier Entscheidung keine Rede mehr sein kann. Das Sein der Verkehrsader bestimmt das Bewusstsein ihrer Benutzer. Freiheit gibt es auf der Straße nur als Mythos und Illusion. Daher greift es auch zu kurz, die weitverbreitete Unsitte, bis zur allerletzten Parkmöglichkeit vorfahren zu wollen, als persönliches Versagen, nämlich als Faulheit abzutun. Die Gründe dafür, dass ein Autofahrer die letzten dreihundert Meter zu einem Ausflugslokal nicht zu Fuß zurücklegt, sind weitaus vielschichtiger:

Er fährt weiter, weil er sich im geschlossenen System seines Pkw als ein von eigener Fortbewegung enthobener Passagier wahrnimmt und es ihm als solchem gar nicht in den Sinn käme, so kurz vor dem Ziel noch einmal den Reisemodus zu wechseln.

Er fährt weiter, weil er sich in einer Konkurrenzsituation wähnt. Wer früher aussteigt und läuft, meint sich vor denen zu blamieren, die weiter gefahren sind und sich damit für die Rückkehr gleichsam in die Poleposition gebracht haben.

Er fährt aus Prestigegründen weiter, weil er die auf der Terrasse sitzenden Gäste mit seinem chromglänzenden PS-Wunder beeindrucken will.

Er fährt aus Konformitätsdruck weiter, also weil alle weiterfahren, weil er in einer Gesellschaft lebt, in der es üblich ist, auch den letzten Meter zu fahren.

Er fährt aus unterschwelliger Angst weiter – weil er sich ruhiger fühlt, wenn er das mit Abstand teuerste seiner Konsumgüter in seiner Nähe weiß, weil auch und gerade der stolzeste Besitzer von seinem Besitz besessen wird, wie Nietzsche es formulieren würde.

Und er fährt weiter, weil die Straße weiterführt – weil sein Ziel am Ende einer Fahrbahn liegt und nicht am Ende eines Fußwegs. Ließe sich das Ausflugslokal auf dem Schlussteil nur per pedes erreichen, so würde sich heute wohl niemand mehr darüber beklagen. Befreit von den genannten inneren Zwängen könnte selbst der eingefleischte Autofahrer den kleinen Gang durch die frische Luft als angenehm und kurzweilig empfinden, trotz der vermeintlichen Mühen, einen Fuß vor den anderen zu setzen. Die Beschaffenheit unseres Lebensraums schließt solche Erfahrungen inzwischen aber weitestgehend aus. Wer früher aussteigt, kehrt zwar in den Modus des Fußgängers zurück, geht auf dem Bürgersteig aber im Motorenlärm und in den Abgasen der anderen weiter und bleibt damit unterprivilegierter Mitläufer eines Verkehrssystems, in dem sich der emotionale Mehrwert des Selbergehens nicht entfalten kann.

Die Asphaltierung der Welt ist demnach weniger Ausdruck eines kollektiven Verlangens nach maschineller Fortbewegung, als dass sie dieses allererst produziert. Mit autogerechten Verkehrsnetzen verändert sich das Mobilitätsbewusstsein, gleichgültig, ob die betroffenen Subjekte an einer solchen Veränderung überhaupt interessiert sind. Und ein Motorfahrzeug ist fern davon, ein bloßes Zeug zu sein, ein Mittel, das man für vorher festgelegte Transportzwecke nutzt. Als Selbstzweck und Sachzwang macht uns gleichsam zu blinden Passagieren, zu Bewohnern jenes unbekannten Universums, das Virilio das „Nicht-Gebiet der Schnelligkeit" nennt. Mindestens so sehr, wie er uns befreit, setzt uns der fahrbare Untersatz also auch unter Druck, Dinge zu tun, die wir weder gewollt haben noch wollen können, weil sie uns zuletzt schaden – weil der fortgesetzte Bewegungsentzug uns krank macht.

Die Folge ist ein unvermeidlicher Teufelskreis. Eignet sich die Umgebung des Wohn- und Lebensorts vor allem zum Autofahren, so wird naturgemäß auch weniger gegangen. Wird weniger gegangen, so kommt man aus der Übung, der Bewegungsapparat degeneriert, irgendwann fällt einem schon der kleinste Schritt schwer. Die heute unter Dreißigjährigen können bereits ein Lied davon singen. Übergewichtig und bewegungsscheu gehören sie jener bedauernswerten Generation an, die nicht einmal mehr den Schulweg zu Fuß zurücklegen durfte – und dies eben deshalb, weil die Kinder Gefangene unserer Mobilitätspraxis geworden sind: weil es die Eltern aufgrund der Omnipräsenz der Autos als viel zu gefährlich erachten, die Kleinen zu Fuß loszuschicken.

Gewiss, die fatalen Nebenwirkungen der modernen Mobilitätspraxis sind längst erkannt: In den öffentlich rechtlichen

Programmen flimmert jeden Abend die Botschaft über den Bildschirm, dass man sich doch mehr bewegen möge. Diese Appelle werden allerdings so lange verpuffen, wie man draußen alles beim Alten lässt. Denn wie groß die Bereitschaft zur Selbstbewegung inzwischen auch wieder sein mag, umgeben von den Infrastrukturen der siebziger Jahre läuft sie notwendig leer. Weil sich die Mobilitätsideologien des Autozeitalters materialisiert haben, muss auch die Welt selbst verändert werden: Sie braucht also Hardware nach menschlichem Maß – die gepflasterte fußläufige Gasse zum Markt, den erdigen Weg zum Gartengrundstück, den Saumweg ins Nachbardorf, der von den Verkehrsnetzen des rollenden Verkehrs entflochten ist (und vor allem Schulen, die auf einem Fußweg erreichbar sind). Je eindeutiger eine Fortbewegungsfläche in Format und Belag als Fußgängerweg erkennbar ist, desto mehr wird der eigene, muskelbetriebene Laufapparat wieder in Wert gesetzt und desto häufiger dürfte er folglich auch benutzt werden. Beim Radfahren war das jedenfalls auch so: Als vor rund zehn Jahren plötzlich die nötige Infrastruktur da war, stiegen auch die in den Sattel, die Radfahrer eben noch für Masochisten gehalten hatten.

Ein wichtiger erster Schritt läge in einer Umkehr der Beweislast: Bevor sie auch nur einen Cent Fördermittel erhielten, müssten die Kommunen den Nachweis erbringen, dass die geplante Asphaltierung unabdinglich ist, weil sich sonst das Dorf entvölkert, die Bauern ihre Felder nicht mehr erreichen können oder die Radfahrer im Schlamm versinken. Dieser Nachweis wird in den seltensten Fällen gelingen: Denn es wird keinesfalls nur aus Notwendigkeit asphaltiert, sondern auch aus Gewohnheit, weil Gelder beantragt und genehmigt wurden oder weil die Gemeindeväter dem solventen Wochenendhausbesitzer einen Gefallen tun wollen, der sich auf seinem Weg ins Grüne das Auto nicht schmutzig machen will. Von der Sache her würde es stets genügen, die bereits bestehende, wasserbindende Decke einfach nur auszubessern. Klar, dass dies auf Dauer teurer ist als einen Bitumenstreifen in die Landschaft planieren zu lassen, der dann dreißig Jahre hält. Doch ist dieser

Preis wirklich zu hoch? Ein eigenes, gut vernetztes Wegesystem für Fußgänger zu schaffen, heißt schließlich auch einen Beitrag zur Vermeidung von Bewegungsmangelkrankheiten zu leisten, wodurch auch dem staatlichen Gesundheitswesen Kosten erspart blieben. Nicht zu reden von der Geißel des Komfortzeitalters, der Depression, der man mit regelmäßiger Selbstbewegung bekanntlich nicht weniger effektiv begegnet wie mit der Einnahme von Psychopharmaka.

Dass einem die Forderung nach Beweislastumkehr so abenteuerlich und utopisch vorkommt, liegt wohl daran, dass wir fußgängerfeindliche Verkehrsadern nach wie vor als Wohlstand- und Fortschrittssymbole betrachten. Womöglich sind wir noch immer in dem zweitausend Jahre alten Aberglauben verstrickt, dass wir in unserer Leiblichkeit wertlos sind, unser Dasein erst dann bedeutungsvoll wird, wenn der Eigensinn der äußeren Welt aufgehoben ist, wir endlich und endgültig über die animalische Natur in und um uns herrschen, wir zu Königen eines Reiches aufgestiegen sind, in dem alles eliminiert ist, was uns an die Bedingungen unserer kreatürlichen Existenz erinnern könnte.

Dass diese Flucht vor uns selbst nicht gelingen kann, haben die Erschließungsspiralen der letzten Jahrzehnte hinlänglich gezeigt. Je mehr Mobilitätsautonomie wir erreicht haben, je mehr wir also von den Mühen der Fortbewegung unabhängig geworden sind, desto mehr haben wir auch den Boden unter den Füßen verloren – auch und gerade, weil er aus Asphalt besteht.

Fluchtpunkt Wildnis

Der Wille zum Naturerlebnis zwischen Sehnsucht und Wirklichkeit

Welch ein Wunderwerk der Natur der menschliche Laufapparat doch ist! Seit Stunden sind Gelenke und Muskeln im Dauereinsatz, ohne ihren Dienst zu versagen. Am meisten verblüfft, wie perfekt die Füße aufsetzen und abrollen, und das, obwohl die Wege diesen Namen kaum verdienen! Eher sind es Spuren im hohen Gras und rutschige Steinrinnen, in denen jeder Schritt bedacht sein muss. Besäßen wir nicht die motorische Grundausstattung, mit der sich schon der Neandertaler durch die Büsche schlug, wir wären heillos verloren.

Derart mit sich selbst beschäftigt, könnte man die Umgebung glatt vergessen. Doch sie wirkt so faszinierend fremdartig, dass wir immer wieder stehen bleiben und den Blick schweifen lassen – hinauf in die Geröllfelder des Gipfelbereichs und hinunter auf einen fast vollständig bewaldeten Talkessel, aus dem scharfkantige Felsenriffe herausschauen. Zeichen menschlicher Erschließung sind nirgendwo auszumachen – weder Dörfer und Straßen noch Strom- und Telefonleitungen. Wäre der azurblaue Himmel nicht von Kondensstreifen durchzogen, man könnte glauben, in das Hochland von Peru geraten zu sein. Der Blick auf die Karte erlaubt jedoch keinen Zweifel: Wir sind mitten in Europa – zwischen Domodossola und Locarno, ein paar Kilometer nördlich vom Lago Maggiore.

Hundertfünfzig Quadratkilometer unzugängliche Gebirgslandschaft wurden hier 1992 zum *Parco Nazionale Val Grande* erklärt und damit unter Schutz gestellt. Am amerikanischen Wilderness-Prinzip orientiert, untersagt die Parkverwaltung jede Form der Bewirtschaftung und verhindert den Bau von Zugangsstraßen. Oberstes Ziel ist Wildnis, ein Raum, der den Eigendynamiken der Natur überlassen, ungezähmt, ungepflegt, unbewohnt und unbearbeitet ist. Offen steht er nur solchen Zeitgenossen, die zu Fuß gehen und dabei die spärlich markierten Wege nicht verlassen.

Solche Abenteuer sind natürlich nicht jedermanns Sache, ein massenhafter Andrang auf das letzte großflächige Wildnisgebiet der Alpen ist deshalb nicht zu erwarten. Und doch hat der Val Grande eine magische Anziehungskraft – die Zahl derer, die mit Wanderschuhen und Rucksack in dieses Niemandsland eindringen, wächst kontinuierlich an. Inzwischen versuchen hier geschätzte zehntausend Menschen jedes Jahr der Welt abhandenzukommen – für ein paar Tage zumindest.

Warum tun sie sich das an? Woher kommt das Bedürfnis, sich stundenlang durchs Unterholz zu schlagen, in spartanischen Biwaks auf dem Boden zu schlafen, sich selber zu versorgen? Und warum trägt die wichtigste Publikation zum Val Grande den Untertitel *ultimo paradiso*, obwohl zur Gartenvorstellung des Paradieses ja nichts weniger passt als wild wuchernde Vegetation?

Eine mögliche Antwort liegt in der Logik der Verknappung: Technik und Zivilisation sind so übermächtig geworden, dass vom anderen Pol, der natürlichen Welt, kaum noch etwas übrig scheint. Nun fehlt, wonach früher niemand gefragt hatte, weil es in Hülle und Fülle da war. Was da entschwindet, entwickelt jene eigentümliche Anziehungskraft, die die deutsche Sprache Seltenheitswert nennt.

Eine zweite Erklärung geht noch ein Stück weiter: Wenn wir ungestaltete Räume betreten wollen, so verlangt es uns nicht nur nach einer hübschen Dreingabe, nach einem zusätzlichen Reiz. Geprägt vom genetischen Material des vorgeschichtlichen Savannenläufers leiden wir geradezu an unserem artifiziellen Lebensumfeld, erleben unseren Alltag am Telefon, am Computerbildschirm und vor der Glotze zuletzt als eindimensional und öde, fühlen uns an den Orten der Sicherheit, des Komforts und des Überflusses irgendwie deplatziert. Vom Ausbleiben elementarer Erfahrungen zugleich unter- und überfordert, sehnen wir uns nach dem, was wir im Grunde meiden: die exponierte Existenz, das Draußensein ohne Netz und doppelten Boden, die Konfrontation mit einer Umwelt, in der man sich deshalb so intensiv spürt, weil ihr der Eigensinn noch nicht ausgetrieben wurde.

Wir sitzen also in einer Falle, die wir uns selbst gestellt haben: Am Ende unserer Machtergreifung über die Natur erscheint die vordem herbeigesehnte Befreiung plötzlich als Repression. Es ist diese schmerzliche Erkenntnis, die uns nach einem neuen Reich der Freiheit Ausschau halten lässt – der Wildnis. Ihre herrschaftsfreien Räume werden genau dann zum Faszinosum, wenn die Kultur ihren Widerpart und damit auch ihren Sinn, der Fortschritt seinen emotionalen Mehrwert einzubüßen droht.

Dass es diese dialektische Bewegung gibt, wird sich nur schwer bestreiten lassen. In den Diskursen von Naturschutz, Werbung und Freizeit konnte die Wildnis in den letzten fünfzehn Jahren wohl nur deshalb eine so glänzende Karriere machen, weil die Entfremdung von der Natur weiter und weiter zugenommen hat. Empirisch hat die These von der kompensatorischen Rückwendung zur Nicht-Zivilisation allerdings ein massives Problem: Das Gros unserer Mitmenschen scheint gegen die Reize einer unmittelbaren Naturbegegnung regelrecht immun. Zwar haben wir uns im Kindesalter am liebsten auf Grundstücken herumgetrieben, die verwildert waren, zwar hat „unberührte Natur" bei aktuellen Meinungsumfragen hohe bis höchste Zustimmungswerte, sich dieser mit Haut und Haaren aussetzen will jedoch kaum jemand. Die klare Mehrheit derer, die ihre Freizeit heute noch im Freien verbringt, fühlt sich in menschlich geprägten Szenerien am wohlsten – in offenen Kulturlandschaften und übersichtlichen Nutzwäldern und nicht in der Wildnis.

Dazu stellt sich eine zweite, nicht weniger aufdringliche Frage: Gibt es den realen Gegenstand, auf den der Wildnisbegriff verweist, überhaupt noch? Wo sollte man heute noch gänzlich unbeeinflusste oder gar unberührte Natur finden, in einer Zeit, in der selbst der Erdorbit voll ist mit Satelliten und Weltraumschrott, in einer Zeit, in der es keinen noch so abgelegenen Teil des Ozeans gibt, der nicht mit Schwermetallen belastet und halbwegs leergefischt ist, in einer Zeit, in der auch die höchsten Alpengipfel mit Lawinenverbauungen, Stromleitungen und Liftkabeln überzogen sind? Ist Wildnis nicht längst zu einem Phantasma geworden? Bringen wir sie nicht gleichsam in unserem Reisegepäck mit – als Sehnsucht und Vorstellung?

Was das Val Grande betrifft, so scheint diese Skepsis berechtigt. So sehr sich das Tälerlabyrinth von Rio Pogallo und Rio Val Grande auch als Leerstelle im Freizeitpark der Alpen präsentiert – es ist weit davon entfernt, den Tatbestand der Ursprünglichkeit zu erfüllen. Nicht nur wurden hier in den vergangenen Jahrhunderten auf weiten Rodungsflächen Ziegen, Kühe und Schafe geweidet, bis in die sechziger Jahre schlug man auch im großen Umfang Holz, das mit modernen Elektroseilbahnen ins Tal geschafft und von dort in den energiehungrigen Mailänder Großraum weiter transportiert wurde. Alte Fotos zeigen kahlrasierte Hänge, eine regelrechte Mondlandschaft. Was in touristischen Publikationen als Wildnis gefeiert wird, ist nichts anderes als eine untergegangene Kulturlandschaft, eine Wildnis zweiter Ordnung, in der die Spuren des Menschen all denen leicht erkennbar geblieben sind, die sie auch erkennen wollen.

Wer bezweifelt, dass es irgendwo noch ganz und gar ursprüngliche Landstriche gibt, kann sich durch das Beispiel des Val Grande bestätigt fühlen. Aber ist die Frage damit wirklich beantwortet? Folgt aus der Tatsache, an jeder noch so entfernten Weltecke irgendeinen Einfluss des Menschen zu entdecken, dass sich das Thema damit erledigt hat, dass der Begriff draußen in der physikalischen Welt keinerlei Entsprechung mehr findet? Ist jemand, der sich im Val Grande in der Wildnis wähnt, also ein naiver Träumer, ein unverbesserlicher Romantiker, der die Sterilität seines urbanen Lebensraums durch die Illusion eines höchst lebendigen Gegenstücks namens „Wildnis“ zu kompensieren versucht?

Der gegenwärtige geisteswissenschaftliche Wildnisdiskurs legt dies nahe. Er versucht aufzuzeigen, dass die Wahrnehmung der räumlichen Gegebenheiten stets von symbolischen und ästhetischen Inhalten, von kulturell vorgegebenen Deutungsmustern überlagert ist. Nicht, dass das nicht richtig wäre, doch der zugrunde liegende reale Gegenstand löst sich damit in gewisser Weise auf – Wildnis erscheint nun als bloße Projektion, als Projektion, die mehr über uns verrät als über den dreidimensionalen Weltausschnitt, auf den wir den Begriff anwenden.

Um dieser Auflösung des Realen Einhalt zu gebieten, muss man die subjektiven Bewertungen, die in der Verwendung des Wortes mitschwingen, in Frage stellen, die Wildnis also gleichsam gegen ihre Begriffe in Schutz nehmen.

Dafür braucht es den Blick in die Begriffsgeschichte, die ihrerseits unverständlich bliebe, wenn man sie nicht mit den realgeschichtlichen Entwicklungen in Beziehung setzte. Der Bonner Kunstwissenschaftler Volker Adolphs formuliert die historischen Konstitutionsbedingungen von Wildnis:

> „Am Anfang war der Mensch Jäger und Sammler Teil einer umfassenden Natur, von der er nahm, was sie ihm anbot, die Leben erzeugte und auch wieder auslöschte. Es gab für ihn nur diese allgegenwärtige und unüberschaubare Wirklichkeit. Als der Mensch sesshaft wurde und zum Ackerbau und zur Viehzucht überging, zog er Grenzen in die unbegrenzte Weite. Er nahm Land in Besitz, rodete und bebaute es, unterschied nützliche Pflanzen und Tiere von schädlichen. Das kultivierte und gestaltete Stück Land verteidigte er gegen die unerschlossene, bedrohliche Natur. Der damit entstandene Gegensatz von Kultur und Natur hat das Denken tief geprägt. Erst in dieser Unterscheidung entstand der Begriff Wildnis.“

Das ist schon deshalb richtig, weil es logisch ist: Um Natur als Wildnis denken zu können, muss sie als der Menschenwelt gegenüberstehendes Anderes begriffen werden. Sie darf also nicht mehr als übergreifende magisch-mythische Einheit erscheinen, wie dies bei unseren Urahnen offenbar der Fall war. Nachweisen lässt sich der Terminus interessanterweise aber erst viel später – im 15. Jahrhundert, wo er die simple Bedeutung „unbewohntes, unbebautes Land“ hat und in der Regel die weitläufigen Waldgebiete meint, die Tacitus in seiner *Germania* in all ihrer Schrecklichkeit beschrieben hatte. Dazu passt, dass Wald und Wildnis die gleiche etymologische Wurzel haben.

Dass das Wort nicht früher in Gebrauch kam, ist wohl kein Zufall. Denn erst jetzt war man zu einer Nutzung des Landes übergegangen, die systematische Züge hatte. In den Jahrhunderten und Jahrtausenden zuvor waren die landwirtschaftlich genutzten Böden dagegen nur kleine Inseln in einem endlosen Niemandsland. Weil Wildnis das Selbstverständlichste, der topographische Normalzustand der Welt war, gab es noch keinen Artikulationsbedarf und es brauchte deshalb auch keinen eigenen Begriff. Entscheidender als die bloße Differenz von bearbeiteter und sich selbst überlassener Natur ist demnach die Tatsache, dass die menschlich überformten Flächen zusammenzuwachsen begannen, die bisherige Dominanz des Ungestalteten und Unbearbeiteten unselbstverständlich geworden war. Genau dies, dass man mit kultivierten Räumen zu rechnen begann, weckte die Aufmerksamkeit für das noch Unkultivierte – in der europäischen Gesellschaft zumindest. In der Sprache indigener Völker gibt es keine Räume, die als „Wildnis“ ausgegrenzt werden.

Als Beispiel mögen die Alpen dienen, die in Literatur und Philosophie vielfach als Gegenpol zur Zivilisation firmierten. Wenn man hier eine Zäsur erkennen will, dann liegt sie wohl im 14. Jahrhundert. Zuvor besaßen die Klöster zwar schon einzelne Wirtschaftshöfe in den dichten Wäldern, die sich bis zur natürlichen Waldgrenze hinaufzogen, es fehlte aber noch die flächendeckende Nutzungspraxis. Von einer solchen konnte erst die Rede sein, als das robuste Kolonistenvölkchen der Walser im Auftrag weltlicher und geistiger Feudalherren die verbliebenen Hochtäler gerodet und dort Dauersiedlungen gegründet hatte. Noch höher zu siedeln, wäre schwierig bis unmöglich gewesen. Es war aber auch gar nicht nötig. Die alpenweit praktizierte Dreistufenlandwirtschaft sicherte eine umfassende Nutzung des Terrains: Im Talgrund versammelten sich die Wohnhäuser, in denen man im Winter lebte, und die Ställe, in denen das in den Sommermonaten gemachte Heu verfüttert wurde. Im Frühjahr zog man auf die Maiensässe hinauf, wo man kleinere Hütten und Ställe errichtet hatte. Zwischen Juli und September ging es dann auf die schneefrei gewordenen Hochalmen, wo die Tiere sich an den Gräsern und Kräutern gütlich taten, während man unten im Tal das Heu für den langen Winter einbringen konnte. Damit hatte sich das zu Römerzeiten noch dschungelartig bewaldete Gebirge in eine Kulturlandschaft verwandelt.

Ungenutzt blieb fortan nur das, was Kulturgeographen Ödland nennen – in der Schweiz immerhin rund fünfzehn Prozent der Landesfläche. Doch selbst davon diente der größte Teil noch zur Jagd oder als Ziegenalp. Von einer im strengen Sinne unberührten Naturlandschaft konnte im Alpenraum also schon vor sechshundert Jahren keine Rede mehr sein – lange bevor alle Gipfel bestiegen und die Hänge für den Wintersport erschlossen waren.

Für eine affektive Hinwendung zum nutzlosen Rest der Gebirgswelt war die Zeit aber noch nicht reif. Dafür war die Not zu groß und die Bedrohungen durch die Natur noch zu unmittelbar. Die alpinen Lebensräume blieben durch Überschwemmungen, Lawinen und Bergstürze gefährdet – durch Ereignisse, die der animistisch denkende Bergler weniger als natürliche Vorgänge interpretierte, denn als Strafen für menschliches Fehlverhalten.

So überrascht es nicht, dass die Alpen in den Schriften der Zeit noch negativ konnotiert waren. Sie galten als *locus terribilis*, als schrecklicher, wüster, öder Ort. Erst im Laufe des 17. Jahrhunderts sollte es zu Anzeichen einer Wahrnehmungsänderung kommen – durch den Einfluss physikotheologischer Denkansätze. Im Weltbild Shaftesburys zeigte sich Gott in allen Erscheinungen der Natur, weshalb er die Berge auch „natural cathedrals“ und „temples of Nature built by the Almighty“ nannte. Der Sündenfall habe zwar die menschliche Natur, nicht aber die natürliche Welt verdorben. Das Nutzlose erschien nun als unabdingbarer Teil einer Wohlordnung, die auf den einen guten und weisen Schöpfer zurückverwies.

So galten die Alpen plötzlich als sehenswert und schaurig schön – bei den Städtern wohlgemerkt, die dort ja nicht auf Dauer leben mussten. Landschaftsmaler machten sich nun auf den Weg, Poeten besangen die eigentümliche Kraft eines Naturraums, der eben noch als Barriere auf dem Weg nach Süden gefürchtet worden war, Albrecht Haller verfasste sein Monumentalepos *Die Alpen* und Immanuel Kant seine *Kritik der Urteilskraft*, in der er die Reize erhabener Landschaften philosophisch legitimierte.

Dieser neue ästhetische Blick auf die wilde Natur setzt eine Distanz voraus, die für den Schreibtischgelehrten aus Königsberg ohnehin selbstverständlich war – er hatte die Alpen wohl niemals mit eigenen Augen gesehen. Begab man sich, wie Richard Wagner fünfzig Jahre später, auf eine die Alpen querende Fußreise, so sah die Welt noch etwas anders aus. Der im Schweizer Exil lebende Komponist war im Juli 1851 losgezogen, um sich die berühmtesten Naturschauspiele anzusehen, vor allem die Cascata del Toce, den spektakulärsten Wasserfall der Alpen. Auf dem Weg dorthin musste er aber den Gries-Gletscher überschreiten, wobei er in eine Situation geriet, in der er wenig Sinn für ästhetische Kontemplation gehabt haben dürfte:

> „Die fast zwei Stunden dauernde Wanderung über den Rücken des Gletschers hin vollbrachten wir unter Schwierigkeiten, welche selbst meinen Führer wenigstens um sich besorgt machten. Es war frischer Schnee gefallen, welcher die Eisschründe oberflächlich verdeckte und demnach gefährliche Stellen nicht genau erkennen ließ. […] Sehr ergreifend war für mich nun bei meinem Heraustreten aus der starren Wildnis die erste Berührung mit der Kultur."

Um sich an den Szenerien des Hochgebirges zu erfreuen, muss man also nicht nur aus der Stadt kommen, man darf sich von den Stützpunkten der Zivilisation auch nicht allzu weit entfernen. Der Komponist überschritt diese Grenze, weil er mit dem Zufußgehen eine Fortbewegungsart gewählt hatte, die den Reisenden nicht von den Elementen abschirmte: Wer sich mit eigener Kraft durch die Landschaft bewegt, erlebt nun mal zuweilen auch die bedrohliche Seite der Natur: Eisfelder mit Gletscherspalten, die gequert werden müssen, Nebel, die einem die Orientierung rauben, Wetterstürze, die einen an den Rand des Erfrierens bringen.

Kein Wunder, dass die meisten Zeitgenossen bereits auf die Pferdepost umgestiegen waren, die inzwischen auf den wichtigsten Reiserouten verkehrte. Wenig später wurden dann die ersten Gebirgsbahnen gebaut – eine weitere, durchschlagende Verbesserung der alpinen Mobilitätsinfrastruktur. Dabei ging es keineswegs nur um den Personentransport von A nach B, sondern auch um eine Inszenierung der Landschaft für die noble Gästeschar. Die erhabene Gebirgsnatur sollte zu einem Schauspiel werden, das man *en passant* genießen konnte.

Damit war das alpine Ödland zur *angeschauten* Wildnis geworden, zu einem bloß über das Auge vermittelten Reiz, zu einem Nervenkitzel, der nicht in Gefahr geriet, in konkrete Furcht umzuschlagen. Die Fußreisenden von einst hatten sich in Touristen verwandelt, in Menschen also, die sich nicht länger in der Natur mit dieser auseinandersetzten, sondern sie aus sicherer Entfernung bewunderten – ästhetisch eben: Vom Liegestuhl des Grandhotels aus, von der Aussichtsterrasse der Bergbahn oder eben durch das Fenster des Erste-Klasse-Abteils. Man wollte der Natur so nah wie möglich kommen, keinesfalls aber selber Teil des Raums werden, in dem man unterwegs war. Durch die neuen Verkehrsmittel war die ästhetische Perspektive auf Dauer gestellt, die Störanfälligkeiten der fußläufigen Naturbegegnung gehörten nun der Vergangenheit an. Die Wildnis, die der Tourist des Fin de Siècle suchte und beklatschte, war eine Wildnis des Außenstehenden, der es sich in der Sekuritätsposition bequem machte. Folgerichtig fraßen sich die Straßen und Bahnen immer tiefer ins Gebirge, wie Ludwig Klages 1913 grimmig notierte:

> „Um die Blüte dieser Gräuel zu genießen, bereise man die Schweiz, wo kein Gipfel so hoch und ernst ist, dass ihn nicht die Zahnradbahn erklömme, um dort oben in erstklassige

> Hotels mit allem modernen Komfort das Reisegesindel auszuladen, damit es vor oder nach dem Diner ganz nach Wunsch Alpenglühen, Sonnenuntergänge, elektrisch beleuchtete Wasserfälle begaffe!“

Der unmittelbare Kontakt mit der alpinen Wildnis blieb fortan der kleinen Gruppe von Abenteurern vorbehalten, die die Annehmlichkeiten der sich etablierenden Reiseindustrie ausschlugen. Statt die von Gletschern gesäumte Bergwelt von komfortablen Logenplätzen aus zu konsumieren, bewegten sie sich mit eigener Kraft in diese hinein. Ihre Interessenvertreter, die Alpenvereine, erschlossen nun auch die Zonen, in die der gewöhnliche Tourist noch nicht vorgedrungen war – mit gut markierten Wegen und einfachen Schutzhütten, die im Laufe der Zeit immer komfortabler wurden. Klar, dass die Bergsport-Organisationen damit zunehmend in Konflikt mit ihrem Anspruch gerieten, ihren Mitgliedern eine Selbstbewegung in unverfälschter Natur zu ermöglichen.

Innerhalb der Vereine war diese Domestizierung des europäischen Hochgebirges von Anfang an umstritten. Doch erst 1987 zogen einige kritische Alpinisten, unter ihnen Reinhold Messner, ihre Konsequenzen. Sie gründeten die Organisation Mountain Wildernis, die durch ihre Mülleinsammelaktionen am K2 und Montblanc weltweit auf sich aufmerksam machte. Vom Siegeszug der technischen Erschließung erschreckt, wollten ihre Vertreter zurück zur Natur, sich dabei ausschließlich auf die eigenen Körperkräfte verlassen und den Wildnischarakter der Landschaft erhalten – als Ort für geistige und körperliche Regeneration und einer neuen Selbst- und Naturerfahrung. Im Zentrum ihres Manifests steht die Erkenntnis, dass Bergsportler eine klare Verantwortung für die Zerstörung der alpinen Wildnis tragen und dieser Verantwortung mit ihrem Verhalten auch gerecht werden müssen.

Gut gemeint, aber viel zu spät, könnte man sagen. Denn längst sind große Teile der alpinen Bergwelt umfassend mit Seilbahnen, Skiliften und Zufahrtsstraßen zugänglich gemacht worden, längst findet sich kaum noch eine Felswand, die nicht mit Bohrhaken vorangegangener Seilschaften gespickt wäre, längst stehen überall Hubschrauberflotten bereit, um sich selbst überschätzende Gipfelstürmer aus der Wand zu holen. Vor allem die Wintersportindustrie hat Eigendynamiken entfesselt, die niemand mehr zu bändigen vermag. Dazu kommen noch unsichtbare Veränderungen, die nicht weniger irreversibel sind: Allen voran das flächendeckende Handynetz, das der deutsche Alpenverein vor wenigen Jahren zwischen Lindau und Berchtesgaden installieren half – damit man von jedem Punkt aus einen Rettungshubschrauber ordern kann. Die uns bekannten Teile des europäischen Hochgebirges haben sich in rundum abgesicherte Abenteuerspielplätze verwandelt, in denen nur noch kleine und kleinste Wildnisinseln übrig geblieben sind. Und auf diesen lastet ein immer größerer Freizeitdruck – nicht zuletzt durch diejenigen, die sich auf umweltverträgliche Weise durch die Landschaft bewegen wollen. Auch und gerade die Freunde authentischer Naturerlebnisse zerstören, was sie suchen, indem sie es suchen.

In noch größere Selbstwidersprüche geraten freilich die, die sich entsprechende Erlebnisse von einem Veranstalter organisieren lassen. Der Verkauf von Aufenthalten in der ungezähmten Natur ist in den letzten Jahren tatsächlich zu einem blendenden Geschäft geworden. Es reicht von Halbtagesausflügen in wasserführende Schluchten, dem sogenannten Canyoning, über Selbsterfahrungskurse für Manager, bei denen diese an Seilen über Abgründe hangeln, bis hin zu regelrechten Wildnisurlauben – in Patagonien, am Nordkap und im Himalaya. Selbst Großveranstalter wie die TUI, die sich für gewöhnlich am Massengeschmack orientieren, locken nun mit entsprechenden Angeboten. Erstaunlich auch, wo den Prospekten zufolge heute noch überall Wildnis zu finden sein soll, im nordhessischen Kellerwald etwa oder in der Eifel, wo unlängst ein fünfundachtzig Kilometer langer Wildnistrail eröffnet wurde, der erste der Republik. Klickt man im Internet durch, was Reisenden unter diesem Stichwort angeboten wird, so schleicht sich der Verdacht ein, dass stets versprochen wird, was niemals gehalten werden kann. Etikettenschwindel also, der Betrug zu nennen wäre, wünschte sich nicht insgeheim auch der Kunde, dass der Veranstalter sein Versprechen nicht allzu ernst nimmt. Nichts liegt dem perfekt ausgerüsteten Vertreter des modernen Outdoorkults schließlich ferner, als sich wochenlang auf das Abenteuer vorzubereiten, sich mit eigenen Mitteln durchzuschlagen und am Ende gar sein Leben aufs Spiel zu setzen. Auf schnellen Konsum geprägt, gibt er sich mit inszenierten Erlebnissen und dem Anschein von Ursprünglichkeit zufrieden, mit Wildnis Light sozusagen. Meist geht es ja ohnehin nicht in die freie Wildbahn, sondern lediglich in kontrolliert verwilderte Nationalparks, in mühsam aufrechterhaltene Reservate der Natur, von denen aus man in jedem Moment ins Sicherheitsnetz des 21. Jahrhunderts zurückkehren kann.

Aus dem beharrlichen Auseinanderklaffen von Anspruch und Wirklichkeit lassen sich zwei durchaus unterschiedliche Schlussfolgerungen ziehen:

Die erste: Wildnishafte Areale sind selten geworden und man muss skeptisch bleiben, was einem die Freizeitindustrie unter diesem Titel zu verkaufen versucht.

Die zweite: Die Rede von Wildnis ist insgesamt gegenstandslos, alles Wilde längst verschwunden – eine Einschätzung, die heute weit verbreitet ist, besonders unter Zeitgenossen mit hohen Bildungsabschlüssen. Sie tritt hier gewöhnlich in zwei Varianten auf – in einer resignativen, die dem Verschwundenen nachtrauert, und einer selbstherrlichen, die die Sehnsucht nach Wildnis als lächerlich diffamiert.

Natürlich ist man geneigt, der zweiten Position, also der Diagnose vom Ende der Wildnis zuzustimmen. Es steht ja außer Zweifel, dass immer mehr Urlandschaften zerstört, mindestens aber mit zivilisatorischen Infrastrukturen überfrachtet werden. Aber folgt daraus, dass es keine flächenmäßig relevante Naturdynamik, sondern nur noch verschieden stark vereinnahmte Kulturräume gibt, der modernen Zivilisation also das Gegenstück abhandengekommen ist, von wilder Natur nirgendwo mehr die Rede mehr sein kann?

Wer so denkt, kann sich für aufgeklärt und illusionsresistent halten und ist doch Opfer eines Vor-Urteils. Er übersieht die

Tatsache, dass selbst und gerade in den Ländern Europas Verwilderung an der Tagesordnung ist. Dass durch den schleichenden Rückzug der Landwirtschaft vielerorts großflächige Brachen entstanden sind und neu entstehen. Dass also hie und da zurückkehrt, was wir verdrängt zu haben glauben – die Wildnis.

Ob man das, was sich da allenthalben gegen unseren Herrschaftsanspruch erhebt, mit diesem Etikett versieht, hängt natürlich davon ab, wie man Wildnis definiert. Versteht man darunter – wie noch im ausgehenden 18. Jahrhundert (im Wörterbuch von Johann Christoph Adelung) einfach nur unbebautes und unbewohntes Land, Wüsten oder Wüstungen, Flächen also, auf die wir keinen systematischen Einfluss nehmen, so hat man mit dem Eigennamen keinerlei Problem. Wildnis ist dann streng genommen kein Begriff, also kein mentales Konstrukt, sondern nur ein Verweis auf eine äußere Realität – auf jene Teile unserer Umgebungswelt, die sich aller menschlichen Konstruktion entziehen.

Im gegenwärtigen Diskurs scheint für diesen unspektakulären Wortgebrauch aber kein Platz mehr. Er ist fast immer von aufgeladenen Deutungsmustern bestimmt, besonders von dem der vollständigen Unberührtheit. Mit diesem Ausschlusskriterium ist die Wildnis zwar *ex definitione* erledigt, es sind aber einige unangenehme Fragen übrig geblieben: Ist eine Gegend plötzlich keine Wildnis mehr, wenn man einer Spur folgt, die vor uns jemand in sie hineingetreten hat? Wenn in ihrer Nähe ein Sendeturm für den Handyempfang installiert wird? Oder wenn saurer Regen auf sie herabregnet?

Widersinnig ist dieser auf die Romantik zurückweisende Begriffsgebrauch aber vor allem deshalb, weil es schon seit Jahrzehntausenden keine Wildnis *ohne Anwesenheit des Menschen* mehr gibt. Das Amerika, das die Europäer einst zu entdecken meinten, war seit Urzeiten von zahllosen Naturvölkern besiedelt. Straßenlose Gebirgspässe wie die im Brooks Range im wilden Norden Alaskas sind seit mindestens siebentausend Jahren regelmäßig begangen worden. Zu keinem Zeitpunkt, in dem Menschen von den abgelegensten Winkeln ihrer Lebensräume sprachen, gab es die paradiesische Unschuld der Landschaft, die heute zum Unterscheidungskriterium von Zivilisation und Nicht-Zivilisation aufgebläht wird. Absolute Unberührtheit ist ein Mythos der Neuzeit, Wildnis ein relationaler Begriff. Sinn macht er nur, wenn er die Vorherrschaft natürlicher Prozesse artikuliert, und nicht die grundsätzliche Abwesenheit des Menschen.

Nicht weniger suggestiv ist die ebenso weit verbreitete *heroische* Version des Begriffs. Gemeint ist die Überzeugung, dass ein Naturraum nur dann den Titel Wildnis verdient, wenn man bei seinem Betreten sein Leben aufs Spiel setzt. Sobald auch nur eines der naturgegebenen Großrisiken beseitigt, sozusagen der letzte Bär erschossen ist, gilt ein Landstrich als domestiziertes Terrain, mithin also als Gegenstück von Wildnis. Auch dieser Maßstab stiftet mehr Verwirrung als er auflöst. Legt man ihn an, so würde sich die alpine Kulturlandschaft jeden Winter insgesamt in Wildnis zurückverwandeln, weil man in dieser Jahreszeit ja auch auf der pastoralsten Alm unter einer Schneelawine sterben kann. Auch der Jahrzehnte lang von der Holzindustrie ausgebeutete Val Grande würde dann den Titel verdienen. Schließlich besteht dort kein Handynetz, gibt es hochgiftige Vipern, kann man bei starkem Regen von plötzlich anschwellenden Wildbächen in den Tod gerissen werden. Und umgekehrt müsste man dem kaum je betretenen Regenwald Neuseelands den Wildnischarakter absprechen. Denn in ihm gibt es keine für Menschen gefährlichen Raubtiere, nicht einmal Giftschlangen.

Wer die Dauerbedrohung zum Fundamentalkennzeichen von Wildnis erklärt, hat das an amerikanischen Abenteuerfilmen geschulte Alltagsverständnis auf seiner Seite. Er dokumentiert damit aber auch, einer ganz speziellen semantischen Engführung anzuhängen, der darwinistischen nämlich. Darwins Idee des „survival of the fittest“ ist in hohem Maße zeitspezifisch, insofern sie vor dem Hintergrund der gesellschaftlichen Umwälzungen im Frühviktorianismus entwickelt wurde und auf diese bezogen bleibt: Die den Einzelnen schützenden Zunftordnungen und andere über Jahrhunderte gewachsene sozialen Bindungen waren im Laufe des 19. Jahrhunderts aufgelöst worden, ein freies Unternehmertum im Sinne der Theorien von Adam Smith war entstanden. Das Individuum besaß nun nur noch Wert gemäß der Leistung, die es erbrachte und die es auf dem freien Markt zu verkaufen imstande war. Statt im Schutzraum einer festgefügten gesellschaftlichen Ordnung fand es sich in einer Art Wildnis wieder – was sich auch in der modernen Rede vom Raubtierkapitalismus spiegelt. Hat man die Grundprinzipien einer solchen Gesellschaft einmal verinnerlicht, so liegt nichts näher als zu glauben, dass es schon in der Natur nur um den Kampf aller gegen alle geht.

Dass diese Vorstellung nicht zwingend ist, zeigt sich nicht zuletzt an der nicht weniger plausiblen, aber diametral entgegengesetzten Betrachtungsweise der Wildnis als sich selbst regulierendes Ökosystem. Diese seit dreißig Jahren verbreitete Neubestimmung resultiert aus der Wahrnehmung des Schadens, den die Zerstörung der letzten Wildnisgebiete verursacht. Wer aus diesem Blickwinkel auf den tropischen Regenwald schaut, erkennt nicht länger nur das Fressen und Gefressenwerden, sondern einen höchst komplexen und empfindlichen Funktionszusammenhang. Statt miteinander zu konkurrieren, arbeiten die einem Biotop angehörenden Arten zum gegenseitigen Nutzen zusammen, der Parasit etwa mit seinem Wirt.

Die so oft gehörten Argumente, dass von Wildnis nicht mehr gesprochen werden kann, wenn sich Spuren des Menschen finden und wenn das Gefahrenpotenzial reduziert ist, sind also mit Vorsicht zu genießen. Warum sind die beiden Differenzkriterien aber so erfolgreich, warum neigen die meisten von uns dazu, sie vorbehaltlos anzuerkennen – und das Thema Wildnis damit als erledigt zu betrachten?

Nun, sie sind womöglich deshalb so überzeugend, weil sie gar nicht überzeugen müssen, weil sie in einem kulturellen Konsens gründen – im offiziellen Selbstverständnis der westlichen Welt, dass sich die Geschichte der letzten zweitausend Jahre als Übergang vom Naturzustand zur menschlichen Kultur lesen lässt und Wildnis einer lange zurückliegenden Epoche angehört. Wenn wir in der Lage sind, Post über elektromagnetische Wellen zu versenden, einen Baum von einer Maschine namens

Harvester in fünf Minuten fällen und in geschälte Meterstücke verarbeiten zu lassen, mit den Mitteln der Algorithmik ganz neue, digitale Welten zu generieren – wenn wir das alles können, dann kann es zwar sein, dass hier und da ein Inselchen sich selbst genügender Natur übrig bleibt, keinesfalls aber nennenswert ausgedehnte Landschaftsräume, die sich nach eigenen Gesetzen weiterentwickeln und sich am Ende gar in unseren Herrschaftsbereich hinein ausbreiten.

Ideologiekritisch betrachtet, gründet die Diagnose vom Ende der Wildnis also in einer kulturspezifischen Blickverengung und genauer gesagt: in jenem Interesse, das das christliche Abendland von Anfang an bestimmt hat – das Interesse, die Natur zum Verschwinden zu bringen.

Grob vereinfacht lässt sich die Geschichte ihrer Austreibung in vier Phasen einteilen – in eine theologische, eine imperialistische, eine technisch-praktische und schließlich eine ontologische.

In der ersten Phase wird die Natur noch lediglich verbal bekämpft. Die christliche Theologie macht Schluss mit der Möglichkeit, das Göttliche in der materiellen Umgebungswelt – in Bäumen, Steinen und Sternen – zu suchen. Es wird in eine vom irdischen Dasein unerreichbare Transzendenz gelegt, ins Jenseits, den Un-Ort schlechthin. Das einzige Verbindungsglied zwischen diesem obskuren Paralleluniversum und dem Diesseits der empirischen Welt findet sich im Menschen selbst, in seiner unsichtbaren, immateriellen Seele. Bereiche und ‚Gegenden', die sich ihrem Einfluss entziehen, gelten als verdächtig – das sogenannte Fleisch etwa oder die noch unkultivierte Natur. Sie firmieren als Sitz böser Mächte, die angetreten sind, den göttlichen Heilsplan zu durchkreuzen. Am konsequentesten denkt dies Augustinus. Für den Kirchenvater des 4. Jahrhunderts gilt jedwede Hinwendung zur äußeren sinnlich gegebenen Welt als Verirrung, als Sünde. Klar, dass diese Haltung die realen Schrecken, die in der Wildnis liegen, noch vergrößert.

Die zweite, auf das späte 15. Jahrhundert datierbare Phase zeichnet sich durch den Versuch aus, dieses Böse mit Waffengewalt zurückzudrängen. Unter Berufung auf Gottes Willen rauben die Konquistadoren den zu Heiden erklärten Ureinwohnern Amerikas Land und Rohstoffe. Deshalb hat Norbert Suchanek auch recht, wenn er den machtpolitischen Sinn des Begriffs Wildnis betont, ihn als nützlichen Mythos des Entdecker- und Kolonialzeitalters interpretiert, als Lizenz zur Eliminierung fremder Kulturen:

> „In der Vergangenheit musste das Wörtchen immer dann herhalten, wenn es darum ging, noch uneuropäisierte Regionen unseres Planeten zu erobern und den dort lebenden einheimischen Völkern kostenlos zu nehmen, ohne dabei ein schlechtes Gewissen haben zu müssen. Selbst die Bibelübersetzungen strotzen vor ‚Wildnissen', die nur darauf warteten, vom ‚auserwählten Volk' besetzt zu werden. So ist es kein Wunder, dass die westeuropäischen Eroberer Amerikas ihre ‚Entdeckung' als Wildnis und die darin lebenden Ureinwohner als Wilde bezeichneten. […] Was wild ist, darf man sich ungestraft nehmen."

Über diese Praxis des Ausraubens und Enteignens legt sich wenig später eine dritte Strategie, für die Namen wie Francis Bacon und René Descartes stehen. Ihre Waffen sind nicht mehr der Vorderlader und die Kanone, sondern die abendländische Wissenschaft. Die Halbherzigkeit beklagend, mit der man die natürlichen Ressourcen nutzt, plädieren sie für eine Perfektionierung des Zugriffs auf die nichtmenschliche Welt – mittels naturwissenschaftlicher Erkenntnis und technischem Knowhow.

Im instrumentellen Wissenschaftsverständnis des 18. und 19. Jahrhunderts ist die Natur dann nur noch sinnlose Materie, die darauf wartet, im Dienste der utilitaristischen Glücksmaximierung verwertet zu werden. Die als Chaos diffamierte Vielfalt der natürlichen Welt in systematisch nutzbare Plantagen umzuarbeiten, ist nun geradezu moralische Pflicht, basiert die bürgerliche Identität doch auf der Bildung von Eigentum durch Arbeit.

Den bislang letzten Höhepunkt erlebt dieser Fortschrittsglaube in der zweiten Hälfte des 20. Jahrhunderts. Wer im Sturm und Drang der Wirtschaftswunderjahre für den Erhalt intakter Naturräume und die Anerkennung der Grenzen des Wachstums plädiert, gilt – mit Arnold Gehlen gesprochen – als „romantischer Reaktionär". Praktisch denken, lautet nun die Devise: freie Bahn dem Tüchtigen, den Autos und Baumaschinen, dem Licht und dem Lärm. Innerhalb nur einer einzigen Generation werden in Mitteleuropa jetzt die letzten zusammenhängenden Biotope zerschnitten und zerstört. Einmal mehr ist die Wildnis wertloser Raum, der in Wert gesetzt gehört – durch unsere technische Kompetenz, unsere Profitinteressen und unsere Konsumansprüche.

Mittlerweile scheint das letzte Stadium angebrochen zu sein. Die wilde Natur, die eben noch als niederzuringender Gegner und damit wenigstens als reale Größe anerkannt worden ist, wird jetzt zur bloßen Projektion erklärt und damit aus dem Diskurs verdrängt – durch die so größenwahnsinnige wie kontraintuitive Annahme, dass der Planet vollends unterworfen, die Natur zum bloßen Appendix der Zivilisation zusammengeschnurzelt ist, das feine Gewebe vielfältigster ineinandergreifender Abläufe von Wachstum und Zerfall nur noch ein Schein- und Schattendasein führt.

Das zugrunde liegende Motiv dieser Selbstbeschwörung ist evident: Den Fortbestand oder gar die Rückkehr der Wildnis anzuerkennen hieße sich einzugestehen, dass das Projekt der Machtergreifung noch nicht abgeschlossen ist. Es hieße Abschied zu nehmen von der Vorstellung, dass wir dank unserer technisch-praktischen Ratio alles im Griff haben. Der Sozialpsychologe Rolf Haubl erläutert, was für den modernen Homo Faber auf dem Spiel steht:

> „Die Verabsolutierung der instrumentellen Vernunft erscheint in psychoanalytischer und psychohistorischer Perspektive als eine Größen*phantasie*, die Horst Eberhard Richter treffend als „Gotteskomplex" bezeichnet hat: In dieser *Fantasie* wird die Angst vor unkontrollierten Vorgängen

durch demonstrative Kontrollanstrengungen abgewehrt; es herrscht die Überzeugung, perfekte Kontrolle sei möglich und werde die Unkontrollierbarkeit aus der Welt schaffen. Entzieht sich ein Vorgang der menschlichen Kontrolle, so greift eine spezifische Logik: Der Vorgang wird zum Beweis, dass die Kontrollanstrengungen vermehrt werden müssen; dadurch aber bleibt die Möglichkeit ausgeblendet, dass die bisherigen Kontrollanstrengungen selbst dazu beigetragen haben, dass ein Vorgang außer Kontrolle gerät. In diesem Sinne ist das Wilde – die Wildheit und die Wildnis – eine Chiffre für das anhaltende Kontrollproblem des modernen Menschen."

Gelingt es die Wildnis zu irrealisieren, sie als Mythos und Metapher zu entlarven, so hat man das quälende Kontrollproblem also gleich mit erledigt. Was nach außen als Homo-Faber-Arroganz erscheint, speist sich im Innern aus einer kollektiven Angst – der Angst vor dem Hereinbrechen jenes Anderen, das man vertrieben zu haben hoffte. So unverdächtig das gegenwärtige Dementi der Wildnis im ersten Moment scheinen mag, es lässt sich auch als späte Frucht eines zweitausendjährigen Ressentiments interpretieren, als Schlussstein einer ebenso langen Ermächtigungsgeschichte, als letzten Schachzug, sich eine als bedrohlich fremd erfahrene Natur vom Hals zu schaffen.

Doch zurück zur Fragestellung, ob es überhaupt noch Sinn machen kann, von Wildnis zu sprechen. Das macht es banalerweise immer da, wo Landschaften noch gänzlich frei sind von Infrastrukturen wie gut ausgebauten Wegen, Autostraßen und Siedlungen: In den Polarkreisen und in weiten Teilen von Tundra und Taiga etwa, aber auch in jenen gar nicht so kleinen Gebieten des alpinen Hochgebirges, die noch nicht von der Tourismusindustrie in Besitz genommen wurden.

Eine Berechtigung hat das Wort aber auch überall dort, wo einstmals bebautes Land der natürlichen Sukzession überlassen wird, wie es in der Fachsprache der Kulturgeographie heißt, beispielsweise in den ehemaligen Kulturlandschaften der italienischen Alpen. Weil Italien, von Südtirol abgesehen, keine ernsthafte Berggebietspolitik betreibt, entvölkern sich diese Regionen zunehmend. Damit verbuscht und verwaldet die über Jahrhunderte gewachsene Weidelandschaft, in die nun vormals verdrängte Tierarten zurückkehren: Wildschweine, Wildkatzen, Luchse, Wölfe und Braunbären. Auch alltagssprachlich werden solche Gebiete gerne als Wildnis bezeichnet, meist freilich in einem pejorativen Sinn, als Klage über das Verschwinden der vertrauten Kulturlandschaft.

Angemessen erscheint der Begriff auch für ausgewiesene Reservate, in denen menschliche Nutzung und Gestaltung untersagt sind und dieses Verbot auch überwacht wird – in Nationalparks wie dem im Bayerischen Wald, in Berchtesgaden oder im Val Grande. Ob in diesen Gebieten einmal Menschen gelebt und gewirtschaftet haben und welche kulturlandschaftlichen Relikte dort noch zu finden sind, ist dabei völlig irrelevant. Entscheidend ist allein, dass von menschlicher Seite keine Lenkung mehr geschieht, also wieder das die Regie übernommen hat, was wir Natur nennen.

Deshalb ist es nur scheinbar ein Widerspruch, Räume als Wildnis zu bezeichnen, die eben noch als Hochburgen der Naturbemächtigung gefeiert wurden, die Gegend von Tschernobyl etwa. Was sich seit der Evakuierung in der Sperrzone entwickelt hat, war weder voraussehbar noch plan- und kontrollierbar. Laien wie Fachleute sind erstaunt, wie wenig sich Flora und Fauna von der Strahlung beeindrucken lassen. Entstanden ist ein von Verwertungsinteressen freigehaltener Raum, dessen zivilisatorische Reste sich die Natur nach und nach einverleibt.

Gewiss: Man muss das, was rund um havarierte Atomreaktoren, auf aufgelassenen landwirtschaftlichen Flächen oder in staatlich geschützten Reservaten entsteht, korrekterweise „Neo-Wildnis“ oder „sekundäre Wildnis“ nennen. Aber macht das einen Unterschied? Eine Neo-Wildnis funktioniert genauso wie eine ursprüngliche Wildnis. Für die aktuelle Dynamik spielen die vormaligen Eingriffe des Menschen keine tragende Rolle mehr. Schließlich handelt es sich in keinem der genannten Fälle um eine sogenannte Renaturierung. Renaturierung wäre eine gezielte Überführung der Natur in das festgefügte Bild, das wir von ihr haben und damit das genaue Gegenteil der hier gemeinten Selbstentfesselung natürlicher Kräfte. Deshalb gibt es auch nichts Falscheres als die gerne verwendete Formel von „Wildnis aus Menschenhand“. Wildnis ist kein Produkt und kann keines sein, sie ist *eo ipso* unherstellbar. Der Terminus bezeichnet Räume, die einer eigenen, unbegründeten und planungsresistenten Logik folgen, wenn man sie lässt, das heißt, wenn der Mensch seine Lenkungsversuche aufgibt. In diesem unspektakulären Sinne ist die Rede von Wildnis mehr als bloß metaphorisch. Man muss eben nur die grellen Deutungen der letzten beiden Jahrhunderte beiseitelassen, die das gänzlich Unberührte und Lebensgefährliche verlangen.

Das Gegenargument liegt natürlich auf der Hand: Es mag ja sein, dass hie und da Areale übrig geblieben sind oder neu entstehen, die wildnishafte Züge aufweisen, aber es ist doch immer eine Wildheit von Menschen Gnaden: Mit unseren Forstpanzern, Caterpillars, Motorsägen und Baggern könnten wir doch alles, was sich irgendwo in der für die Natur typischen Spontaneität entfaltet, binnen weniger Stunden und Tage zerstören. Im Grunde stimmt das, doch zum einen sind radikale Eingriffe in den Naturhaushalt stets mit Folgen verbunden, die ihrerseits unbeherrschbar bleiben. Zum anderen wird immer nur die Oberfläche zerstört, während das darunter Wirksame unangetastet bleibt, gleichsam auf seine Zeit wartet und sich selbst mit Pestiziden nur kurzfristig am Wachsen hindern lässt.

Brisant und aktuell bleibt das Prädikat „wild“ auch deshalb, weil es den heutigen Technokratien nicht einmal dort gelungen ist, das Störfeuer natürlicher Prozesse zu unterdrücken, wo sie sich für gänzlich autark halten: in den Zentren der Urbanität. Der amerikanische Lyriker und Ethnologe Gary Snyder wies auf diesen Umstand bereits 1990 hin:

> „Die Wildheit ist nicht auf die zwei Prozent amtlicher Wildnisgebiete beschränkt. Sie passt sich an und ist überall – unausrottbare Pilzpopulationen, Moose, Schimmelpilze und Hefearten, die uns umgeben und in unserem Körper leben.

Mäuse auf der Veranda und hinter dem Haus, Hirsche, die über die Schnellstraße wechseln, Wildtauben im Park, Spinnen in den Ecken [...].

Außergewöhnliche, komplexe Lebewesen bewohnen mit ihren Energienetzwerken die fruchtbaren Winkel der städtischen Welt, im Einklang mit den Gesetzen wilder Systeme, die sichtbaren kräftigen Halme und Stängel auf verlassenen Grundstücken und stillgelegten Bahndämmen, die beharrlichen Truppen von Waschbären, die Bakterien in Lehm und Joghurt."

In der Stadt ist die Biodiversität inzwischen sogar größer als im Umland, wo es in den flurbereinigten und nitratgesättigten Agrarsteppen kaum noch Rückzugsräume für Wildtiere gibt. In den europäischen Metropolen leben heutzutage im Durchschnitt nicht weniger als zehntausend Arten. Eindeutiger Spitzenreiter ist Berlin, wo aus der Konkursmasse der DDR genügend aufgelassene Fabrikgelände, Gleisdreiecke und andere Brachen übrig geblieben sind. Zoologen haben hier hundertfünfzig Brutvogelarten gezählt, fünfzig mehr als im Nationalpark Eifel.

Zuletzt wimmelt es auch dort von Zeichen der Wildheit, wo wir sie am wenigsten vermuten – in uns selbst. Was dort an Emotionen schlummert – welche Sexualpartner uns anziehen, was uns im Innersten antreibt – entzieht sich jeder Planung und Kontrolle. Ausdruck und Garant der inneren Wildnis ist der Alterungsprozess, den wir allenfalls etwas verzögern, niemals aber außer Kraft setzen können. Genauso unmöglich bleibt es vorherzusehen, wann unser Organismus kollabieren wird, also herauszubekommen, warum und wovon wir krank werden und schließlich sterben. Die moderne Medizin weiß zwar, dass hoher Blutdruck, falsche Ernährung, Stress und Rauchen eine höhere statistische Wahrscheinlichkeit ergeben, früher das Zeitliche zu segnen. Ob das für einen selbst gilt, also im konkreten Einzelfall zutrifft, bleibt völlig offen. Der konkrete menschliche Einzelorganismus entzieht sich nun mal jeder statistischen Verallgemeinerbarkeit. Wer sich allen gut gemeinten Ratschlägen widersetzt, also unvernünftig lebt, mag zwar ein statistisch erhöhtes Risiko für ein vorzeitiges Ableben haben, kann aber auch hundert Jahre alt werden. Kurz: Wir sind, wenn wir ganz wir selbst sind, Wildnis. Kultur entsteht erst dort, wo wir uns zu uns selbst und zu den anderen ins Verhältnis setzen.

Es wäre also etwas zu voreilig, den Begriff zu den Akten zu legen. Nichts prägt die technisch hochgerüstete Zivilisation mehr als die Wildnis, gegen die sie sich abgrenzt und die sie doch in sich hineinlassen muss. Zum Glück hineinlassen muss, könnte man hinzufügen. Denn das Konfrontiertsein mit dem vermeintlich Störenden rettet uns vor der Eindimensionalität unserer Ordnungsvorstellungen, setzt der sterilen Produktwelt ein sinnlich erlebbares Universum gegenüber, relativiert unser Stress produzierendes Zeitgefühl, lässt uns als Naturwesen, die wir nach wie vor sind, in gewisser Weise heimkehren.

Deshalb hat der Aufenthalt in zivilisationsfreien Gegenden auch eine pädagogische Valenz: Er erinnert uns daran, dass wir Bewohner eines Reiches sind, das sich unserer Kontrolle entzieht, dass der Mensch immer nur Ausschnitte davon überprägen kann, für kurze Zeit und mit großem Aufwand, manchmal auch etwas länger, niemals aber endgültig, dass wir uns also lächerlich machen, wenn wir glauben, Wildnis durch Zivilisation ersetzt zu haben. Letztere ist eine Enklave in jedem mineralisch-organischen Gesamtensemble, dem wir auch dann zugehörig bleiben, wenn wir unsere Körper nur noch auf den Maschinen des Fitnessstudios in Bewegung setzen oder durch die unendlichen Weiten des Internet schweifen.

Selbst auf dem weltgeschichtlichen Höhepunkt unserer Macht bleiben wir also mit Nicht-Zivilisation konfrontiert: die Erde *ist* Wildnis, ein sich selbst erhaltender, sich trotz aller Einflussnahme unserer Herrschaft entziehender Organismus, der den Menschen weder braucht noch von ihm vollends umgearbeitet oder gar zerstört werden kann. Nach uns kommt nicht die Sintflut, sondern die Wildnis.

Der Schriftsteller Franz Hohler meditiert in einer kleinen Geschichte über diese Kräfteverhältnisse, die zu akzeptieren uns so schwerfällt. Sie beginnt mit der Schilderung, wie er das

Herbstlaub zusammenrecht und dabei auch die Blätter löst, die sich über den Sommer in den Ecken zusammengepappt haben:

> „Dann stelle ich mit Erstaunen fest, dass darunter bereits Wohnorte entstanden sind, Pioniersiedlungen für ein genügsames, improvisationsfreudiges Gliederfüßlervolk, die Asseln. […] Die Asseln sind Kundschafter, die im Auftrag der Wildnis unsere Zivilisation ausspähen. Sie können dabei mit der Unterstützung des Schöllkrauts rechnen, aber auch Breitwegerich, Brombeere und Brennnessel gehören zu ihren Helfern. Der Auftrag ist ernst, und wir sollten ihn nicht unterschätzen. Das Ziel der Natur, wenn sie denn eines haben sollte, ist nicht das Gepflegte, sondern das Ungepflegte, nicht die Kultur, sondern die Wildnis. Ich bin überzeugt, dass sie unsere Eingriffe, Zugriffe, Durchgriffe und Angriffe, überleben wird, verwundet zwar, aber letztlich stärker. Ihre Boten sind im Anmarsch. Schon überziehen sie die Betonsäulen mit Flechten und Moos, und aus den Mauerfugen wachsen junge Birken, deren Wurzeln den Asphalt wölben. Wenn ich eine Wette eingehen müsste, was auf unserer Erde länger leben wird, Schallschutzmauern oder Schöllkraut, Autobahnen oder Asseln, ich wüsste sofort, wer meine Favoriten sind."

Die Wildnis wächst. Sie tut das Tag für Tag und sie tut dies immer schon. Für eine auf Souveränität pochende Gesellschaft ist das keine beruhigende, keine besonders gute Nachricht. Es ist aber auch keine schlechte. Denn die Natur wächst nicht *gegen* uns. In Bezug auf die menschliche Kultur ist sie indifferent, aber nicht feindlich. Der Natur ist es egal, ob sich eine Spezies aufspielt, als sei sie der eigentliche Sinn des Universums. Sie muss solche Hybris auch nicht sanktionieren, wird nicht aggressiv, kennt keine Rache. Dass die Natur zurückschlägt sind unsere Worte, Metaphern eines Sprachspiels, das von den Anmaßungen der Autonomie geprägt ist und das Verwiesensein auf das Reich des Lebens vergisst.

Um sich die Lächerlichkeit dieses Sprachspiel bewusst zu machen, genügt ein Ausflug in die ‚sekundäre Wildnis' des Val Grande. Wer sich auf dieses Niemandsland einlässt, kämpft nicht von morgens bis abends gegen die Elemente, die ihn bedrohen, er wähnt sich aber auch nicht in einer Phantasiewelt, in der sich alle Wünsche erfüllen. Er erfährt sich hineingezogen in eine Realität, deren Schwerkraft alle Distanzierungsbemühungen und Sinngebungsversuche unterläuft und die sich deshalb auch nicht idealisieren lässt. Eigentümlich kraftlos erscheint nun die technisch aufgerüstete Welt da draußen, jenseits der Grenzen des Nationalparks, abends etwa – wenn man im diffusen Licht der Himmelskörper steht und ganz hinten, im V-Ausschnitt der Bergflanken, die Kunstlichtglocke der Zivilisation entdeckt. Von hier oben gesehen eine bizarre Scheinwelt, gebaut von spielwütigen Ingenieursbuben, brüchig wie ein Glashaus, endlich wie die, die sich in ihr tummeln.

Das Beben der Diskurse
Anmerkungen zum Konfessionskrieg um Naturkatastrophen

An Naturkatastrophen herrschte in den letzten Jahren wahrlich kein Mangel. Im Zeitalter der medialen Dauerberieselung mit Unglück aller Art ist das Gedächtnis aber kurz, und so sind die meisten der Schreckensbilder längst wieder vergessen. Auffällig ist jedoch die unterschiedliche Resonanz, die sie in der modernen Erregungsgesellschaft hervorgerufen haben. Während ein tropischer Zyklon in Indien ebenso unbeachtet blieb wie eine nicht weniger verheerende Unwetterkatastrophe in Venezuela, hatte das Erdbeben im japanischen Kobe einen markant höheren Aufmerkeffekt – trotz der viel kleineren Opferzahlen. Das weit fatalere tektonische Ereignis, das sich 1999 in der nahen Türkei ereignete, fand wiederum kaum Beachtung, wogegen die Lawinenserie in den Alpen kurz darauf wochenlang für Schlagzeilen sorgte – genau wie die beiden Jahrhunderthochwasser an Oder und Elbe. Entsprechendes Interesse und vergleichbare Spendensummen erzeugte allein der Tsunami in Indonesien, bei dem vor einigen Jahren nicht nur eine Viertelmillion Einheimische den Tod fanden, sondern auch einige tausend westliche Touristen. Der Taifun auf den Philippinen, der 2013 sechstausend Insulanerleben forderte, dürfte eine ungleich kürzere Halbwertzeit haben.

Warum destruktive Großereignisse ein und derselben Natur so unterschiedlich gewichtet werden, ist nicht immer sofort zu erkennen. Evident ist nur, dass die Entfernung zum Unglücksort eine gewisse Rolle spielt, aber auch, dass die Aufregung nicht proportional zur Zahl der Opfer wächst, also keineswegs das Produkt einer Betroffenheit über konkretes menschliches Leid ist. Um zu verstehen, wann derartige Ereignisse den Nerv der modernen Gesellschaft treffen und wann nicht, hilft der Blick in die Vergangenheit – auf das Erdbeben von Lissabon, die erste Naturkatastrophe, die zu einem lang anhaltenden Beben der Diskurse geführt hatte.

Naturkatastrophen sind schrecklich, aber beliebt – solange man nicht selber betroffen ist. Besonders beliebt sind sie bei den Fernsehanstalten. Die grausigen Bilder sprechen ja für sich. Man muss das Geschehen nicht künstlich aufblähen, um die Zuschauer tiefer in die Sessel zu drücken und sie damit im Programm zu halten. In der Naturkatastrophe präsentiert sich die Welt so, wie sie auf dem Bildschirm im Idealfall ist: elektrisierend, bestürzend, skandalös – so aufwühlend, dass selbst Couch Potatoes aus ihrem geistigen Delirium erwachen und nach Atem ringen. Mehr als jeder Umweltskandal und jede Bankenkrise decken derartige Ereignisse den Aufregungsbedarf in einem rundum abgesicherten, ereignislosen Alltag. Zudem gestatten sie die Suche nach einem Schuldigen, die sich ebenfalls bestens eignet, von den eigenen Sorgen und Nöten abzulenken.

Aber wie? Bei Naturkatastrophen nach Verantwortlichen suchen? Sind solche Unglücke nicht gerade dadurch definiert, dass sie ohne jeden menschlichen Einfluss passieren? Wer sollte denn schuld sein, wenn ein Erdbeben sechzigtausend Menschen dahinrafft? Wer steckt dahinter, wenn ein Tsunami das indonesische Meer höher steigen lässt als je zuvor? Und wer gehört auf die Anklagebank, wenn an Oder und Elbe die Dämme brechen?

So widersinnig die Schuldfrage bei Naturkatastrophen zunächst scheinen mag – zumindest für Letztere, die Überschwemmungen in Mitteleuropa, liegt die menschliche Mitschuld auf der Hand: Weiträumige Flächenversiegelungen, Flussbegradigungen und Trockenlegungen von Auengebieten provozieren leicht vorhersehbare Überflutungen, die zur allgemeinen Entlastung dann zu Jahrhunderthochwassern erklärt werden.

Dass die Frage nach der menschlichen Verantwortung immer unausweichlicher wird, hat noch einen weiteren Grund:

Mit der forcierten Beherrschung der Natur wächst zwangsläufig auch die Erwartung, dass diese tatsächlich auch beherrscht wird. Sind etwa Frühwarnsysteme auf dem Markt oder gar schon irgendwo in Anwendung, so wirkt es als Skandal, wenn man ausgerechnet dort, wo die Monsterwellen an Land schwappten, meinte, sich die Kosten für ihre Installierung sparen zu können – auch wenn sich an dieser Stelle nie zuvor eine entsprechende Flut ereignet hatte. Durch technischen Fortschritt zur potenziellen Unglücksverhinderung ermächtigt, wird das Mögliche zur Pflicht und der Nichtanwender zum gewissenlosen Subjekt, das den Tod seiner Mitmenschen billigend in Kauf nimmt.

Wen wundert es da, dass jetzt selbst bei Springfluten, Tornados und Lawinenabgängen nach Schuldigen Ausschau gehalten wird? „Klimawandel" lautet das Stichwort, über das man nicht mehr ausführlich werden muss: Das Wissen um den menschengemachten Treibhauseffekt gestattet es, die Natur im Falle metereologischer Anomalien freizusprechen und stattdessen Kraftwerksbetreiber, Autofahrer und Flugreisende anzuklagen.

Die Folge ist eine permanente Selbstüberforderung, die hysterische Züge annehmen kann: Die Nachfahren des Homo sapiens wähnen sich inzwischen mächtig genug, das Weltklima zu kippen, wobei es sich weniger um einen neuen Höhepunkt menschlicher Allmachtsphantasien handelt als um eine bittere Wahrheit – um das unerwünschte Resultat eines so unreflektierten wie ungebremsten Ressourcenverbrauchs.

Im Strudel solcher Zuweisungsprobleme droht die Naturkatastrophe zunehmend das Kardinalmerkmal einzubüßen, *keine* anthropogenen Ursachen zu haben. Vom Schicksal zum Machsal geworden, fällt nun auch sie in den Zuständigkeitsbereich des Menschen.

Weil Naturkatastrophen zunehmend als verkappte gesellschaftliche Probleme gelesen werden können, ändert sich auch der konkrete Umgang mit ihnen. Wird ein Dorf von einer Schlammlawine verschüttet oder von einem Tornado verwüstet, gibt es Arbeit nicht nur für die Helfer von Heer und Katastrophenschutz, sondern auch für Gutachter, Fachwissenschaftler und die selbsternannten Experten der Journalistenzunft. Noch bevor alle Toten geborgen sind, melden sie sich zu Wort, bestimmen Ursachen und Zusammenhänge, werfen Schuld- und Grundsatzfragen auf, zumindest in der westlichen Welt. Sofern nicht „nur" randständige Dritte-Welt-Regionen betroffen sind, entsteht hier eine allgemeine Aufregung, die von den Medien wirksam verbreitet wird und nicht immer ganz verständlich ist. Selbst Erdbebentote werden nun zu Opfern menschlichen Fehlverhaltens stilisiert: Man stürzt sich auf die Frage mangelhafter Vorsorgemaßnahmen, geißelt Bürokratismus und Vetternwirtschaft und enthüllt organisatorische Schwächen bei der Rettung.

Bei den letzten Erdbeben in der Türkei hatte man damit auch leichtes Spiel. Offenbar waren wirklich nur solche Häuser eingestürzt, die unter Umgehung der Sicherheitsvorschriften gebaut worden waren. Auch im italienischen L'Aquila waren verdächtig viele öffentliche Gebäude betroffen, deren baulicher Zustand wohl nie überprüft worden war, allerdings kollabierten auch ganz normale Einfamilienhäuser und die berühmte Kirche, die die Jahrhunderte unbeschadet überstanden hatte. Im japanischen Kobe war anno 1993 die Situation noch komplizierter, hatten die Urgewalten der Natur hier doch eine technikstrotzende Industriestadt niedergestreckt. Aber selbst hier wurden die Berufsankläger aus der Medienwelt fündig: Schuld am Tod so vieler Menschen habe ein anonymes, gleichwohl von Menschen geleitetes System: Der zentral gesteuerte japanische Beamtenstaat, der sich immer wieder als unfähig erweise, realistische Katastrophenpläne zu erstellen.

Seltsam ruhig blieb es dagegen zunächst beim Mega-Tsunami in Südostasien. Die Fragen, warum die strandnahen Hotel- und Bungalowsiedlungen der Sturmflut nicht standhielten, die Menschen nicht rechtzeitig vorgewarnt wurden und keine Rettungspläne für den Fall eines solchen Ereignisses bereitlagen, wurden in den ersten Tagen kaum gestellt. In erster Linie wohl, weil unter Touristen stets eine Menge Hobbyfilmer sind, die ausreichend Bildmaterial liefern, mit denen man das visuelle

Primärinteresse der Zuschauer befriedigen kann. Vielleicht aber auch, weil selbst der abgefeimteste Beschuldigungsprofi einsehen musste, dass sich hier Kräfte entfesselt hatten, die auch mit geeigneten Vorsorgemaßnahmen nicht vollends in den Griff zu bekommen gewesen wären.

Dagegen hatte der alpine Lawinenwinter 2000 eine regelrechte Beschuldigungslawine ausgelöst: Das österreichische Bundesheer sei schlechter ausgerüstet als jede Pfadfindergruppe, intonierten damals die Tourismusmanager. Umgekehrt gaben Urlaubsgäste und Journalisten geldgierigen Wirten und Kurdirektoren die Schuld dafür, dass zuerst die Lawine kam und dann die Evakuierung. Solche Kritik ist leider fast immer berechtigt, besonders im devisensüchtigen Österreich, wo die Bürgermeister längst zu stummen Anhängseln von Tourismus-Kartellen geworden sind, die keinen Gast am Tal vorbeifahren lassen möchten. Aber über all dem Beschuldigen scheint man das Wesentliche zu vergessen: dass es die Natur ist, die zugeschlagen, nicht etwa zurückgeschlagen hat – und dass in diesem Fall eigentlich nachdenkliches Schweigen an die Stelle von lautstarkem Besserwissen zu treten hätte.

Früher war das anders, könnte man denken. Zum einen konnte man sich nicht einreden, dass der Mensch bei Naturkatastrophen die Finger mit im Spiel hatte. Zum anderen konnten die Medien mangels superschneller Kommunikationsnetze auch kein Kapital aus der Tragödie schlagen.

Doch täuscht sich, wer die heutige Aufgebrachtheit nach der Katastrophe für das Produkt einer medial angestachelten Sensationsgier hält, wie sie nur im Zeitalter der Totalvernetzung möglich ist. Der Blick in die europäische Geistesgeschichte zeigt das Gegenteil: Auch im 18. Jahrhundert, als von der Manipulierbarkeit der Naturgewalten noch keine Rede sein konnte, war man fern davon, entsprechende Ereignisse als schicksalhaft hinzunehmen. Statt nach Beseitigung der Schäden alle Energien auf das Ergreifen angemessener Vorsorgemaßnahmen zu werfen, begann man schon damals sogleich, sich auf die Suche nach weitreichenden Erklärungen, nach der Lesbarkeit des Unheils, nach einem Sinn der Katastrophe zu machen. Weil man unterstellt hatte, dass die Natur ein ausgeklügeltes System von Nützlichkeiten ist und deshalb mit menschlichen Ansprüchen jederzeit kompatibel bleibt, war man nicht nur Opfer der Natur, sondern auch Opfer der eigenen Ideologie geworden – und das musste bearbeitet, bewältigt, kaschiert werden. Um zu verstehen, warum Naturkatastrophen auch heute noch so viel argumentativen Zündstoff bergen, bedarf es des Blicks in diese Geschichte.

Das mit Abstand prominenteste Beispiel ist das Erdbeben von Lissabon. Es ereignet sich am 1. November 1755 um neun Uhr fünfzig vormittags. Drei kurze Erdstöße legen die europäische Metropole in wenigen Minuten in Schutt und Asche – zu einem Zeitpunkt, da sich die meisten Einwohner in den Kirchen der Stadt befinden. Es ist Feiertag, Allerheiligen, die Gläubigen werden unter den Mauern ihrer Gotteshäuser begraben. Die gebildete Menschheit ist fassungslos. Der tektonischen Erschütterung folgt eine zweite: die Erschütterung des Diskurses.

Kaum überraschend, sind es zunächst die Zeitungsmacher, die die Sache an sich reißen und ihre Gazetten mit dramatischen Schilderungen, Augenzeugenberichten und allerlei Gerüchten füllen. Natürlich werden dramatische Einzelschicksale strapaziert und voyeuristisch ausgekostet. Auch die Dichter treten auf den Plan und sorgen mit erbaulichen Oden und Lehrgedichten für gehobene Unterhaltung. Fehlen schon hier niemals Hinweise auf das Jüngste Gericht und rhetorische Fragen nach Schuld und Sünde des Menschen, so hegt die Geistlichkeit natürlich erst recht keinen Zweifel daran, dass es sich bei der vermeintlichen Naturkatastrophe in Wahrheit um ein göttliches Strafgericht gehandelt habe, die Bewohner Lissabons ihre Vernichtung also ganz offenkundig verdient hatten. Auch in Frankfurt werden nun spezielle Buß- und Bettage eingerichtet, um aus dem Fingerzeig von oben Lehren zu ziehen und um Verschonung der eigenen Stadt zu bitten. Für den Klerus ist das zum Weltereignis stilisierte Erdbeben ein gefundenes Fressen: Es bestätigt die theologische Doktrin und lässt sich unschwer moralisch interpretieren, was die überwiegende

Mehrzahl der Zeitgenossen denn auch ohnehin tut. Von der Behandlung der Naturkatastrophe *als* Naturkatastrophe kann keine Rede sein.

Die Philosophen der Zeit haben es freilich schwerer: Zwar gehört auch bei ihnen ein höchstes Wesen zum argumentativen Rüstzeug, doch im Unterschied zu den Theologen müssen sie versuchen, die Ereignisse natürlich zu erklären: ohne Zuhilfenahme eines allzu personalen, strafenden oder belohnenden Gottes. Die zentralen Fragen der Zunft lauten nun: Wie sind unter den gegebenen Umständen noch die Gottesattribute der Allmacht und der Güte miteinander vereinbar? Wie vernünftig ist eine Schöpfung, die auf die Menschen so wenig Rücksicht nimmt? Muss die Theorie revidiert werden, nur weil sich die Natur so widerspenstig zeigt? Diese Fragen stellen sich deshalb so aufdringlich, weil man eine Antwort hat, an deren Richtigkeit bislang kein Zweifel aufgekommen war: die Lehre von der Besten aller möglichen Welten.

In der kontinentalen Philosophie zeichnet Leibniz für diese Denkfigur verantwortlich. Der berühmte Mathematiker legte 1710 eine Rechtfertigung Gottes angesichts der Übel in der Welt vor, die sogenannte Theodizee. Um den Schöpfer vom Vorwurf zu entlasten, er überschütte seine Ebenbilder mit ungerechtfertigten Leiden, verfiel Leibniz auf die Idee, die Übel in den Rang des Vernünftigen zu heben. Sie seien nicht nur deshalb notwendig, weil die Welt vom Schöpfer verschieden, also weniger vollkommen sein müsse als dieser, sondern auch, weil sie bedeutende funktionale Elemente dieser Welt seien. Gott ist so gesehen Uhrmacher, Ingenieur, Baumeister, der aus dem Ideenrepertoire möglicher Welten auswählen kann, dabei aber an „ewige Wahrheiten“ gebunden ist und deshalb auch die Übel zulassen muss. Ihn trifft keine Schuld, weil er nicht deren moralischer Urheber, sondern gleichsam nur ausführendes Organ, Opfer kosmischer Sachzwänge ist. Das Übel ist nun kein freischwebendes Skandalon mehr, sondern konstitutiver Bestandteil der „besten aller möglichen Welten“. Der Philosoph durchschaut dies und findet deshalb überall dort, wo sich der gemeine Zeitgenosse an Schädlichem und Widersinnigem stört, nur Zuträgliches.

Christian Wolff baute das Leibnizsche Konzept dann zu einem allumfassenden System des Rationalismus aus, zu dem es an den Universitäten des Landes Jahrzehnte lang keine Alternative geben sollte. Die akademischen Denkfabriken gingen von einer durchgängigen Zweckmäßigkeit des Universums aus, von einer Harmonie, die auch dem menschlichen Verstand nicht unzugänglich blieb und deshalb Vertrauen in beides: Wissenschaft und Gott einflößte.

Vor diesem Hintergrund, dem Glauben an die unerschütterliche Harmonie der besten aller möglichen Welten, erscheint das Erdbeben von Lissabon als Skandal, zumindest als Ungereimtheit, die nicht einfach hingenommen werden kann. Kein Autor, der etwas auf sich hält, kann es sich erlauben, zu dieser Provokation der Natur zu schweigen. Unter anderen machen sich nun auch Kant, Rousseau und Voltaire ans Werk, versuchen das Geschehen zu deuten, das Unbegreifliche begreiflich zu machen. Es geht darum, den Leibniz-Wolffschen Optimismus entweder zu verabschieden oder seine Lehrsätze an die neue Wirklichkeit anzupassen, sie mit rhetorischem Geschick auch für den Spezialfall einer Naturkatastrophe anwendbar zu machen.

Voltaire hält Ersteres für richtig und reagiert schnell: Schon in einem Brief vom 24. November 1755 verleiht er der Überzeugung Ausdruck, dass die Katastrophe und die ständigen Nachbeben, die den Wiederaufbau der Stadt an derselben Stelle infrage stellen, mit der Idee der besten aller möglichen Welten unvereinbar seien. Zwei Wochen später, am 4. Dezember, ist sein von ihm selbst auch Trauergebet genanntes *Poème sur le désastre de Lisbonne* fertig. Es erweckt so großes Interesse, dass es innerhalb von nur zwölf Monaten in etwa zwanzig Ausgaben erscheint.

Inhaltlich handelt es sich um eine kritische Auseinandersetzung mit dem amtierenden philosophischen Grundsatz, dass die Welt – aufs Ganze gesehen – gut sei. Bereits im umfangreichen Vorwort bemängelt Voltaire die Phantasielosigkeit der Optimisten, sich eine bessere als die bestehende Welt nicht vorstellen zu können:

„Der Autor des Gedichts über die Katastrophe von Lissabon streitet nicht gegen den berühmten Pope, den er immer bewundert und geliebt hat. Er denkt in fast jedem Punkt wie er. Doch ergriffen vom Unglück der Menschen empört er sich gegen den Mißbrauch, den man mit diesem alten Axiom ‚Alles ist gut' treiben kann. Er akzeptiert jene traurige ältere Wahrheit, die allen Menschen bekannt ist, daß es Übel auf der Erde gibt. Er gibt zu, daß das Wort ‚Alles ist gut', in einem absoluten Sinne und ohne die Hoffnung auf eine Zukunft genommen, nur eine Beleidigung für die Schmerzen unseres Lebens ist. Damals, als Lissabon, Mekinès, Tetuán und so viele andere Städte mit einer so großen Zahl ihrer Einwohner verschlungen wurden, haben Philosophen über die Unglücklichen, die kaum den Ruinen entgingen, ausgerufen: ‚Alles ist gut. Die Erben der Toten werden ihr Vermögen vermehren. Die Maurer werden beim Wiederaufbau der Häuser Geld verdienen. Die Tiere werden in den unter den Trümmern begrabenen Leichen Nahrung finden. Es ist die notwendige Wirkung notwendiger Ursachen. Euer einzelnes Übel bedeutet nichts, denn ihr tragt zum allgemeinen Wohl bei.' Eine solche Redeweise war gewiß ebenso grausam, wie das Erdbeben unheilvoll war. Und das ist es, was der Autor des Gedichts über die Katastrophe von Lissabon sagt."

Voltaire setzt menschliche Empfindung gegen den Rationalismus seiner Epoche. Das Leiden sei real, es sei durch keine noch so subtile philosophische Argumentation wegzudiskutieren oder zu rechtfertigen, es sei grundlos, unverständlich und deshalb keine Sache des Räsonnements, sondern allenfalls des Glaubens. Die methodische Zuversicht der Theodizee offenbart, so wird Schopenhauer später an Voltaire anschließen, nichts anderes als „Hohn über die namenlosen Leiden der Menschheit".

Was als anti-theoretischer Impuls erscheint, ist aus der Nähe betrachtet vor allem eine Abrechnung mit philosophischen Feinden: Voltaire pflegte eine Korrespondenz mit Friedrich dem Großen, der mit Popes Jahrhundertvers „all partial evil, universal good“ sympathisierte. Im Jahre 1750 gab Voltaire dem Drängen des aufgeklärten Monarchen nach und bezog Quartier am preußischen Königshof. Dort kam es jedoch schnell zu Missstimmungen, besonders durch Voltaires Polemiken gegen Maupertuis, den Berliner Akademiepräsidenten und Schützling des Königs. Voltaire zog den Kürzeren und musste gedemütigt den Rückzug in die Schweiz antreten. Hier erreichte ihn die berühmte Preisfrage der Preußischen Akademie der Wissenschaften, die zur kritischen Auseinandersetzung mit dem Popeschen Optimismus aufforderte, insgeheim aber die Positionen von Leibniz und Wolff meinte. Als erklärter Feind des Akademiepräsidenten konnte Voltaire unmöglich teilnehmen, und so antwortet er indirekt mit seinem Gedicht, dessen Untertitel die Preisfrage beinahe wörtlich wiederholt: *Examen de cet axiome „tout est bien“*.

Schnell zeigt sich jedoch, dass Voltaire mit seinem Ausfall gegen eine allzu frivole Metaphysik allein auf weiter Flur stand. Kant und Rousseau jedenfalls wollen ihm nicht folgen, ziehen das vertraute Denkgebäude des Optimismus vor. Sie halten Voltaires Einwand für allzu pessimistisch, wiegeln ab, rechtfertigen den Zustand der Welt und damit auch die Position der Theodizee.

Rousseau, dem Voltaire umgehend ein Exemplar seines Gedichts schickte, antwortet mit einem vordergründig höflichen Brief, in dem er Voltaire vorwirft, dem ginge es einfach nur zu gut. Der Kritisierte antwortet knapp, bedankt sich für Rousseaus Bemühungen und bemerkt – nicht ohne Witz –, sein Gesundheitszustand gestatte es ihm leider nicht, sich auf ausschweifende Grundsatzdiskussionen einzulassen. Der Kontakt zwischen den beiden großen Persönlichkeiten der französischen Aufklärung bricht ab, ohne jemals wieder aufgenommen zu werden.

Getragen wird Rousseaus Polemik von einem logischen Argument, das noch heute immer mal wieder gegen Voltaires Philosophenschelte vorgebracht wird: Dass alles gut sei, hieße bei den von Voltaire kritisierten Autoren gar nicht, es gebe nicht auch einzelne Übel. Gemeint sei vielmehr damit: Das Ganze sei gut. Dieses Ganze aber erschließe sich nur dem philosophischen Blick, der sich gerade nicht aus empirischen Einzelbeobachtungen speise. Was immer diese an Schrecklichem entdecken mögen, niemals könne man daraus auf eine mangelnde Ordnung im Großen und Ganzen schließen. Die vertrauenerweckende Perspektive der besten aller möglichen Welten werde von weltlichen Ereignissen gar nicht tangiert. – Genau dies aber scheint für Voltaire das Problem zu sein: Eine Theorie, die sich von der menschlichen Lebenswirklichkeit emanzipiert hat und trotzdem meint, in Kategorien von Gut und Böse sprechen zu können. Drei Jahre später wird Voltaire diesen Zynismus ein weiteres Mal ironisch attackieren – in seinem Roman *Candide*, dem neben Rousseaus *Nouvelle Héloïse* meistverkauften Buch des 18. Jahrhunderts. Und Rousseau, von Anwandlungen des Verfolgungswahns nur selten ganz frei, wird dieses Erfolgswerk unmittelbar auf sich beziehen und seinerseits in den *Bekenntnissen* bitter reklamieren: „Ich wollte mit ihm philosophieren, als Antwort darauf hat er mich verspottet.“

Neben dem grundsätzlichen Einwand an Voltaires Optimismus-Verständnis enthält Rousseaus Brief aber auch noch eine Vielzahl von Einzelargumenten, besonders die aus der Leibniz-Theodizee bekannte These von der Funktionalität allen Übels:

> „Ohne Zweifel darf die materielle Welt der Planeten ihrem Schöpfer nicht lieber sein als ein einziges denkendes und fühlendes Wesen. Allein, das Gebäude dieses Weltalls, das alle denkenden und fühlenden Wesen erzeugt, erhält und fortpflanzt, muß ihm lieber sein, als ein einziges dieser Wesen. Es kann also ungeachtet seiner Güte oder vielmehr durch seine Güte etwas von dem Glück der einzelnen Teile der Erhaltung des Ganzen aufopfern [...]. Daß der Leichnam eines Menschen Würmer, Wölfe oder Pflanzen nährt, dies ist, ich gestehe es, keine Entschädigung für den Tod dieses Menschen, allein, wenn es in dem Plan des Weltalls zur Erhaltung

> des menschlichen Geschlechts notwendig ist, daß ein Kreislauf der Substanz zwischen den Menschen, den Tieren und den Pflanzen herrscht, so trägt das besondere Übel eines einzelnen Teils zum allgemeinen Wohl bei."

Im Übrigen sei ein plötzlicher Tod nicht immer das Schlechteste, bisweilen sogar ein verhältnismäßiges Glück:

> „Von so vielen unter dem Schutt dieser unglücklichen Stadt erschlagenen Menschen sind ohne Zweifel viele noch größeren Unglücksfällen entronnen. Es ist noch ungewiß, ob ein einziger dieser Unglücklichen mehr gelitten hat, als wenn er nach dem gewöhnlichen Lauf der Dinge in langen Bangigkeiten den Tod, der ihn jetzt überrascht hat, erwartet hätte. Kann man sich ein traurigeres Ende denken als das Ende eines Sterbenden, den man mit unnützer Pflege überhäuft, den ein Notar und die Erben nicht mehr zu Atem kommen lassen, den die Ärzte nach ihrem Belieben in seinem Bett ermorden und den barbarische Priester den Tod mit Kunst auskosten lassen? Ich meinerseits sehe allenthalben, daß das Elend, dem uns die Natur unterwirft, weit weniger grausam ist als das, was wir selber hinzutun."

In solchen Argumenten schwingt Rousseaus Zentralthese mit, die ihn noch heute bekannt macht und mit einigem Recht zur geheimen Leitfigur der Ökologiebewegung avancieren ließ: Wie die Schöpfung insgesamt ist auch der Mensch von Natur aus gut, die meisten Probleme, die man der Natur zur Last legt, stammen in Wirklichkeit aus der Kultur, sind also hausgemacht, vermeidliche Produkte menschlichen Fehlverhaltens. Schließlich ist es im Falle Lissabons ja wohl so, schreibt Rousseau,

> „daß nicht die Natur dort zwanzigtausend Häuser von sechs bis sieben Stockwerken versammelt hatte und dass, wenn die Einwohner dieser großen Stadt gleichmäßiger zerstreut und leichter beherbergt gewesen wären, die Verheerung weit geringer gewesen und vielleicht gar nicht geschehen wäre".

So gesehen, erweist sich die Natur nur da als destruktiv, wo der Mensch sich über ihre Regeln hinwegsetzen zu können glaubt. Im Grunde ist für den im Schweizer Exil lebenden Spaziergänger alles in Ordnung, die Auskunft der Theodizee befriedigend, die Natur auf unserer Seite. Sie bietet ein perfektes System von Nützlichkeiten – wenn man es denn zu würdigen weiß. Die Schuld wechselt vom Schöpfer zu seinen Geschöpfen, sie sind es, die im Zweifelsfall angeklagt werden müssen.

Das hoffnungslos wahre Argument, dass wir von Erdbeben nur deshalb betroffen werden, weil wir in festen Häusern leben, findet sich auch beim jungen Immanuel Kant, dem späteren Zertrümmerer der Metaphysik. In seiner schon 1756 erschienenen Schrift *Geschichte und Naturbeschreibung der merckwürdigen Vorfälle des Erdbebens* notiert er:

> „Es war nötig, daß Erdbeben bisweilen auf dem Erdboden geschähen, aber es war nicht notwendig, daß wir prächtige Wohnplätze darüber erbaueten. Die Einwohner von Peru wohnen in Häusern, die nur in geringer Höhe gemauert sind, und das übrige besteht aus Rohr. Der Mensch muß sich in die Natur schicken lernen; aber er will, daß sie sich in ihn schicken soll."

Die drei Erdbeben-Schriften, die Kant insgesamt publizierte, werden der „vorkritischen" Phase des Königsberger Philosophen zugeordnet. Interpretiert werden sie als Bemühungen um eine nüchterne Beschreibung der Naturvorgänge. Doch sie haben nicht – wie vielfach angenommen wird – die naturwissenschaftliche Erdbebenforschung initiiert. Mehr als zehn Abhandlungen zu diesem Thema waren bereits im Umlauf und Kant hat sich hier nur einem bereits publizierten Erklärungsversuch, dem von Nicolas Lemery (1645–1715), angeschlossen.

Noch falscher ist allerdings die nicht weniger verbreitete Annahme, es handele sich ausschließlich (oder auch nur primär) um wissenschaftliche Beiträge. Die mit naturwissenschaftlichen Hypothesen gespickten Erörterungen stehen vielmehr im Gravitationsfeld und im Dienste der Theodizee, der sich der damals Einunddreißigjährige noch voll und ganz verpflichtet fühlt. Alexander Pope gehört zu dieser Zeit zu Kants Lieblingsschriftstellern. Für seine erste große Publikation *Allgemeine Naturgeschichte und Theorie des Himmels* hat er Motti aus Popes *Essay on Man* gewählt und damit seine Verbundenheit mit dem philosophischen Optimismus einmal mehr unterstrichen.

Kant nimmt die Rolle des Naturforschers ein, versucht die Sache von ihrer physikalischen Seite her zu betrachten, die Katastrophe zu normalisieren – damit sie nicht das metaphysische Weltbild ins Wanken bringt. Auch für ihn ist das Übel wohlgemeint, nützlich, nur sei diese Nützlichkeit bei Naturereignissen von der Größenordnung eines Erdbebens nicht so leicht zu erkennen. Vielleicht seien die „schwefelichten Dämpfe", die auf diese Weise an die Erdoberfläche kämen, das nötige „Gegenmittel gegen die tierischen Ausdünstungen", die uns hier oben früher oder später zu ersticken drohten. Zudem habe die Betrachtung solch schrecklicher Zufälle auch einen großen pädagogischem Nutzen:

> „Sie demütigt den Menschen dadurch, dass sie ihn sehen läßt, er habe kein Recht oder zum wenigsten, er habe es verloren, von den Naturgesetzen, die Gott angeordnet hat, lauter bequemliche Folgen zu erwarten, und lernt vielleicht auch auf diese Weise einsehen, dass dieser Tummelplatz der Begierden billig nicht das Ziel aller seiner Absichten enthalten sollte."

Kleinigkeiten wie das Hinweggerafftwerden von zehntausend bis sechzigtausend Menschen stehen deshalb nicht im Widerspruch zur Wohlgeordnetheit des Ganzen und zur Herrlichkeit, Güte und Weisheit seines Schöpfers. Wie vor ihm Leibniz möchte auch Kant die Übel von ihrer besten Seite zeigen und demonstrieren, dass sie nicht als Einwand gegen die Idee der besten aller möglichen Welten taugen. Deswegen ist es kaum verwunderlich, bei ihm auch noch die zweite einschlägige Argumentationsfigur der Leibniz-Theodizee wiederzufinden –

die der Kompensation. Erdbeben sind für Kant auch deshalb nicht so schlimm, weil der Schaden, den sie anrichten, durch Vorteile kompensiert wird, die sich sonst nicht hätten einstellen können. Als Hauptbeleg dient ihm der Befund, dass durch die Erschütterungen am südwestlichen Ende Europas die Heilquellen im böhmischen Töplitz nach kurzem Versiegen einen deutlich kräftigeren Zustrom erhielten. „Die Einwohner dieser Stadt hatten gut te deum laudamus zu singen, indessen dass die zu Lissabon ganz andere Töne anstimmten", schreibt er. Es handelt sich hierbei um das *„bonum durch malum"*-Argument, das Odo Marquard als gängige Argumentationsfigur der Aufklärungsphilosophie herausgearbeitet hat: Tausende von Menschen werden in Lissabon von herabfallenden Häuserdecken erschlagen oder verbrennen bei lebendigem Leibe, *malum*, dafür kann man andernorts jetzt aber im Heilwasser baden, *bonum*. So gerecht ist die Vorsehung!

Wie Rousseau bewegt sich also auch der Kant der sogenannten vorkritischen Phase noch in einem sinnhaften Ganzen, in dem auch die Natur positiv auf den Menschen bezogen bleibt. Seine Welt ist in Ordnung, das Argumentationsgefüge der Theodizee überzeugend: Zum einen ist das Übel wichtiges Element im Funktionssystem der besten aller möglichen Welten, also sinnvoll, zum anderen ist es kompensiert. Das entzieht vorschnellen Klagen das Recht und macht jede Dissonanz zu einer lediglich scheinbaren. Die Natur bleibt Schöpfung – eine weise Einrichtung im Sinne und Dienste des Menschen. Das vordergründig schädliche Ereignis passt wieder ins Konzept, die heile Welt der Ideen ist einmal mehr gegen die Schrecken der Empirie gesichert.

Heute sieht man eintretende Naturkatastrophen natürlich nüchterner: Kaum jemand wird sie jetzt noch als Wegweiser in ein besseres Jenseits preisen oder auch nur im Traum daran denken, öffentlich von einem Sinn der Katastrophe zu sprechen. Abgesehen freilich von jenem handlungstechnischen Sinn, den man immer postulieren kann, dass sich nämlich die Menschen in Zukunft – vielleicht – etwas besser vorbereiten. Immerhin werden in der Türkei jetzt die Bauvorschriften schärfer kontrolliert, immerhin hat man in Österreich ein paar größere Rettungshubschrauber angeschafft, immerhin wurde in Indonesien jenes Frühwarnsystem installiert, das man beim Tsunami so dringlich gebraucht hätte. Und vielleicht werden demnächst sogar in Italien unabhängige Gutachter ausgeschickt, um die Einhaltung der Bauauflagen zu überprüfen.

Ist der heutige Umgang mit Naturkatastrophen aber wirklich so aufgeklärt? Ist mit der Abstinenz in metaphysischen Großtheorien auch der Glaube an die Rückbeziehbarkeit der Katastrophe auf uns fallengelassen, der Voltaire protestieren, Kant und Rousseau abwiegeln ließ? Werden Naturkatastrophen nun als Naturkatastrophen betrachtet, oder geht es auch nach wie vor nicht ohne rhetorische Überreaktion – eine Überreaktion, die bezeugt, dass nicht nur Wohnhäuser, sondern auch Denkgebäude vor Flutung und Einsturz bewahrt werden müssen?

Auf dem Spiel steht in der Tat das, was man die weltanschaulichen Grundfesten der modernen Zivilisation nennen könnte – das Vertrauen auf die technische Beherrschbarkeit der Welt, die bleierne Alltagssicherheit des Homo Faber. Keine anderen Mächte neben sich duldend, wirkt dieser irritiert, wenn die Natur sich kraftvoll zurückmeldet. Katastrophen, die gleichsam von selbst geschehen, ohne menschliches Zutun? Hieße das nicht anzuerkennen, dass das weltgeschichtliche Programm des Alten Testaments, sich die Erde untertan zu machen, immer noch nicht erfüllt ist, der Mensch sich am Höhepunkt seiner Alleinherrschaft die letzthinige Ohnmacht eingestehen müsste? Die latente Verunsicherung sucht sich nun ihr Ventil: Es kommt zu einer signifikanten Erhöhung verbaler Bewältigungsversuche – am Stammtisch, in der U-Bahn, aber auch im Feuilleton der seriösen Presse.

Idealtypisch betrachtet, melden sich hier stets zwei Fraktionen zu Wort, um mit diametral entgegengesetzten Erklärungsmustern aufeinander loszugehen. Beide fühlen sich durch das Ereignis zu Stellungnahmen provoziert und versuchen es auf die eine oder andere Weise zu einer Bestätigung der eigenen Weltsicht umzumünzen. Für die einen signalisiert die Katastrophe in aller Drastik, wohin die bedenkenlose Ausbeutung der Ressourcen zwangsläufig führen muss, dass die Natur sich zu wehren beginnt, wenn wir sie so rücksichtslos behandeln wie bisher. Das geologische oder metereologische Ereignis erscheint hier als Warnung, als lesbare Botschaft der Natur, dass sie nur dann kooperativ bleibt, wenn wir uns an sie anpassen, statt die Anpassung von ihr zu erwarten – eine Vorstellung, die man guten Gewissens rousseauistisch nennen kann.

Die andere Fraktion findet sich in der gegenteiligen Ansicht bestätigt, dass die menschlichen Lebensmöglichkeiten der Natur abgerungen sind und dieser stets von neuem abgerungen werden müssen. Für sie hat sich erneut erwiesen, dass das Dasein des Menschen ein unentwegter Kampf gegen die Natur ist und die Idee eines einvernehmlichen Gebens und Nehmens ein groteskes Missverständnis wäre. Wer derart von einer fundamentalen Gegnerschaft zwischen Mensch und Natur überzeugt ist, kann entsprechende Konfliktsituationen auch gleich im Vokabular der Kriegsberichterstattung schildern. Im *„Spiegel“* etwa war im Zusammenhang mit der Lawinenkatastrophe in den Alpen die Rede davon, dass „es auch im Frieden gefährlich an der Lawinenfront bleibt“. Die Lawinenforscher von Davos firmieren hier als „wissenschaftliche Elitetruppe im Nahkampf gegen den Schnee“, und im Winter „bombardieren die Experten die Hänge mit Sprengstoff aus Panzergranaten“. Zu Ende gedacht, was von *„Spiegel“*-Autoren freilich nicht zu erwarten ist, führt das zu einer Haltung, die jede Gefühlsduselei in Sachen Natur ein für alle Mal beendet sehen möchte. Auf den Punkt gebracht wurde die weltanschauliche Grundlage dieser Position in einem Beitrag der *Süddeutschen Zeitung*:

> „Wir befinden uns im Dauerkrieg mit der Natur und nicht in einem Fürsorge- und Pflegeverhältnis, und es wäre für unsere Zukunft fatal, wenn wir für die Pflege mehr Erfindungsgeist aufwendeten als für die Entwicklung einer noch höheren Stufe der Unabhängigkeit. Das konsequente Ziel wäre die Abschaffung der Natur, keine Renaturierung also, sondern ein weiterer Schritt in Richtung auf eine virtuelle Natur.“

Das hört man in einer Zeit, in der der Mensch als Verursacher der Klimaerwärmung überführt scheint, nicht gerne. Was den medialen Diskurs anbelangt, so sind die Vertreter solch unromantischer Argumentationsfiguren seit Langem in der Minderheit. In klarer Übermacht sind heute ihre Gegner, die Exponenten der *ecological correctness*, die späten Rousseauisten also. Naturkatastrophen passen ihnen nicht in den Kram, weil sie unseren Heimatplaneten als fremden und feindlichen Ort erscheinen lassen, also dem Ansehen der Natur und damit dem eigenen theoretischen Überbau schaden. Dieser Überbau ist metaphysisch, enthält er doch die unausgesprochenen Unterstellung, dass im Grunde alles in Ordnung, die Natur die eigentlich haltgebende, menschenfreundliche Größe und das, was man Katastrophe zu nennen pflegt, entweder gar nicht so schlimm oder auf menschliche Hybris zurückzuführen sei.

Im Falle der „Jahrhunderthochwasser" an Oder und Elbe hatte man mit dieser Strategie freilich leichtes Spiel. Sie war gleichsam doppelt abgesichert: Zum einen durch die Tatsache, dass man die betroffenen Flüsse in den letzten hundert Jahren rigoros begradigt und ausgebaut und damit die nötigen Retentionsräume beseitigt hatte. Zum anderen durch den selbstverursachten Klimawandel, aufgrund dessen mehr Wasser in kürzerer Zeit herabgeregnet sei als dies gewöhnlich von Natur aus geschehe. Der um Halt ringende Rousseauist nimmt solche Erklärungsoptionen dankbar an. Aus Angst davor, mit unerklärlichem Unheil konfrontiert zu werden, stürzt er sich auf den Kreis der üblichen Verdächtigen – auf unverantwortliche Politiker, blauäugige Technokraten und bürokratische Verwaltungsfunktionäre. Um die Natur zu entlasten, also keinen Zweifel an ihrer generellen Zuträglichkeit aufkommen zu lassen, muss der Mensch zum eigentlichen Störenfried erklärt werden – wobei natürlich immer nur die anderen Menschen gemeint sind: die Techniker und Naturwissenschaftler, die Ingenieure der zivilisatorischen Moderne – oder eben Provinzpolitiker und Dorfkaiser, die mit Baugenehmigungen in Lawinenstrichen und Talauen das Schadensrisiko ja tatsächlich erhöht haben.

Dass in dieser Position noch Elemente aus der Konkursmasse religiöser Zuversicht, die Selbstbeschwörungsformeln des 18. Jahrhunderts, wirksam sind, leidet keinen Zweifel: Rousseau hatte die Katastrophe als verdiente Folge für die menschliche Missachtung der Konstitutionsbedingungen der besten aller möglichen Welten gelesen. Unbeirrbar optimistisch ging er von einer pro-menschlichen Wohlordnung aus, in die man sich einfügen muss, damit die Welt sein kann, was sie im Grunde ist: Eine zwar nicht auf jedes menschliche Einzelwesen zielende, der Menschheit als Ganzer aber höchst dienliche Einrichtung. Weil am vorgängigen Sinn dieses Ganzen notwendig jedes Teil partizipiert, kann die Anklage gegen die Natur bzw. – was damals noch auf eines hinauslief – gegen Gott, fallengelassen werden.

Auch den heutigen Rousseauisten geht es um die Rechtfertigung der Natur. Nur begreift er sie nicht mehr als Qualitätsprodukt eines weisen Schöpfers, sondern als eigendynamische Instanz, die keines ihrer Geschöpfe vernachlässigt und allen gleichermaßen Platz bietet, auch dem Menschen – wenn er dem planetarischen Leben mit Ehrfurcht begegnet und die vermeintlichen ökologischen Gleichgewichte nicht durcheinanderbringt.

Für die Angemessenheit dieser Harmonieerwartung gibt es keinen wirklichen Beleg. Der moderne Rousseauist versucht nichts anderes, als ein an die Annahme eines gütigen Schöpfers gebundenes Vertrauen in eine profane Welt hinüberzuschwindeln. Streicht man – wie das in den modernen Öko-Positionen ja in aller Regel geschieht – den außerweltlichen Sinngeber, so wird aber auch dessen Schöpfung, die Natur, sinnlos. Sinnlos meint dann nicht verwerflich, sondern ganz unspektakulär: ohne zugrunde liegende Absicht, ohne vorgängiges Konzept der Handlungsrationalität, dem unser Verstand auf die Spur kommen und sich dabei selbst applaudieren könnte. Naturkatastrophen sind nun das, was sie immer schon sind: natürliche Vorkommnisse, die ihren eigenen Gesetzlichkeiten folgen und daher nicht auf unsere Vorstellungen von Gut und Böse zurückzubeziehen sind. Sie bedeuten nichts mehr, passen nicht länger in das Konzept eines philosophisch abgesicherten Einvernehmens zwischen Mensch und Umwelt, weil sie quer liegen zu jeder Theorie, auf dem Wege des Räsonnements nicht zu vermessen sind. Katastrophal sind sie nicht nur in physikalischer Hinsicht, sondern auch und gerade deshalb, weil die Natur hier evidenterweise nicht unsere Sprache spricht, sich unserer geistigen und praktischen Verfügung entzieht – und deshalb auch nicht zu rechtfertigen ist.

Die Anti-Rousseauisten, die von einem immerwährenden Kampf mit der Natur ausgehen, scheinen da weitaus realistischer. Schließlich betrachten sie diese nicht mehr als beruhigendes Ordnungsgefüge im Dienste der Allgemeinheit. Doch indem sie die Natur zur Gegenspielerin stilisieren, bleiben auch sie dem Sprachspiel der Theodizee verhaftet. Um das Fehlen einer prästabilierten Harmonie als Feindseligkeit zu interpretieren, muss man die Erwartung hegen, dass die Natur mit unseren Nutzungsinteressen in Einklang steht und zu stehen habe. Das jedoch ist eine Übererwartung, die bestens zu der Kultur passt, in der sie sich artikuliert, in der Tradition jener sogenannten Aufklärung, die die christlichen Auserwähltseins-Phantasien nicht etwa bekämpft, sondern nur rationalisiert hat. Die Betrachtung der Natur als unerbittliche Gegenmacht bietet nicht die nüchtern-sachliche Alternative zur metaphysischen Weltverklärung, sondern deren klammheimliche Fortsetzung. Statt Ergebnis eines nüchternen wissenschaftlichen Weltbildes zu sein, ist sie Ausdruck einer kulturspezifischen Vorentscheidung – jener rigorosen Selbstbezüglichkeit, mit der sich der abendländische Mensch zum Endzweck der Schöpfung erhob.

Dazu kommt, dass diese Interpretation keine gleichsam unschuldige, bloß theoretische ist, sondern immer auch eine praktische Bewandtnis hat: Sie legitimiert die inzwischen weltweit praktizierte Aneignungsgesinnung, statt sie infrage zu stellen. Der Mensch gilt nun als Homo Faber, als jenes Mängelwesen, das einer ihm fremden und feindlichen Umwelt ausgeliefert ist, sich sozusagen wehren muss und deshalb beim Ausgriff auf seine Umwelt mit ethischen Fragen nicht behelligt gehört. Auch hier ist man also auf Beruhigung aus, darauf, dass unser Verhältnis zur Natur im Grunde geklärt ist und nicht weiter bedacht werden muss, dass eine Neubesinnung im Zeichen der gegenwärtigen Umweltzerstörung überflüssig ist, dass wir unseren Egoismus nicht etwa mäßigen, sondern auf den Stand des Machbaren heben müssen.

In Wirklichkeit sprengt eine Naturkatastrophe aber derartige gedankliche Schutzräume. Sie liefert allenfalls die Frage, nicht schon die Antwort, in welchem Verhältnis zur Natur der Mensch steht und in welches er sich setzen muss. Als Ereignis der Natur bleibt die Katastrophe unvereinbar mit menschlichen Sinnerwartungen, beweist nichts, weder die friedliche Kooperation noch den Antagonismus. Beide Schlussfolgerungen sind feindliche Brüder, gänzlich anthropozentrische, voreilig und falsch gewählte Alternativen – die sich darin treffen, die sinnfreie Koexistenz von Mensch und Natur nicht wahrhaben zu wollen.

Bei Lichte betrachtet ist die Natur daher keine Einrichtung im Dienste des Menschen, auch keine Gegenspielerin, sondern das, was gleichursprünglich mit und in uns da ist, unseren Lebensraum absteckt, unsere Lebensmöglichkeiten bestimmt und uns schon deshalb durchdringt, weil wir als Leibwesen selber Teil von ihr sind. Unsere Welt ist folglich nicht die beste aller möglichen, wie Leibniz räsonierte, auch nicht die schlechteste, wie Schopenhauer polemisch dagegenhielt, sondern die einzige: die Welt, in der wir und von der wir leben. Aus der Tatsache, dass es menschliche Eingriffe sind, die sogenannte ökologische Gleichgewichte außer Kraft setzen, folgt nicht, dass die Erde ohne schädliches Zutun des Menschen ein Ort der Geborgenheit wäre, in dem man sich einer höheren Fürsorge sicher sein könnte. Und aus der Tatsache, dass nicht alles zu unserer Bequemlichkeit eingerichtet ist, die Natur sich nicht jederzeit als kooperativ erweist, folgt umgekehrt nicht, dass sie uns feindlich gesinnt wäre, wir ihre Gleichgültigkeit moralisch interpretieren und ihr diese sozusagen mit gleicher Münze zurückbezahlen dürften.

Damit ist auch das andere Verhältnis zur Natur konturiert, das heute angesichts der flagranten Umweltzerstörung immer wieder angemahnt wird. Es besteht darin, mit dieser irreduziblen Offenheit leben zu lernen und unser Verwiesensein auf die natürliche Umwelt anzuerkennen, ohne zu beruhigenden Denkschablonen Zuflucht zu nehmen. Tatsächlich könnte uns die Natur wohl nur auf diese Weise näher rücken: indem wir sie nicht in das Selbstgespräch menschlicher Ratio ziehen, sondern sie in ihrem Anderssein sein lassen. Nach guten Gründen zu suchen, eine theoretische Absicherung dafür zu verlangen, dass wir unserer Umwelt verantwortungsvoll begegnen müssen, hieße hingegen, sich ihr gegenüber auf neue Art zu verschließen, sie in allzu menschliche Ordnungsstrukturen und Erwartungshorizonte zu zwingen, Wasser auf die Mühlen der argumentativen Selbstimmunisierung zu gießen, die den Abstand zur Natur, auch den in uns selbst, bislang immer nur vergrößert hat. Fern davon, immer noch ausgeklügeltere Räsonnements zu verlangen, bestünde ein Umdenken, das diesen Namen verdiente, also in einem Seinlassen der Natur als Natur, in einem Weltbezug, der ihre irreduzible Andersheit respektiert, keinen Sinn in sie hineinlegt und aus dessen Abwesenheit kein Recht zur Verfügung ableitet.

Das heißt nun nicht, dass man aufhören sollte, nach den menschlichen Eigenanteilen an Naturkatastrophen zu suchen und diese so gut es eben geht zu reduzieren. Es heißt ebenso wenig, dass die Klagen über die schrecklichen Folgen anachronistisch und deshalb überflüssig wären. Aber vielleicht wären es dann gelegentlich auch mal Klagen über das Leid, das den betroffenen Menschen widerfährt, und nicht nur Vorwärtsverteidigungen des Besserwissens, Schaukämpfe unter dem Feldzeichen der Theodizee, die sich für die Niederungen des konkreten Lebens noch nie interessiert hat.

Wer nicht hören will, muss fühlen
Ein Versuch über den Lärm

Der Tag beginnt mit einem gnadenlosen Rrrrrrrt! Irgendwo im Haus werden die Rollläden hochgezogen. Das Geräusch kriecht durchs Mauerwerk, frisst sich durch das Holz des Bettgestells und trifft das schlafende Opfer unvorbereitet. Doch das ist erst der Anfang – ein erster Gruß aus der Krachhölle, in die sich das Wohngebiet um acht Uhr morgens bereits verwandelt hat. Einmal wach, fragt man sich, wie man bei dieser Geräuschkulisse überhaupt hatte schlafen können – beim Schlagen der Autotüren, beim metallenen Krächzen der Anlasser, beim Wummern der Bässe, mit dem pubertäre Golf GTI- und Opel-Piloten ganze Straßenzüge beschallen. Zu allem Überfluss wird das akustische Tohuwabohu des Individualverkehrs noch von Missklängen aus der Arbeitswelt ergänzt: Auf dem nahen Friedhof tobt ein Kampfgeschwader von Motor-Sensen, irgendwo dröhnt ein Presslufthammer, ein Paketdienst-Lastwagen orgelt durch die Parallelstraße. Das Lamento einer fernen Kreissäge wirkt vor diesem Schallszenario geradezu anheimelnd. Es hört sich an wie ein Zitat aus einer Film-Elegie Andrej Tarkowskijs, erinnert an die vertrauten Klangwelten der Kindheit.

Gewiss, nicht jeder empfindet das so. Wer zur arbeitenden Bevölkerung gehört und längst auf den Beinen ist, hat ganz andere Sorgen. Ist das Lärmproblem eines der Zuhausegebliebenen, einer Elite der Nichtstuer, der häuslichen Kopfarbeiter? Oder ist es ein Problem der Zeit, das jeden betrifft? Auch fragt sich, ob hier nicht unzulässigerweise ganz verschiedene Geräusche unter dem Begriff „Lärm“ subsumiert wurden. Sind sie alle gleich störend oder gibt es eine Hierarchie der akustischen Aufdringlichkeit? Gibt es gar auditive Ereignisse, die von allen Menschen aller Kulturen als störend, eben als Lärm betrachtet werden?

Da freilich wird es schwierig. Was für den einen unerträglicher Radau ist, ist in den Ohren des anderen bekanntlich Musik und umgekehrt: Musik, die dem einen eine wohlige Gänsehaut beschert, bringt den Nächsten auf die Palme. Das gilt für Zwölftonmusik und Technoklänge genauso wie für eine Mozart-Sinfonie. Eine allgemeingültige Definition von Lärm zu finden, bleibt aussichtslos. Dennoch soll hier versucht werden, sich dem Phänomen auf definitorisch-analytischem Wege zu nähern. Die Arbeitshypothese lautet: Lärm ist nicht nur das rein persönliche, subjektive Problem, als das er zunächst erscheint, sondern auch das unüberhörbare Resultat einer heillosen Dynamik, die die Welt objektiv verändert hat. Das exzessive Beschalltwerden ist zum Zeichen der Zeit geworden, zum Erkennungsmerkmal einer Gesellschaft, die sich als zivilisiert begreift, in Bezug auf den Schutz ihrer Bürger vor auditiver Gewalt aber barbarischer kaum sein könnte.

Nüchtern betrachtet ist ein Störgeräusch indes nichts anderes als eine Luftdruckschwankung – ein physikalisches Phänomen, ein unschuldiges akustisches Ereignis. Nur durch menschliche Hörorgane wird dieses zu Lärm, also durch Individuen, die sich belästigt fühlen, sich zu den vernommenen Schwingungen in ein Verhältnis setzen und davon überzeugt sind, dass es auch leiser ginge. Lärm ist jenes Geräusch, das man nicht für naturwüchsig, unumgänglich, gottgegeben hält, das vielmehr genau deshalb Zumutungscharakter hat, weil man sich vorstellen kann, davon verschont zu bleiben. Nur weil das so ist, weil die Abstellbarkeit oder Dämpfung des Krachs als möglich erscheint, macht es Sinn, sich über diesen zu beklagen, das heißt, ihn als Lärm zu bezeichnen.

Auf den Donner eines Gewitters oder die Brandung des Ozeans lässt sich der Begriff deshalb nicht anwenden, wie laut auch immer sie sein mögen. Weil solche Geräusche nicht hergestellt werden, können sie auch nicht abgestellt werden. Als notwendige Folge natürlicher Prozesse, auf die Menschen keinen Einfluss haben, sind sie kein Produkt einer wie auch immer verstandenen Handlungsrationalität, kein Ausdruck der Rücksichtslosigkeit ihres Verursachers, und bieten so auch keinen

Grund zur Reklamation. Folgerichtig machen auch Tiere keinen Lärm, sondern allenfalls Radau. Die wahrlich lauten Elstern in den Bäumen des Gartens etwa. Wenn jemand ihnen wutentbrannt „Macht nicht so einen Lärm!" entgegenbrüllt, meint er das lediglich in einem übertragenen, ironisch verfremdeten Sinn. Kein geringerer Blödsinn wäre es, den Schafen auf dem Nachbargrundstück zu unterstellen, sie könnten genauso gut auch nicht blöken. Es sei denn, man geht davon aus, dass sie falsch gehalten werden. Deshalb werden auch Hunde gerne als Quellen von Lärm betrachtet. Wer sich über ihr Jaulen und Bellen aufregt, geht stillschweigend davon aus, dass es ihnen an jener Erziehung oder Fürsorge mangelt, zu der sich ein Hundebesitzer verpflichtet fühlen sollte. Er hält im Grunde nicht den Hund, sondern das Herrchen für den Verursacher – und hat damit auch recht: Als Verursacher von Lärm zu gelten ist das Privileg des Menschen. Denn im Unterschied zu den Tieren ist dieser nicht auf Instinktreaktionen und gattungsspezifische Handlungsmuster festgelegt, sondern fähig, sich so oder so zu verhalten. Lärm ist ein Produkt von Freiheit.

Das ist er auch dann, wenn nicht der Mensch selbst, sondern sein Maschinenpark die penetranten Geräusche produziert. Einmal in Gang gesetzt, folgen technische Geräte zwar ihrem akustischen Eigensinn und ähneln darin natürlichen Prozessen, doch die dabei entstehende Schallenergie ist nichts anderes als die direkte oder indirekte Nebenfolge einer Zweckbestimmung, die auf die Schöpfer und Nutzer der Maschine, die Menschen also, zurückweist. Sobald das Gerät angestellt ist und seinen Schallkreis zieht, kann man sich fragen, warum es nicht wieder ab- oder wenigstens leiser gestellt wird. Es ist diese Fraglichkeit, das Fehlen von zwingenden Gründen für die Fortdauer des Krachs, die diesen als Lärm wahrnehmen lässt.

Im Unterschied zu Tieren und Naturphänomenen sind Maschinen also herausragende Kandidaten für entsprechende Beschwerden – und das schon deshalb, weil ihre Schallereignisse zeitlich ausgedehnt sind oder zeitnah wiederholt werden. Andererseits macht eine Maschine nur genau dann Lärm, wenn man *nicht* mit ihr arbeitet. Bohrt jemand Löcher in die Wand, um ein Regal zu befestigen, so vernimmt er nur ein lautes Brummen, ein negatives Verhältnis zu den akustischen Nebenfolgen seines Tuns stellt sich aber nicht ein. Mit Heidegger gesprochen ist das Gerät *zuhanden*, es fügt sich rückstandslos in die Bewandtnisganzheit des Besorgens, wird benutzt, nicht etwa belauscht oder begrübelt. Das wird es nur vom Nachbarn, dessen ganz andere Bewandtniszusammenhänge durch den nervtötenden Bohrton durchkreuzt werden.

Selbst für den, der seinen Berufsalltag im Schallkreis von Maschinen verbringt, bleibt der Lärm unauffällig, geradezu ungehört. Er empfindet es am Arbeitsplatz zwar laut, steht aber selbst dann nicht in einem Spannungsverhältnis zu dieser seiner akustischen Umwelt, wenn sie ihn auf Dauer krank macht, hält sie schlimmstenfalls für ein notwendig in Kauf zu nehmendes Übel, immer aber für die *conditio sine qua non* seines Jobs. Würde er anders denken, das akustische Szenario als Lärm einstufen, so könnte er an dieser Maschine gar nicht arbeiten, zumindest nicht auf Dauer – sie würde ihn früher oder später wahnsinnig machen. Es ist deshalb auch nicht irrational, wenn dieser Fabrikarbeiter nach Hause kommt und sich dort über den Staubsauger der Nachbarin aufregt. Seine Aufgebrachtheit gründet weniger darin, dass er in der Fabrik schon genug Lärm abbekommen hat, als vielmehr darin, dass er dort trotz der hirnerweichenden Attacken auf seine Trommelfelle gleichsam von Lärm verschont geblieben ist und erst jetzt auf ihn trifft. Den Krach in der Fertigungshalle hält er nun mal für unvermeidbar, den seiner Nachbarin nicht. Warum muss diese Frau ausgerechnet jetzt staubsaugen – sie hatte doch den ganzen Tag Zeit!

Damit ist nicht – im Sinne einer zynischen Arbeitgeberperspektive – gemeint, dass es dem Arbeiter in der Fabrik gut geht. Unter dem Schalldruck permanenter Stanz- und Rotationsgeräusche sind ihm die Arbeitsstunden ein Gräuel. Um sie einigermaßen heil zu überstehen, muss er den Lärm normalisieren, das heißt, er muss ihm seine Aufmerksamkeit entziehen, ihn in unschuldigen Krach umwandeln – und das tut er gewöhnlich auch. Denn Menschen wollen *eo ipso* keinen Lärm, wer den

Begriff für ein bestimmtes Geräusch verwendet, sagt schon, dass er in einem ablehnenden Verhältnis dazu steht, verrät also mehr über sich selbst als über das konkrete Schallereignis.

Deshalb meiden Mütter in aller Regel den Begriff, wenn es um den eigenen Nachwuchs geht. Für sie ist das durch Mark und Bein gehende Gejohle, dass dieser auf dem Spielplatz veranstaltet, zwar „ganz schön laut“, mehr als das aber ein beruhigendes Zeichen, dass die Kleinen in ihrem Element sind, sich mit allen ihnen zur Verfügung stehenden Mitteln die Welt erschließen und deshalb alles in bester Ordnung ist. Über Kinderlärm klagen hingegen die Anwohner, die sich naturgemäß schwertun, die unkontrollierte Selbstentfaltung fremder Rabauken über ihre eigenen Interessen zu stellen.

Folgerichtig genügen selbst kleinste Einstellungsänderungen, um den Lärm nicht mehr zu hören, den man eben noch beklagt hatte. Das extremste Beispiel lieferten die sogenannten Rosinenbomber, die zu Zeiten der amerikanischen Luftbrücke in Minutenabständen am Berliner Flughafen Tempelhof landeten: Sie machten ohrenbetäubenden Krach, aber keinen Lärm. Das unentwegte Dröhnen galt den hungernden Berlinern als beruhigendes Signal, dass Lebensmittel unterwegs waren, das akustische Grenzerlebnis sinnvoll, also kein Lärm war. Diese Einschätzung teilt kaum jemand, der heute in der Einflugschneise eines modernen Flughafens wohnt, auch wenn die dortige Geräuschentwicklung nur einen Bruchteil derjenigen der Rosinenbomber ausmacht. Hier wird keine Grundversorgung sichergestellt, hier fliegen Menschen zum Sonnenbaden in die Karibik, zum Auswärtsspiel ihres Fußballclubs oder zum Einkaufsbummel nach London.

Lärm ist also Ansichtssache, die entsprechende Klage hochgradig subjektiv und niemals konsensfähig. Es macht daher auch keinen Sinn, die Störungswirkung quantifizieren, ihr durch Messen der Phonzahl auf die Spur kommen zu wollen. Es gibt keinen Krach, der sich beim Überschreiten einer gewissen Dezibelmarke automatisch in Lärm verwandelt. Die hier vorgeschlagene begriffliche Trennung von Krach und Lärm ist keine der Physik. Krach ist nicht weniger laut oder weniger schädlich als Lärm. Krach ist Lärm, über den man sich nicht aufregt, Lärm ist Krach plus Auflehnung. Es sind zwei Reaktionsweisen auf ein und dasselbe physikalische Phänomen, Bewertungen also, die in der jeweiligen Perspektive gründen, keine intersubjektiven Feststellungen, die sich mit wissenschaftlichen Mitteln und Fragebögen untermauern ließen.

Andererseits braucht ein Geräusch aber auch eine nicht näher zu bestimmende Lautstärke, um Lärm genannt zu werden. Bleibt es unterschwellig wie etwa das Blätterrauschen im Abendwind oder das Laufgeräusch eines PC, so käme niemand auf die Idee, das akustische Ereignis mit diesem Wort zu beschreiben, auch wenn es ihm auf die Nerven geht.

Der Begriff meint also nicht das Gestörtsein durch auditive Ereignisse gleich welcher Art, vielmehr ein spezifisches Gestörtsein durch Schallwellen mit einer evidenten Intensität und Dauer. Derjenige, der still in seiner Wohnung sitzt und Wut auf jedes Signal nachbarschaftlichen Lebens entwickelt, hat deshalb auch kein Lärmproblem, sondern braucht einen Therapeuten. Ein Lärmproblem hat er aber dann, wenn er sich in Zimmerlautstärke eine Sinfonie anhören will, ihm dies aber verleidet wird, weil ihn sein Nachbar mit ungleich lauterem Heavy Metal beschallt. Realer, lautstarker Schall, der unnötig laut erscheint und beim besten Willen nicht überhört werden kann – das ist Lärm, der zu Recht als solcher wahrgenommen wird.

Damit ist angedeutet, was im Folgenden gezeigt werden soll: Obwohl Lärm im Bewusstsein des Betroffenen angesiedelt ist und den inneren Widerstand gegen fremdverursachte Schallereignisse meint, führt er gleichsam ein Doppelleben. Er gehört auch der Welt an, in der er produziert wird, hat mit der realen Umgebung zu tun. Die moderne Gesellschaft hat den Titel einer „Lärmgesellschaft“ nicht deshalb verdient, weil ihre Individuen immer empfindlicher und anspruchsvoller würden, sondern weil Zahl und Intensität der Störungen zugenommen haben oder – präziser formuliert – weil die Wahrscheinlichkeit abgenommen hat und täglich weiter abnimmt, mit Schallwellen konfrontiert zu werden, zu denen man sich noch affirmativ verhalten kann. Angesichts der akustischen Dauerflutung wird es immer schwieriger, seinen Frieden mit dem Lärm zu machen, indem man ihn mit den Transformationsregeln des positiven Denkens zu bloßen Krach verharmlost. Die Ruhestörung hat Dimensionen angenommen, die es verbieten, das Problem als Problem der jeweils Betroffenen und Belästigten abzutun, und die jenes gesellschaftliche Umdenken erfordern, das zurzeit freilich nicht im Entferntesten in Sicht ist.

Die überzeugendsten Indizien für die nicht-subjektive Seite des Lärmproblems sind natürlich die wissenschaftlich nachgewiesenen Gesundheitsschäden, die auf den Geräuschpegel der urbanen Gesellschaft zurückzuführen sind. Fünfzehn bis fünfundzwanzig Prozent der Deutschen leiden bereits an zumeist lärmbedingter Schwerhörigkeit, Lärm ist die Hauptursache für chronische Konzentrationsschwächen und mitverantwortlich für erhöhten Blutdruck. Das Umweltbundesamt geht davon aus, dass jährlich zweitausend tödliche Herzinfarkte auf das Konto jener Überforderung gehen, die sich dem Organismus über die Hörorgane vermittelt. Der volkswirtschaftliche Schaden durch frei flottierende Schallwellen ist kaum noch zu beziffern.

Gegen den gängigen Versuch, das Leiden an der lauten Umwelt auf individuelle Konstitutionen und persönliche Tagesformen zurückzuführen, sprechen noch weitere Gründe. Zum einen das Faktum, dass kein kleiner Teil des heutigen Rumors nicht nur subjektiv, sondern auch objektiv unnötig ist, nicht wirklich sein *muss*. Die Überzeugung, dass es sich bei der gegenwärtigen Geräuschkulisse um den Spiegel unverzichtbarer Arbeits-, Produktions- und Fortbewegungsprozesse handelt, gehört zu den magischen Beständen einer Technokratenkultur. Lärm ist nicht die subjektive Rückseite in Praxis gesetzter Zweckrationalität, sondern Ausdruck einer unüberbrückbaren Asymmetrie zwischen den instrumentellen Absichten und deren akustischen Nebeneffekten. Doch dazu später.

Zum anderen führt die Eskalation des auditiven Geschehens auch zu qualitativen Veränderungen, die unabhängig von je persönlichen Bewusstwerdungen als unerwünschbar gelten müssen. Eine der gravierendsten Veränderungen ist das Verschwinden des logischen Ermöglichungsgrunds von Lärm – der Stille. Lärm ist heute nicht nur von anhaltender Dauer, sondern auch omnipräsent. Verlärmt sind nun auch jene Nischen, in denen man bislang vor zivilisatorischen Belastungen verschont blieb, abgelegene Alpenlandschaften etwa, in denen nun Handys bimmeln, in denen sich Schutzhäuser für Bergsteiger als Gaudi-Hütten präsentieren oder in denen ständig Hubschrauber mit Sightseeing-, Rettungs- und Versorgungsflügen herumkreuzen. Damit wird die Unfreiheit total – Unfreiheit, weil die sensorische Leistung des Hörens im Unterschied zu der des Schauens nicht-intentional ist, man aufgrund fehlender Abschaltbarkeit der Ohren rund um die Uhr zur Rezeption gezwungen ist, weil man hören muss, der mit sensiblen Hörorganen ausgestattete menschliche Körper zu einer Geisel der technischen Zivilisation geworden ist.

Ein banaleres, aber nicht weniger folgenschweres Beispiel für die neue Ubiquität des Lärms ist die zunehmende Industrialisierung der Vorgärten. War man früher nur mit den periodischen Schallwellen von Gartenpartys oder dem Furor von Motor-Rasenmähern konfrontiert, so hat in den letzten Jahren eine beispiellose Aufrüstung mit Lärmkampfwaffen stattgefunden. Das Laub wird nicht mehr zusammengerecht, sondern mit einem dröhnenden Laubbläser durch den Garten getrieben, der mühelos mit einem Presslufthammer mithalten kann. Dazu gibt es den Häcksler, den Vertikutierer, den Hochdruckreiniger und vor allem die Kettensäge – für den geräuschempfindlichen Zeitgenossen die schrecklichste Erfindung seit der Erfindung der Dampfmaschine.

Der Terror herrscht damit auch an den vermeintlich ruhigen Lebensorten – den Dörfern der Provinz. Auch hier ist Stille inzwischen der spektakuläre Sonderfall, vor dem man erschrickt. Sie ist weniger die Abwesenheit von Lärm als die Vorbedingung seines Wiedereinbrechens, eine Pause, in der man ruhig durchatmet, sondern sich bereits auf das gefasst macht, was als nächstes kommt, von dem man im Moment nichts weiß, außer dass es mit Geräusch verbunden, laut sein wird. Zudem hört man in diesen wenigen friedlichen Augenblicken nicht nichts, sondern Zivilisationsgeräusche, die man vor lauter Lärm sonst gar nicht mehr hört: den Ferienflieger, der durch den Äther sirrt, den ICE, der von der weit entfernten Neubaustrecke herüberschallt, den Schwingschleifer, mit dem sich der Nachbar im Keller die Zeit vertreibt.

Einschlägig ist in diesem Zusammenhang die schalltechnische Aufrüstung der Dorfgemeinschaftshäuser. Im Unterschied zu den siebziger Jahren, in denen diese noch eine bescheidene Mikrofonanlage und ein für Zimmerlautstärke konzipiertes Lautsprechernetz in der Saaldecke hatten, warten dort nun hochkarätige Verstärkeranlagen auf ihren Einsatz, mit denen sich mühelos auch noch weit entfernte Ortsteile beschallen lassen. Während bei Einbruch der Dunkelheit auf dem Land einst jene Ruhe eintrat, die den Stadtmenschen unruhig werden ließ, beginnt hier heute die Party, an der teilzunehmen auch die Dorfbewohner das zweifelhafte Vergnügen haben, die nicht hingehen – ein Fall von akustischem Hausfriedensbruch, der niemals geahndet wird.

Mit dem Verschwinden der häuslichen Stille korreliert die Verlärmung der sozialen Begegnungsräume. Die waren zwar *ex definitione* noch nie Orte der Stille, aber sie waren Aktionsfelder einer Öffentlichkeit, in der das Verfolgen ihres Gegenteils, der persönlichen und intimen Angelegenheiten, nur in sehr begrenztem Maße gepflegt wurde. Öffentliche Räume werden heute aber in nie da gewesenem Umfang von Elementen der Privatsphäre kolonisiert, vor allem von Musik – aus Sicht des unfreiwilligen Mithörers nichts anderes als vertonter Lärm. Immer mehr Zeitgenossen schwelgen überall in ihren musikalischen Klangwelten, beim Autofahren im Stadtverkehr, mit Ghettoblaster im Park oder mit MP3-Player in der U-Bahn. Waggon, Straße, Platz und Park verwandeln sich auf diese Weise zu Resonanzräumen je eigener Musikvorstellungen, zu denen die Allgemeinheit sich selbst dann nicht affirmativ verhalten kann, wenn sie – wie im Falle der Kopfhörer tragenden Zeitgenossen – nicht vom vollen Sound, sondern nur von einem grauseligen Zischrhythmus getroffen wird.

Zur Lärmverschmutzung des öffentlichen Raums, zu der auch die musikalische Dauerberieselung in Kaufhäusern, Friseursalons und Straßencafés gehört, trägt auch die kommunikative Obszönität der Handys bei. In Zugabteilen, Restaurants und Kaffeehäusern ist man heute zunehmend von Personen umgeben, die mit Leuten reden, die gar nicht da sind, und das – da öffentliche Orte schon grundsätzlich vom einen gewissen Geräuschpegel bestimmt sind – im Brüllton. Die Rücksichtslosigkeit der realen Umgebung gegenüber liegt dabei in der Natur der Sache, d.h. im Wesen der verwendeten Technik. Der Platz oder das Abteil wird für den so Kommunizierenden zu einer Art zweiten Wirklichkeit, in der er sich nur zufällig aufhält und der er deshalb auch nichts zu schulden meint. Unfreiwillige Ohrenzeugen eines solchen Schauspiels werden durch den synthetischen Klingelton, die lautstarke Artikulation und die offenkundige Absurdität einer Unterhaltung mit einem Phantom zur Aufmerksamkeit gedrängt und können deshalb nur schwer umhin, sich belästigt zu fühlen – auch wenn man sich seit einigen Jahren krampfhaft daran zu gewöhnen versucht. Entscheidend ist dabei weniger die Erhöhung des allgemeinen Geräuschniveaus, als die Tatsache, dass das Handy-Telefonat den Klangraum Öffentlichkeit dementiert.

Dieser ist durch Geräusche und Artikulationen definiert, die auf Akteure der Öffentlichkeit, also auf Menschen im Modus ihrer Anwesenheit bezogen bleiben. Das entsprechende Schallszenario wird beim Aufenthalt auf Plätzen oder im Park nicht nur akzeptiert, vielmehr geradezu erwünscht. Fern davon, Störung zu sein, kann die Kontinuität derartiger Hintergrundgeräusche inspirierend wirken, die Denk- und Konzentrationsfähigkeit erhöhen. Wer öffentliche Orte aufsucht übergibt sich einer von Individuen gestalteten und dennoch überpersönlichen Lebendigkeit, lässt sich in einen Resonanzraum fallen, der durch eine grundsätzliche Reziprozität bestimmt ist – im Prinzip könnte sich jeder jederzeit jedem anderen zuwenden. Deshalb sitzt man auch so ungern in Straßencafés, die an Schnellstraßen liegen. Denn die Möglichkeit zu Begegnungen, die diesen Namen noch verdienen, findet an der Bordsteinkante ihre scharfe Grenze. Eingesperrt in ein mobiles Blech- und Glasgehäuse und ganz auf das Privatinteresse der Fortbewegung fixiert, ist der automobil Vorbeirasende vom Leben am Straßenrand radikal ausgeschlossen. Das akustische Signal, das er beim Vorüberfahren hinterlässt, gehört nicht mehr dem sozialen Raum an, den es beschallt. Nicht anders verhält es sich mit dem Monolog des Handy-Besitzers. Übersteigt er eine gewisse Lautstärke, so handelt es sich um idealtypischen Lärm, um anzügliches, aber beziehungsloses lautes Geräusch.

Das leitet zum zweiten Charakteristikum des modernen Lärms über, seiner Irrationalität. Damit ist gemeint, dass keine angemessene, gleichsam *organische* Beziehung zwischen Lautstärke und Dauer eines akustischen Ereignisses und der zugrunde liegenden praktischen Absicht besteht. Am deutlichsten zeigt sich dies beim Gebrauch einer Kettensäge: Jeder kennt den bedauerlichen Zeitgenossen, der „nur ein paar Äste" zurückschneiden will, sich bei einem Nachbarn das entsprechende Gerät ausleiht und seinen Garten in weniger als einer halben Stunde nahezu kahl rasiert. Die unfassbare Effektivität der Maschine hat ihn dazu verführt, diese auch dort hinzuhalten, wo er es eben noch für unnötig erachtet hatte. Verdutzt steht der unfreiwillige Berserker nun da und schaut auf das vollbrachte Werk, das seines ist und doch auch wieder nicht. Er hatte gedacht, die Maschine genauso nutzen zu können wie zuvor geplant, als Mittel zu einem festgesetzten Zweck. Aber kein technischer Apparat erschöpft sich in seinem bloßen Mittel-Sein, und schon gar nicht eine Motorsäge. Subjekt der Handlung ist gleichsam nicht mehr der menschliche Akteur, sondern die Maschine – ganz so wie es Günther Anders vor sechzig Jahren für das technische Zeitalter prophezeit hatte.

Das Gegenstück, ein adäquates Verhältnis zwischen praktischer Bewandtnis und Geräuschentwicklung, ist das Holzhauen im Wald in früheren Zeiten. Hier entstand kein überflüssiger Ton, jeder Hieb mit der Axt war unmittelbar zweckgebunden und bot deshalb keinen Grund, sich gestört zu fühlen. Ging ein Schlag daneben, so war dies die Ausnahme von der Regel –

ein Ausrutscher, ein Versehen. Allein aus Gründen der Ökonomie der Körperkräfte wird man derartige Fehler weitgehend vermieden haben. Das Gewerbe dürfte im Laufe der Zeit in die Hände solcher Holzfäller geraten sein, die ihr Handwerk verstanden, die also keinen Lärm machten, auch wenn ihr Tun kilometerweit zu hören war.

Ganz anders im beschriebenen Beispiel der Kettensäge. Denn hier war die zusätzliche Geräuschproduktion so wenig intendiert wie das Ergebnis des Arbeitsprozesses. Unnötige Schallwellen entstehen aber auch schon im gänzlich theoretischen Fall, dass der Nutzer mit der Maschine nur genau das tut, was er sich vorher überlegt hat. Denn diese knattert bereits vor dem eigentlichen Arbeitsgang im Leerlauf, jault dann in der Annäherung zum abzuschneidenden Ast auf und röhrt noch einen Moment lang weiter, nachdem dieser bereits zu Boden gefallen ist. Ein klarer Fall der Irrationalität von Lärm: Selbst wenn der Nutzer so wenig Krach wie möglich machen wollte, würde er damit stets scheitern – weil Maschinen ihre akustischen Emissionen auf Dauer stellen, sich vom konkreten Handlungszweck abkoppeln, ein auditives Eigenleben führen, sozusagen um ihrer selbst willen Krach machen.

Häufiger ist allerdings der entgegengesetzte Fall von Irrationalität, jener, bei dem der Gerätenutzer in einem direkt positiven Verhältnis zu dem Geräusch steht, das seine Maschine produziert. Diese bedienend, verlangt er von ihr nicht nur das ordnungsgemäße Funktionieren, sondern auch das dazu passende Klangvolumen. Das wird nicht als unvermeidliches Übel in Kauf genommen, sondern regelrecht begrüßt. Moderne Staubsauger könnten nach Auskunft von Entwicklungsingenieuren nahezu lautlos arbeiten – nur würde sie niemand kaufen. Folgerichtig arbeiten heute weltweit Akustik-Designer an der Herstellung des guten Tons – das ist nicht der unterschwellige, sondern jenes Brummen, Röhren, Knattern, ohne dass man an der Leistung des Gerätes zweifelt. Von einer schleudernden Waschmaschine etwa erwartet man ein rhythmisches Stampfen. Was gut funktionieren soll, muss klingen, als ob es gut funktioniert. Das Geräusch rangiert unter den fünf wichtigsten

Gründen, warum sich ein Kunde für ein Gerät entscheidet. Der Hauptauftraggeber für derartige Studien ist natürlich die Auto- und Motorradindustrie, die sich von den Klangdesignern die passende Motorenmusik komponieren lässt. Dass das nicht ein kaum wahrnehmbares Schnurren ist, sondern ein Sound, der sich gleichsam gewaschen hat, muss nicht eigens betont werden. Aber auch Haushalts-, Hobby- und Gartengeräte, die lärmterroristischen Waffen harmlosester Mitbürger, unterliegen der Pflicht zum eindeutigen Schallreiz. Wer würde schon eine elektrische Heckenschere kaufen, die über das zarte Surren einer Zahnbürste nicht hinaus käme, wer eine Motorsäge, die dem Benutzer nicht mit ihrem aggressiven Ton klarmacht, dass sie den Kampf mit der wild wuchernden Natur aufzunehmen in der Lage ist?

Fern davon, bloße Mittel der Arbeitserleichterung zu sein, befriedigen Maschinen stets also auch Bedürfnisse, die nichts mit ihrem eigentlichen Nutzwert zu tun haben. Sie dienen der Selbstbeschwörung des Konsumenten, das richtige Gerät gekauft zu haben oder – wie im Falle von Auto und Motorrad – seinem Geltungsdrang. Ein Motorradfahrer vermag, wenn er es darauf anlegt, eine halbe Kleinstadt von Menschen als Geiseln seiner Selbstbezüglichkeit zu nehmen. Klar, dass sich nicht selten diejenigen auf diese Weise ins Zentrum rücken, denen die Gesellschaft ansonsten die Anerkennung verweigert. Sich lautstark zurückzumelden stiftet Identität, suggeriert Potenz und garantiert Aufmerksamkeit.

Fazit: Gleich ob die Schallwellen ungewollte Nebenfolgen des Geräteeinsatzes oder intendiert sind – durch die Mechanisierung der Arbeits- und Fortbewegungsvorgänge entsteht stets eine höhere Geräuschentwicklung als nötig. Maschinen entwickeln einen Lärmpegel, der ersichtlich unangemessen ist und auf jeden Fall leiser sein könnte. Es ist also keineswegs so, dass sich in der Praxis der technischen Welt hinter jeder akustischen Regung irgendeine funktionelle Notwendigkeit verbirgt. Trotz allem Anschein profaner Nützlichkeit und banaler Zweckorientierung ist das Reich der Geräte ein Ort der Willkür. Nicht einmal die sachgemäße Verwendung der auf dem

Markt befindlichen Geräte führt aus der Sackgasse der akustischen Irrationalität.

Der mit Hilfe von Apparaten erzeugte Geräuschpegel ist demnach nicht nur insofern überflüssig, als er dem Betroffenen überflüssig erscheint, sondern er ist *de facto* überflüssig, zumindest bietet er keine Möglichkeit, die störende Wirkung durch Einsicht in deren Unabdingbarkeit zu dämpfen. Die sinnfremde, da maßlose, eigendynamische und irrationale Geräuschflut der technischen Zivilisation ist die objektive Seite des Lärmproblems. Fahrmaschinen, Laubbläser und Kettensägen *machen* Lärm, gleichgültig, wie viele Menschen es gibt, die keinen inneren Widerstand dagegen entwickeln. Damit wird der private Wunsch, vor überbordenden Schallwellen geschützt zu werden, zu einem gesellschaftlichen Anliegen – das zu berücksichtigen sich Politik und Gesetzgebung eigentlich verpflichtet fühlen müssten.

Dort bleibt man allerdings passiv. Ein effektives Anti-Lärm-Gesetz, das an den Quellen des Lärms ansetzt, gibt es hier bis heute nicht. Viele Regelungen datieren noch aus den siebziger Jahren, in denen die Sirenen der Polizeifahrzeuge noch halb so laut sein konnten, um aus dem allgemeinen Lärmteppich herausgehört zu werden. In den zuständigen Behörden wird Lärm nicht etwa bekämpft, sondern lediglich verwaltet. Die Hauptbeschäftigung der Beamten besteht darin, Durchschnittspegel zu berechnen und Sondergenehmigungen zu drucken – für Veranstaltungen wie die absurd laute Love Parade etwa, die nicht etwa aus Gründen des Lärmschutzes von der Bildfläche verschwunden ist, obwohl die mobilen Lautsprecherbatterien einen Dauer-Schalldruck von weit über hundertzwanzig Dezibel emittierten, der zu irreversiblen Gehörschäden führen kann.

Warum wurde und wird so etwas gestattet? Warum setzt eine Gesellschaft, deren Mitglieder sich seit Langem überhastet, überreizt und überfordert fühlen, nicht alles daran, die auditiven Zumutungen auf das notwendige Maß zu beschränken? Warum gibt es keine Anti-Lärm-Bewegung analog zur Friedensbewegung der achtziger Jahre oder zur Ökobewegung?

Warum wird Natur- und Tierschutz zum Staatsziel erhoben, die Lärmproduktion aber als Kavaliersdelikt abgetan?

Für das fehlende Problembewusstsein gibt es mindestens drei Erklärungsmöglichkeiten. Die erste ist: Man hat sich an die laute Umwelt gewöhnt, ist dem ständigen Dröhnen, Rattern und Wummern gegenüber längst immun geworden. Ob diese Erklärung trägt, ist mehr als fraglich. Die Biologen gehen jedenfalls davon aus, dass sich der Organismus an laute Umweltgeräusche zwar adaptieren, nicht aber gewöhnen kann. Medizinisch nachgewiesene Folgen wie Schwerhörigkeit, Tinnitus, chronischer Konzentrationsmangel und erhöhte Herzinfarktgefahr sprechen eine deutliche Sprache.

Die zweite Erklärung wäre, dass man den Kampf gegen den Raubbau an der Ruhe für aussichtslos hält und sich in sein vermeintliches Schicksal fügt, mit immer raumgreifenderen Beschallungen leben zu müssen. Selbst die Gepeinigten könnten insgeheim davon überzeugt sein, dass es sich bei der zunehmenden Verlärmung um eine geradezu natürliche Entwicklung handelt, die durch keine Macht der Welt mehr aufzuhalten ist.

Faktisch stimmt auch das nicht: Niemand hindert die zuständigen Stellen daran, die illegalen Manipulationen an Motorrädern, die lediglich der Erhöhung des Schallvolumens dienen, den Gesetzen entsprechend zu sanktionieren und das Auf-den-Markt-Kommen von Hobbygeräten über drastische Lärmschutzauflagen zu steuern. Dass die schwindelerregend billigen Produkte damit unbezahlbar würden, ist ein Ammenmärchen. Oftmals könnte auch schon mit geringstem Mitteleinsatz viel erreicht werden. So hätte man den klassischen VW-Käfer, der zu den lautesten Pkw der Welt gehörte, wohl mit fünf Gummidichtungen im Wert eines Zigarettenpäckchens hörbar leiser machen können – wenn man gewollt hätte, das heißt, wenn der Gesetzgeber darauf bestanden und eine kritische Öffentlichkeit es verlangt hätte. Eine signifikante Geräuschdämmung der heutigen Gerätegeneration wäre von der technischen Seite ohne weiteres möglich. Man müsste nur die Hersteller dazu zwingen.

Leichter nachzuvollziehen ist die dritte Erklärung, die ein durch und durch ambivalentes Verhältnis zum Lärm unterstellt. Demnach gäbe es einen unter der Oberfläche wirkenden affektiven Bezug zum Lärm und die Verantwortlichen in Politik und Gesetzgebung trügen diesem geheimen Faible indirekt Rechnung. Denkbar wäre zweierlei: entweder ein unauslöschliches, im Wesen des Menschen verankertes Bedürfnis nach einer lauten Umwelt oder eine kultur- bzw. zeitgeschichtlich bedingte Ehrfurcht vor dem Lärm. Unterstellt man Letzteres, so würden wir das ständige Anwachsen des Lärmpegels nur deshalb klaglos hinnehmen, weil es uns als Garant der freien Selbstentfaltung des Individuums erscheint, als Zeichen der glorreichen Emanzipation des Menschen von der als sprachlos gedachten Natur gefeiert werden kann. Natürlich fragt sich sogleich, auf welch tönernen Füssen eine Gesellschaft steht, wenn sie derartige Beweise und Symbole nötig hat? Ist der Lärm das Pfeifen im Wald des modernen Homo Faber, der zumindest eines nicht will: mit dem lautlosen Eigensinn des Universums konfrontiert zu werden? Ängstigt den abendländischen Menschen die Stille, weil er seine Selbstsicherheit aus dem demonstrativen Übertönen der Natur zu ziehen pflegt?

Der typische Italiener etwa. Warum stellt er den Motor nie aus, wenn er aus dem Auto steigt und eine Zeitung kaufen geht oder als Busfahrer unterwegs eine Kaffeepause macht? Ist das wirklich ein Symptom purer Lebensfreude und südländischer Unbeschwertheit, oder nicht vielleicht doch auch direkter Ausdruck der Sorge um eine reduzierte Realität – eine Realität, in der man bloß *da*, aus der beruhigenden Betriebsamkeit der Apparatewelt gestürzt, in jenen Naturzustand zurückgefallen ist, in dem man mit seiner Leibexistenz und damit auch seiner Sterblichkeit konfrontiert wird?

Solche Überlegungen sind unbequem, lenken sie den Blick doch auf die weltanschaulichen Grundfesten der christlich-abendländischen Moderne – die Naturfeindschaft und die Todesverdrängung. Beliebter als die Reflexion auf die selbstbeschwörerischen Momente technokratischer Gesellschaften ist deshalb die konkurrierende Ableitung des Lärms, die ihn als ein Problem beschreibt, das so alt ist wie die Zivilisation. Selbst Theodor Lessing, der vehementeste Lärmkritiker im deutschsprachigen Raum, fühlte sich zu einer anthropologischen Auslegung hingezogen. Der Lärm ist für ihn kein „bloß zeitgeschichtliches Symptom der Unrast und Heimatlosigkeit moderner Seele [...], sondern Ausdruck unausrottbaren, allmenschlichen Triebes“, den man auch „nicht mit polizeilichen Vorschriften und staatlichen Maßregeln ausmerzen“ könne. Demnach würde es eine geradezu genetische Faszination des Menschen für selbstgemachten Krach geben, eine immer schon positive Einstellung zu ihm – eine Einstellung, die den Lärm auch dann insgeheim respektiert, wenn sie ihn beklagt. Laut zu sein wäre also ein unzähmbarer Impuls, ein gattungsgeschichtliches Urbedürfnis! Und die Forderung, auf diese Formen allzu menschlichen Selbstausdrucks zu verzichten, eine widernatürliche Zumutung, der kaum Erfolg beschieden sein könnte.

Der Gedanke ist in der Tat verführerisch. Schließlich hat sich die zivilisatorische Entwicklung durch den Siegeszug der abendländischen Wissenschaft und Technik über Länder- und Kulturgrenzen hinweg vereinheitlicht und es ist zu jener Globalisierung des Lärms gekommen, die man für den Beweis seiner anthropologischen Fundierung halten könnte. Doch was besagt es schon für die Lärmdiskussion, dass Menschen zu allen Zeiten und in allen Kulturen hin und wieder gerne laut gewesen sind? Und woher weiß man, dass *dem* Menschen die Stille unheimlich ist, wo die sogenannten Naturvölker allesamt ausgerottet, bekehrt und in Reservate gesteckt wurden und man folgerichtig nur Beispiele aus dem eigenen Kulturkreis beibringen kann?

Wie dem auch sei. Das Hauptproblem der anthropologischen Deutung liegt darin, dass sie die auditiven Belastungen zu einem zeitlosen Problem verharmlost und den Begriff in Epochen zurückdehnt, wo von Lärm noch gar keine Rede gewesen sein kann. Im Stadium ‚primitiver' Stammesgesellschaften ist so etwas wie Ruhestörung jedenfalls undenkbar. Weil alle Erscheinungen der Natur noch als belebt gedacht werden, haben die Geräusche noch einen direkten Informationsgehalt: Im Donner spricht eine erzürnte Gottheit, das Brüllen eines verletzten Mammutbullen macht deutlich, dass es besser wäre, sich aus dem Staub zu machen, und die Kriegstrommeln des Nachbarstamms signalisieren, dass es an der Zeit ist, sich Pfeil und Bogen zurechtzulegen. Derartige Signale bereiten auf Gefahren vor, dienen dem Überleben. Sie haben einen nachvollziehbaren Sinn – und sind deshalb kein Lärm.

Erst in komplexeren und ausdifferenzierten Gesellschaften wird es möglich, lautstarken Schall in Frage zu stellen. In den Städten des alten Roms etwa. Sie verbieten den Wagenverkehr in ihren Zentren, und eine Bauverordnung untersagt es den Kupferschmieden, für ihre Werkstätten Straßen zu wählen, in denen gesellschaftlich hochstehende Personen wohnen. Später beklagt sich Horaz über den Straßen- und Baulärm, der ihn beim Dichten seiner Verse stört, und Juvenal schimpft, dass es sich nur die Reichen leisten können, Wohnungen zu bauen, die ausreichend Schutz gegen störende Geräusche bieten.

Freilich unterliegt der Lärmpegel hier noch einer organischen Begrenzung: Es bedarf jeweils einer menschlichen Handlung, zum Beispiel eines Schlags mit dem Hammer, damit das störende Geräusch entsteht. Oder es bedarf lebendiger Pferde, die den eisenbeschlagenen Wagen über das Pflaster ziehen. Am weitgehend *metabolischen* Schallszenario einer immer schon lauten Stadt ändert sich bis ins 19. Jahrhundert hinein praktisch nichts. Hauptstörquelle bleibt der Mensch selber. Durch sein Schreien, Singen, Hämmern, Sägen und Peitschenknallen entstehen zwar partielle Ruhestörungen, aber es entsteht kein andauernder Lärmpegel, der zu einer systematischen Auseinandersetzung Anlass gegeben hätte. Der erste Umbruch geschieht in der Epoche der Industrialisierung Mitte des 19. Jahrhunderts, als mechanische Webereien und andere Fabriken in die Städte Einzug halten – und mit ihnen neuartige Maschinen-, Turbinen- und Sirenengeräusche. Durch den hohen Materialbedarf und Produktionsausstoß solcher Anlagen entstehen in der Folgezeit Verkehrsprobleme nie gekannten Ausmaßes – vor allem durch Fuhrwerke, die Rohstoffe an- und Endprodukte abtransportieren. Dazu gesellen sich gegen Ausgang des Jahrhunderts Pferdeomnibusse und Pferdeeisenbahnen, Vorläufer eines öffentlichen Nahverkehrssystems, das Pendler und Ausflügler von einem Ende der nach allen Seiten wuchernden Stadt zum anderen Ende bringt: Die Gäule ziehen dabei auf Schienen laufende Waggons, die Wagenräder machen in Kurven und auf Weichen höllische Quietschgeräusche.

Der Verkehrslärm wird so zum Erkennungszeichen der Urbanität und folglich auch zum gesellschaftlichen Problem. Die Klagen der Anwohner nehmen jetzt massiv zu und auch in den Kommentar- und Leserbriefspalten der Zeitungen wird die seinerzeit noch auf die Tagesstunden beschränkte Ruhestörung thematisiert. Den entscheidenden Impuls erhält die Lärmkritik aber erst durch den unaufhaltsamen Aufstieg des Automobils. Nicht nur produziert es mit Theodor Lessings Worten „ein neues Geräusch, das unvergleichlich schrecklicher ist als aller lärmende Trubel, den die einst lebenden Geschlechter von toten oder lebendigen Radauinstrumenten erdulden mussten“, es individualisiert auch die maschinelle Fortbewegung und macht sie somit zu Privileg und Privatvergnügen. Im Unterschied zur Eisenbahn, der man ihr Schallvolumen wegen der enormen Transportleistung noch nachsieht, gilt das zunächst hauptsächlich zu Freizeitzwecken verwendete Auto als nervtötendes Modespielzeug der Bessergestellten – als Luxus, der auf Kosten derer geht, die den Staub und die Abgase schlucken müssen. Der unerhörte Krach, der von den über Stadt und Land knatternden Sport- und Sonntagsfahrern ausgeht, hat notwendig den Charakter der Mutwilligkeit. Das heißt: Er disponiert zur Wahrnehmung als *Lärm* und wird als solcher Ermöglichungsgrund und Hauptzielscheibe der sich konstituierenden Lärmschutzvereine von New York, London und Hannover. Jetzt erst sind die Fundamentalbedingungen für die Bezeichnung auditiver Ereignisse als Lärm wirklich erfüllt: Akustische Aufdringlichkeit plus Unmöglichkeit, der Geräuschentwicklung einen über die Befriedigung privater Sonderinteressen hinausgehenden Sinn zuzusprechen. Dazu kommt, dass der Krach fortan nicht mehr auf seinen angestammten Ort, die dicht besiedelte Stadt, beschränkt ist. Er flottiert nun frei, beginnt seinen zeitlichen und örtlichen Kontext zu transzendieren, endlos und omnipräsent zu werden.

Die kritische Haltung zum Lärm ist folglich nicht einfach ein nostalgischer Reflex auf die Tatsache der technischen Modernisierung, sondern die in der Sache liegende und deshalb konsequente Reaktion auf die Herauslösung der Geräuschentwicklung aus ihrer gewohnten räumlichen und zeitlichen Umgebung und ihrer schleichenden Emanzipation von konkreten zweckpraktischen Interessen – eine Emanzipation, die sich mit dem Wandel der klassischen Industriegesellschaft zur Freizeitgesellschaft abzuzeichnen beginnt.

Dass die Lärmschutzvereinigungen damals nicht einfach als Versammlungsort hoffnungsloser Spinner abgetan wurden, beweisen die zwischen 1908 und 1911 im Hannoveraner Büro des Lessingschen Anti-Lärm-Vereins reichsweit gesammelten Zeitungsartikel. Um den Absturz der Lärmdiskussion zu jener gesellschaftspolitischen Marginalie zu verstehen, die sie heute ist, muss man sich die weiteren zeitgeschichtlichen Entwicklungen ansehen:

Die Revolutionierung des Verkehrs durch den Einsatz lautstarker Explosionsmaschinen führte die ohnehin schwammigen Anti-Lärm-Gesetze des Deutschen Reichs *ad absurdum*: als entscheidendes Kriterium galt hier, ob der Lärm „vorsätzlich, unnötigerweise oder ungebührlicherweise“ ausgeübt wurde. Bei den Ausfahrten der Herrenfahrer der Zeit traf natürlich alles gleichermaßen zu, was den Automobilisten vor allem auf dem Land, wo man mit Leisure-Class-Phänomenen noch nicht vertraut war, auch Steinwürfe und ausgelegte Nagelbretter einbrachte. Die Augen vor der neuen Herausforderung verschließend, kaprizierte sich die Obrigkeit aber weiterhin auf die Aburteilung von betrunkenen nächtlichen Randalierern – auf Zeitgenossen, die durch negativ-soziale Verhaltensauffälligkeiten die öffentliche Ordnung der braven Bürger störten. Auf den eigentlichen Störfaktor, das Automobil, wurde die wilhelminische Grundregel „Ruhe ist die erste Bürgerpflicht“ dagegen nicht angewandt – ein kapitaler Widerspruch, der noch die heutige Lärmgesetzgebung bestimmt.

Die Nationalsozialisten schienen dann das Problem anzugehen. Sie bedienten die fortschrittskritischen Stimmungen und Bewegungen der Zeit, ihr großstadtfeindliches Selbstverständnis suggerierte eine Rückkehr zu einem Frieden mit der Natur – und damit auch den Rückbau der mechanisierten Welt. Indes entpuppte sich der Nationalsozialismus sehr schnell als gigantische Modernisierungsbewegung, die den Lärm nicht etwa bekämpfte, sondern ihn als notwendige Nebenwirkung eines naturwüchsigen völkischen Willens zur Macht legitimierte. Unter der teleologischen Doktrin des Endkampfes der Kulturen konnte es etwas so sinn-loses wie Lärm überhaupt nicht geben und jeder, der sich allzu laut über die Fabrik in seiner Nähe beklagte, machte sich verdächtig, ein potenzieller Volksschädling zu sein.

Nach dem Zweiten Weltkrieg kehrte die Lärmkritik dann nicht wieder, was sich aus den sozialpsychologischen Rahmenbedingungen der Aufbaujahre erklären lässt. Zum einen hatte man natürlich erst einmal anderes zu tun. Zum anderen brachte die Demokratisierung des automobilen Straßenverkehrs den Einzelnen in die paradoxe Lage, sowohl Opfer als auch Täter der Ruhestörung zu sein, was jeder kritischen Haltung natürlich die Spitze genommen hätte. Und schließlich wäre Protest gegen die anwachsende Geräuschflut eine Form der Zivilisationskritik gewesen. Zivilisationskritik aber war *out*. Nicht nur für die Apologeten der Wirtschaftswunderwelt, sondern auch in den linksintellektuellen Kreisen, die sich für den kritischen Blick auf die gesellschaftliche Wirklichkeit zuständig fühlten. Dort wurde jede Reserve gegenüber dem vermeintlichen Fortschritt als ideologischer Restbestand nationalsozialistischen Gedankenguts betrachtet – sie galt als historisch desavouiert. Weil Gesellschaftskritik für die Protestgeneration nur noch als Kritik der Produktionsverhältnisse legitim war, hatte diese keinerlei Berührungsängste mit der Lärmquelle Nummer eins, dem Auto. Dieses war für sie nicht weniger identitäts- und statusbildend wie für die zu Spießern deklarierten

Väter – freilich nicht der gewienerte Ford Taunus und der mit einer umstrickten Klopapierrolle geschmückte Opel Rekord, sondern die rostige Ente oder der bunt bemalte VW-Bus. Das Fahren mit lecker Ölwanne und kaputtem Auspuff galt nicht einmal als Kavaliersdelikt. Es galt als gesunder Reflex auf eine heimat- und ordnungssüchtige Elterngeneration, in der der auf das Recht der Ruhe pochende Rentner das Gruselkabinett der Ewiggestrigen anführte.

Die konservative Zivilisationskritik, die die Folgeschäden des technischen Fortschritts schon im 19. Jahrhundert zum Thema gemacht hatte, war dagegen bereits in den sechziger Jahren zum Auslaufmodell geworden. Weiterverfolgt wurde sie nur noch von einer Handvoll versprengter Einzelkämpfer wie Max Picard und Ehrenfried Muthesius. Sie hielten der technisch beschleunigten Welt das Glück des Schweigens oder das der Langsamkeit entgegen – Positionen, mit denen sich in den nächsten drei Jahrzehnten kein Blumentopf gewinnen ließ.

Ihre Warnungen blieben ungehört, weil sich auch und gerade im konservativen Milieu ein gänzlich affirmativer Bezug zur industriegesellschaftlichen Dynamik eingestellt hatte – eine Einstellung, die den technischen Fortschritt für sakrosankt erklärte. Ihr philosophischer Gewährsmann war Arnold Gehlen. Als aktives NSDAP-Mitglied hatte sich der Mitbegründer der philosophischen Anthropologie 1940 dazu verstiegen, den Menschen als „Wesen der Zucht“ zu bezeichnen, also als genuin formbares Geschöpf, das im Dienste eines gesellschaftlichen Ganzen instrumentalisiert gehört, das man also „führen“ muss. Die Selbstzurücknahme zugunsten von Volk und Vaterland war nach dem Untergang des „Tausendjährigen Reich“ natürlich nicht mehr gesellschaftsfähig, sodass es eines neuen Systems, neuer „Superstrukturen“ bedurfte, in deren Dienst sich das Individuum stellen konnte. Kandidat für diese Rolle war die Waren-Produktion, der technische Fortschritt selbst. Unter den Bedingungen des Kapitalismus funktionierte er geradezu eigendynamisch und stand deshalb auch nicht in Verdacht, von irregewordenen Einzelsubjekten gelenkt zu werden. Alles war gut, wenn man sich dessen vermeintlich ideologiefreien Eigensinn anvertraute, das menschenfreundliche System von Sachzwängen also nicht mit Sinn- und Sonderansprüchen, das heißt mit Kritik, in die Speichen fiel.

Wer kritisiert, übersieht nach Gehlen die segensreiche Wirkung der Institutionen. Obwohl, ja gerade weil sie stets in „selbstzweckhafte Eigengesetzlichkeit" umschlagen und „vom direkten und unmittelbaren Nutzerfolg für die eigene Person abzusehen" verlangen, garantieren sie die grundsätzlichen Beibehaltung der Bedürfnisdeckungslage, die sogenannte Hintergrundserfüllung – und gestatten auf diese Weise ein Leben „in wohltuender Fraglosigkeit".

Ein Indiz dafür, dass der menschenfreundliche Mechanismus sich verselbstständigender Institutionen noch im Gange ist, sind natürlich die Betriebsgeräusche, gleich ob im Verkehr oder in der Fabrik. Sie liefern das beruhigende Hintergrundrauschen, das die zivilisatorische Vorwärtsbewegung und in eins damit die weitere Entfernung von den Gespenstern der Vergangenheit signalisiert. Kritik an den auditiven Heimsuchungen wäre eine Form der Undankbarkeit, Sabotage am Gang der Produktion, die auf so geheimnisvolle wie zuverlässige Weise im Dienst des Menschen steht und deshalb am Laufen gehalten werden muss. Vor diesem Hintergrund wird die Beschwerde über Lärm zu jener Privatsache, die sie für viele Zeitgenossen noch heute ist – zur rechtschaffenen Empörung, wenn Leergut nach 20 Uhr eingeworfen oder der Rasen in der sogenannten Mittagsruhe zwischen ein und drei Uhr gemäht wird.

Angesichts dieser wohlerprobten Mechanismen der Selbstbeschwörung wird die heutige Toleranz gegenüber unnötigen Schallwellen etwas verständlicher. Sie ist das Ergebnis einer kulturspezifischen Blickverengung, die am Lärmproblem beinahe fünfzig Jahre vorbeischauen ließ – einerseits des blinden Fortschrittsglaubens der Wirtschaftswundergeneration, und andererseits der ideologischen Verblendung ihrer Kritiker, jener selbsternannten Progressiven, denen es beliebte, das wertkonservative Bedürfnis nach vermeintlich vormodernen Gütern wie Heimat, Natur und Stille unbesehen als reaktionär einzustufen.

Wenn Wahrnehmungen durch den weltanschaulichen Konformitätsdruck gesellschaftlicher Gruppen niedergehalten werden können, können sie natürlich irgendwann auch wieder ins Bewusstsein rücken. Man sollte deshalb erwarten, dass es nach dem Zusammenbruch der Frontstellung zwischen der fortschrittskonformen Bevölkerungsmehrheit und links-alternativer Systemkritikern zu einer Neubewertung des Lärmproblems kommt – analog zur Renaissance des Umweltbewusstseins in den achtziger Jahren. Doch das ist erstaunlicherweise nicht der Fall. Während der Natur- und Umweltschutzgedanke zumindest zeitweise in aller Munde war, bleibt das Leiden am Lärm das Problem des Einzelnen, der sich damit gesellschaftlich genauso isoliert wie der Wanderer oder Naturfreund in der Hochzeit der Achtundsechziger.

Ein anderer Grund für die Schwierigkeit, die eigene Aversion gegen die zunehmende Verlärmung zu bekunden, liegt in der Sache selbst. Im Unterschied zum klassischen Umweltschutzdiskurs lässt die Lärmkritik direkte Rückschlüsse auf den zu, der sie erhebt. Sie hat den Charakter einer Selbstoffenbarung, zeigt, dass es dem Kläger ganz offenbar an Stärke fehlt, die Härten der modernen Welt klaglos zu ertragen – was unter den Bedingungen des gegenwärtigen Jugendkultes kein kleines Problem darstellt: Sich über dröhnende Gartenpartys zu beschweren, käme dem Eingeständnis gleich, zu jenem alten Eisen zu gehören, gegen das man sich zeitlebens aufgelehnt hatte. Das kommt für Zeitgenossen, die im Geiste der Studentenbewegung sozialisiert sind, auch dann nicht in Frage, wenn der Rentenantrag bereits auf dem Tisch liegt. Passend dazu sind die Raster der Sozial- und Meinungsforschung um einen marktwirtschaftlich interessanten Sozialtypus reicher geworden, den es nie zuvor gegeben hatte: den Neuen Alten. Das ist der, der nach Ende des Berufslebens nun genau das macht, was vor einer Generation noch den Jüngeren vorbehalten war: Genussorientiert konsumieren, grenzenlos reisen, aus vollen Zügen leben. Damit fällt er aus der passiven Rolle des Seniors in die aktive Rolle – und schlägt sich damit direkt oder indirekt auf die Seite der Lärmproduktion, die zu reklamieren ihm genau deshalb schwerfällt.

Was die heute Fünfundzwanzig- bis Vierzigjährigen angeht, so ist von ihnen erst recht kein Aufstand gegen den Lärm zu erwarten. Eine kritische Auseinandersetzung mit der akustischen Umweltverschmutzung würde in diametralen Widerspruch zum Selbstverständnis jener Generation führen, die gemeinhin Erlebnis- und Spaßgesellschaft genannt wird. In dieser nimmt sich der Einzelne das Recht heraus, jederzeit und überall seine persönliche Erfüllung zu suchen. Die persönliche Selbstentfaltung gilt ihm als höchstes Gut, die Freizeit wird zum eigentlichen Sinn des Lebens aufgeladen, zur heiligen Pflicht, und die zahllosen Special-Interest-Magazine avancieren zu Hirtenbriefen, mit denen die Ausstattungsindustrie im Monatsrhythmus die neuen Konsum- und Verhaltenssakramente liefert. Gegeben ist mit der maßlosen Sinnerwartung natürlich auch die Gefahr des Schiefgehens, der Sinnleere, die abgewehrt werden muss, koste es was es wolle. Nicht weil es sich um *eo ipso* rücksichtslose Zeitgenossen handelt, sondern weil es gleichsam um alles geht, kann es nun keine Rücksicht auf Verluste mehr geben. Folgerichtig wird der Nachbar, der zur spontanen After-Work-Party klingelt und um etwas mehr Ruhe bittet, mit den Worten: „In meiner Wohnung kann ich machen, was ich will" abgespeist.

Im fortgeschrittenen Stadium der Lärmgesellschaft dient es zugegebenermaßen auch dem Selbstschutz, sich mit dem Thema gar nicht erst zu befassen. Gemeint ist nicht nur die unterschwellige Angst, von zu viel Ruhe überfordert zu sein, sondern auch und vor allem die Ahnung, dass ein Konfrontationskurs die Sache nur noch schlimmer macht. Man bleibt deshalb ruhig, weil einen der Lärm schon unruhig genug macht; weil man befürchtet, eine innere Lawine loszutreten – und hat damit sicher auch recht: Die permanenten Attacken auf die Trommelfelle ins Bewusstsein zu holen und ihre Nötigkeit in Frage zu stellen, hieße sie stärker wahrzunehmen, also noch mehr Krach in Lärm zu transformieren. Die Strategie der mentalen Normalisierung des Lärms, die stets den wirksamsten Selbstschutz bot, würde unterlaufen und außer Kraft gesetzt.

Die einschlägige Reaktion auf das Schallvolumen der Alltagswelt ist deshalb die periodische Flucht – ins Wochenende oder in den Urlaub. Schon der Beginn des Tourismus Ende des 19. Jahrhunderts gehört in diese Eskapismusgeschichte. Die vornehmlich aus bürgerlichen Schichten stammenden Menschen flohen vor Gestank und Lärm der wachsenden Städte auf die Wanderwege der Alpen und der deutschen Mittelgebirge – in die Gefilde der Ruhe und der Ursprünglichkeit. Was damals den gesellschaftlichen Eliten vorbehalten blieb, steht längst allen offen. Ein immer größerer Teil der Urlauber sucht heute nach Orten der Stille, was den grenzenlos gewucherten Tourismusstationen der Vergangenheit inzwischen einen Wettbewerbsnachteil verschafft. Ihnen laufen nun abgelegene Nischen der Nicht-Zivilisation den Rang ab, unverbaute Gebirgstäler etwa, in denen gediegene und elitäre Ressorts vor den Zumutungen des technischen Alltags schützen – oder halbvergessene Klöster, die sich plötzlich mit ganz profanen Ruhesuchern füllen.

Dabei hat dieses Zurück an die Orte der Stille eine bittere Dialektik: Fast ausnahmslos motorisiert unterwegs, bringt der Erholung suchende Tourist den Krach dorthin, wohin er vor ihm flieht. Die Flucht vor dem zivilisatorischen Lärm ist banalerweise keine Variante seiner Bekämpfung, nicht einmal eine Vorstufe dazu. Allererst sie ermöglicht dessen weltweite Ausbreitung. Die Einsicht ist freilich nicht neu. Schon 1908 klagte das Heidelberger Tagblatt über die Sommerfrischler, die in Massen über das Neckartal herfielen, um – wie es dort heißt – „der Lärmplage der Städte zu entfliehen. Da fallen sie nun aber eben so schön herein, wie weiland jene antiken Seefahrer, die, im Bestreben der Charybdis zu entgehen, der Szylla zum Opfer fielen."

Die moderne Freizeitkultur ist also konstitutiver Teil des Problems, für dessen Entschärfung sie sich hält. Sie ist Symptom und Rückseite der Lärmgesellschaft. Statt vierspurige Fluchtwege für den wochenendlichen Exodus ins Grüne zu ebnen, die Strände der Dritten Welt in Refugien für gestresste Nordamerikaner und Westeuropäer umzubauen und auch noch das Weltall touristisch zu erschließen, wären Bemühungen erforderlich, die atmosphärische Zuträglichkeit an den

Orten des Alltags zu erhöhen. Von solchen Bemühungen ist freilich wenig zu sehen. Selbst von denen, die darunter leiden, wird Lärm als privates Problem betrachtet, gegen das man sich mit Ohropax, Schallschutzfenstern oder Rechtsanwalt zur Wehr setzt. Ein weitergehendes Engagement wird nicht ergriffen, von einzelnen Solidargemeinschaften an den Einflugschneisen von Flughäfen abgesehen, leidet jeder für sich allein.

Und die Zukunft? Zweifellos wird die Nötigung durch Lärm weiter zunehmen – zurzeit erhöht sich der durchschnittliche Schallpegel in den Industrienationen jährlich um ein halbes bis ein Dezibel. Damit steuern wir auf eine Welt zu, in der öffentliche Räume ihre einstige Anziehungskraft verlieren und sich die Menschen zunehmend in Binnenwelten zurückziehen, in denen man die Lautstärke noch selber regeln kann. Das sind vornehmlich Orte der Virtualität wie Fernseh- und Computerzimmer und künstliche Freizeitwelten wie Fitness-Studios, in denen man sich im Schutz von Kopfhörern körperlich ausagiert. Der Lärm der Welt ist ja tatsächlich nur dann ein Problem, wenn man in diese hinausgeht, ungeschützt hinausgeht, wohlgemerkt. Deshalb ist er für die Teens und Twens überhaupt kein Problem. Die gehen im Moment nämlich gerade dazu über, sich im öffentlichen Raum nur noch verkapselt zu bewegen: abgeschirmt mit Kopfhörern in der Fußgängerzone oder beim Joggen in Park oder Wald. Von der akustischen Beschaffenheit der realen Umgebung bekommen sie auf diese Weise so wenig mit wie vom dreidimensionalen Bewegungsraum überhaupt.

Am Rande all dieser kleinen Fluchten, die der allgemeinen Diktatur des Lärms keinerlei Abbruch tun, könnte es irgendwann natürlich auch zu ersten Gegenschlägen kommen, vielleicht sogar zum Beginn eines Guerillakampfes gegen Störer und Störquellen analog den Attacken militanter Tierschützer auf Pelztierfarmen und Hühnerfabriken. Figuren wie der verzweifelte französische Bauer, der vor einigen Jahren vor Gericht stand, weil er auf Hubschrauber schoss, die über seinen Hof hinwegzudonnern pflegten, haben dann gute Chancen, zu Freiheitskämpfern, zu Robin Hoods der Lärmgepeinigten zu avancieren. Doch bis dahin ist es noch ein weiter Weg. Einstweilen scheinen nur die Tiere den Aufstand zu proben. Aus Slowenien wird berichtet, dass ein Braunbär einen Mann zerfleischt hat, der in der Nähe seiner Höhle mit einer Kettensäge hantierte. Und aus Südfrankreich, dass in einem Zoo Schimpansen zwei Wärter anfielen, die neben ihrem Käfig mit einer Bohrmaschine gearbeitet hatten. Sie zerschlugen ein drei Zentimeter dickes Trennglas und zerbissen einem der beiden Männer Hals und Gesicht. Zwei Stunden dauerte der Amoklauf der Tiere, nur mit einem Betäubungsgewehr gelang es, sie wieder in ihren Käfig zurück zu bringen. Wer auditive Gewalt sät, braucht sich über Gegengewalt eben nicht zu wundern. Wer nicht hören will, muss fühlen.

Die dunkle Seite des Lichts
Überlegungen zum Ende der Nacht

Als ob es noch nicht genug Umweltprobleme gäbe, ist in den letzten Jahren noch ein ganz neues, vollends unerwartetes hinzugetreten – die Lichtverschmutzung. Gemeint ist die Tatsache, dass die modernen Gesellschaften in ihrer Gier nach Helligkeit jede Menge überflüssiges Licht in die Atmosphäre strahlen – Lichtmüll, der nicht nur niemandem wirklich nützt, sondern der auch gewaltigen Schaden anrichtet. Milliarden von Insekten sterben jede Nacht allein in Deutschland, weil sie an irgendeiner künstlichen Lichtquelle verglühen. Zugvögel kommen über taghell erleuchteten Großstädten von ihrem Kurs ab und fliegen ungebremst gegen Hochhauswände, Salamander verharren zu lange in ihren Erdlöchern, wo sie auf eine Dunkelheit warten, die nicht mehr eintritt – und verpassen so den optimalen Zeitpunkt für die nötige Nahrungsaufnahme. Bedroht ist inzwischen aber auch der Verursacher der globalen Lichtepidemie – der Mensch: Das Ausbleiben des Dunkelwerdens lässt die körpereigene Produktion von Melatonin sinken – ein Hormon, das den Schlaf-Wach-Rhythmus regelt, für die Erholung zuständig ist und Krebserkrankungen vorbeugt. Da wundert es schon, warum das Thema so wenig Interesse erregt.

Die Nacht ist Segen und Fluch zugleich. Segen, weil sie die einzige Tageszeit ist, in der man den Zwängen des Wachbewusstseins entkommt, Fluch, wenn genau das nicht gelingt, man also nicht schlafen kann. Nun liegt man hellwach da, wälzt sich von einer Seite auf die andere oder starrt verzweifelt an die Decke.

Bis vor rund hundert Jahren ging dieser Blick fast immer ins Leere – es war nun mal Nacht, also dunkel, drinnen wie draußen. Heute dagegen muss man keine Nachttischlampe mehr anknipsen, um die Fliege zu entdecken, die an der Decke sitzt.

Von vorindustriellen Gesellschaften noch sehnsuchtsvoll herbeigewünscht, ist Licht inzwischen in einem solchen Überfluss vorhanden, dass es auch dort eindringt, wo man es gar nicht brauchen kann. Von Straßenlampen, Reklameflächen und taghell erleuchteten Nachbarwohnungen folgt es einem bis aufs Kopfkissen – oder geistert als Scheinwerferkegel vorbeifahrender Autos immer wieder nervös den Wänden entlang.

Um seinen Organismus davon zu überzeugen, dass es Zeit zum Schlafen ist, kann man natürlich die Rollläden herunterlassen. Doch wer das tut, hat nur die penetrante Strahlenflut gegen die aseptische Schwärze einer Grabkammer eingetauscht, ein Unangenehmes durch ein nicht weniger Unangenehmes ersetzt. Die meisten ziehen es deshalb vor, den Rollladen wenigstens ein kleines Stück offenzulassen und werden so täglich aufs Neue daran erinnert, dass die Nacht ihre beiden Hauptmerkmale verloren hat: Stille und Dunkelheit. Omnipräsent ist die technische Zivilisation heute nicht nur in Gestalt einer rund um die Uhr wabernden Geräuschkulisse, sondern auch in Form des künstlichen Lichts, gleich ob es aus klassischen Glühbirnen scheint oder aus Energiesparlampen, Neonröhren und Halogenscheinwerfern.

So wird der Homo Faber auch in den Stunden, in denen sein Ausgriff auf die Welt nachlässt, von den Folgen dieses Ausgriffs eingeholt. Nichts konterkariert jetzt noch die Eindimensionalität einer Nonstop-Gesellschaft, in der alle Weichen auf Zugriff gestellt sind und dem Seinlassen kein Raum mehr bleibt. Die polare Spannung zwischen Tag und Nacht, zwischen Aktions- und Ruhephase, ist aufgehoben, womit sich der menschliche Sieg über die Natur einmal mehr als Pyrrhus-Sieg erweist. Der störende Eigensinn der Elemente ist nun zwar beseitigt, dafür herrscht eine Diktatur des Immergleichen, die einem im Strom der Alltagsgeschäfte so willkommen ist, wie man sie insgeheim verflucht.

Das Erlebnis der Dunkelheit steht allerdings nicht erst seit kurzem auf der roten Liste der aussterbenden Sinneswahrnehmungen. Bereits Anfang des 20. Jahrhunderts war sie bemerkt und gelegentlich auch beklagt worden – die zunehmende Verdrängung natürlicher Lichtverhältnisse durch artifizielle. Die sogenannten Großstadtkritiker nahmen das Kennzeichen der neuen Lichtquellen, ihr gleichförmiges Strahlen, ganz wörtlich, betrachteten diese also als Instrumente der Täuschung und Selbsttäuschung. Die nächtlich illuminierte Innenstadt war ihnen eine falsche Welt des Scheins, in der alles Echte unter einer glänzenden Oberfläche verschwand. Beklagt wurde etwa die Aufhebung der Dämmerstunde, die ein sanftes Hinübergleiten von der aktiven in die passive Tagesphase ermöglichte. Beklagt wurde aber auch der Verlust des vereinigenden Scheins der Tischlampe, unter dem sich die Familie des Abends versammelt hatte.

Fern davon, ein bloßes Wohlstandssymptom zu sein, artikulierte sich die Kritik auch und gerade während des Ersten Weltkriegs. Die für die Stromproduktion nötige Steinkohle war nämlich knapp geworden. Als Folge davon wurde jegliche Lichtverschwendung verboten, allen voran die Leuchtreklame. In dieser neuen Schummrigkeit wurde sichtbar, was in wenigen Jahrzehnten verloren gegangen war. So schwärmte Ludwig Grimm 1918:

> „Es ist eine herrliche Sache um das Sparen mit Gas und elektrischem Lichte. Niemals seit Jahrzehnten flutete das Mondenlicht so rein und geheimnisvoll über die Satteldächer und hohen Giebel herab in die Straßen. In meinem Leben habe ich die Altstadt nicht so verträumt und so schön dazu gesehen wie in diesen Nächten."

Freilich sollte die Rückbesinnung auf die Reize der Dunkelheit ein frommer Wunsch bleiben. Grimms Zeitgenossen hatten ein Verhältnis zur künstlichen Beleuchtung, das kaum affirmativer hätte sein können. Eine skeptische Haltung wäre auch fast ein Wunder gewesen. Zum einen kam das Licht im Vergleich mit anderen technischen Erfindungen gänzlich lautlos und friedlich daher. Zum anderen gehört es seit Parmenides und Platon zu den Schlüsselmetaphern der abendländischen Metaphysik. Urmythos der griechischen Antike war die Geschichte von

Prometheus: Der Titanensohn raubte Zeus das Feuer, um es den Menschen zu bringen, die sich damit in Kulturwesen verwandelten. Im Christentum erschien dann Jesus von Nazareth als Lichtgestalt. „Ich bin das Licht der Welt, wer mir nachfolgt, wird nicht wandeln in der Finsternis", heißt es im Johannes-Evangelium. Fixpunkt des Gläubigen war fortan die *lux aeterna* – ein Licht, das ewig leuchtete und deshalb nicht von dieser Welt sein konnte. Aber auch die philosophische Aufklärung der Neuzeit bemühte die Lichtmetapher, die auch im englischen Epochenbegriff *enlightenment* überdeutlich ist. Es ist das *lumen naturale*, die Vernunft, die den Menschen aus dem Dämmerzustand eines selbstverschuldeten Nichtwissens in die glanzvolle Autonomie des Selberdenkens reißt.

Nicht weniger emphatisch reagierte man auf das *reale* Hellerwerden der Welt. Zur allgemeinen Begeisterung hatte als erste deutsche Stadt Hannover anno 1690 mehrere Hundert Straßenlaternen aufstellen lassen. In ihnen wurde Rübenöl verbrannt, das nur einen schwachen Lichtschein erzeugte. Später wurde es durch Talg ersetzt, wodurch sich die Leuchtkraft leicht erhöhte. Im Sommer und rund um den Vollmond ersparte man sich die künstliche Beleuchtung, vor allem aus Kostengründen, aber eben auch wegen der ohnehin bescheidenen Wirkung. Die Lebensgewohnheiten der damaligen Bevölkerung waren nach wie vor von den natürlichen Lichtverhältnissen geprägt – die Idee, die Nacht zum Tag zu machen, lag noch außerhalb jedes Vorstellungsvermögens.

Deutlich mehr Helligkeit brachten der westfälischen Residenzstadt die 1826 in Betrieb genommenen Gaslaternen, die wie das achte Weltwunder gefeiert wurden, so ein Augenzeuge, der Berliner Akademieprofessor Christoph Stein:

> „Das Anzünden der neuen Laternen lockte die ganze Bevölkerung aus den Wohnungen; Jubel und Freudenrufe begriffen das schöne reine Licht, durch welches die Straßen wie mit einer festlichen Illumination gefüllt erschienen. Bis in die Nacht dauerte diese allgemeine Pilgerfahrt; die Augen konnten sich nicht sättigen an diesem Fest der Lichter, und

man sah besonders die zufällig anwesenden Landleute eine solche Laterne stundenlang umstehen und starr das dreizackige helle Flämmchen betrachten, welches ohne Öl und Docht wie ein zauberischer Feuerquell ohne Ende leuchtend hervorsprudelte [...].“

Zwischen der emotionalen Regung und dem konkreten Nutzwert bestand allerdings nur eine schwache Korrelation. Aus heutiger Sicht waren es trübe Funzeln, die dem Passanten allenfalls als grobe Orientierung dienten, nicht aber seine Sicherheit erhöhten. Angesichts der nur punktuellen Aufhellung wiesen kritische Stimmen darauf hin, dass Raubüberfälle dadurch nicht nur nicht verhindert, sondern überhaupt erst ermöglicht würden. Die Diebe agierten nun aus dem Schutz dunkler Ecken, während sich ihre Opfer gut sichtbar im Rampenlicht bewegten. Außerdem hatten die Ganoven jetzt gleichsam freie Auswahl: Mit jeder neuen Laterne wagten sich mehr Städter weiter in die Nacht hinaus.

Die Stadtverwaltung ließ sich von solchen Einwänden nicht beeindrucken. Wichtiger als die allgemeine Wohlfahrt waren ihr ohnehin die repräsentativen Effekte. Mit den in Reih und Glied stehenden Straßenlaternen bekräftigte die Obrigkeit ihren Herrschaftsanspruch, konnten sich die Polizisten und Nachtwächter in den Lichtkegeln doch bestens in Szene setzen. Zugleich versprach man sich durch die Suggestion einer besiegten Nacht einen Wettbewerbsvorteil gegenüber anderen Städten, eine Art Imagewerbung, die auf lange Sicht mehr Geld in den Stadtsäckel spülen sollte. Der Hannoveraner Polizeipräsident brachte diese Motivation schon 1800 auf den Begriff:

> „Eine öffentliche Erleuchtung gehört mit zu den Vorzügen der Städte, und ist, von einem unverkennbaren Nutzen [...] Reiche, Freunde und auswärtige wohlhabende Leute verzehren lieber da ihr Geld, wo es ihnen angenehm gemacht wird, und halten sich gern da auf, wo es ihnen gefällt, wo Sicherheit, Reinlichkeit, Erleuchtung und Überfluß der nothwendigen Dinge sich finden.“

Mit der Erfindung der Glühbirne tauchte dann Ende des 19. Jahrhunderts eine ganz neue Einnahmequelle auf. In eigenen kleinen E-Werken, den sogenannten Lichtanstalten, stellte man nun den Strom her, den man an die Bürger der Stadt verkaufte. Richtig rentabel arbeiteten diese Betriebe aber noch lange nicht. Erst kurz vor dem Ersten Weltkrieg gelang es ihnen, wenigstens die Besserverdienenden von den Vorzügen des elektrischen Lichts zu überzeugen. Die große Masse benutzte nach wie vor das viel billigere Petroleum, um ihre Wohnräume zu erhellen, woran die Stadt gar nichts verdiente.

1923/24 gab es dann aber kein Halten mehr. Als Kohlezwangswirtschaft und Geldentwertung vorüber waren, verdoppelte sich die Zahl der verbrauchten Kilowattstunden fast im Jahresrhythmus. Das Licht, das den Goldenen Zwanzigern den Weg wies, war aber mehr als sichtbare Helligkeit auf Gegenständen: Die illuminierte Stadt erschien jetzt als hell glänzender Indikator, dass die Zeit der kriegsbedingten Entbehrungen vorbei war und es wieder aufwärts ging. Besondere Suggestionskraft besaß die Leuchtreklame, die im Unterschied zur Straßenbeleuchtung von Anfang an eine Domäne des elektrischen Lichts war. Die Sogwirkung der Schaufenster-, Fassaden- und Firstwerbung war bald so groß, dass es nach Einbruch der Dunkelheit auf den Straßen der Innenstadt kaum noch ein Durchkommen gab. Überall standen große Menschenpulks, die dem allabendlichen Luftkino beiwohnen wollten. Ein Passant berichtet 1928 aus Hannover:

> „Abends [...] ist es am schönsten in diesen Straßen, und keiner sollte versäumen, sich das Geschäftsviertel um diese Zeit anzusehen. Ungeheure Lichtwellen fluten dann an den Fassaden in allen Farben herab, Sterne zucken und glühen auf, Linien strömen zu leuchtenden Gebilden, goldene Schriftzeichen rufen, und ununterbrochen trommeln die Reklameschilder und funkeln wie Augen. Flammenschriften, unzählige Glühbirnen peitschen und vervollständigen dieses endlose Lichtergeflimmer in berauschender Schönheit.“

Von seinem ursprünglichen Beleuchtungszweck emanzipiert, galt das elektrische Licht nun als untrügliches Zeichen, dass die Gesellschaft im Begriff war, sich den kühnsten Menschheitstraum zu verwirklichen: *Beherrschung der Natur, Wohlstand für alle.* Klar, dass dieser kollektive Rauschzustand blind machte für die unliebsamen Nebenfolgen des Fortschritts. Dass sich tagsüber der Himmel verdunkelte, weil die innerstädtischen E-Werke Tonnen von Braunkohle verbrannten und damit die Luft verpesteten, wurde genauso klaglos in Kauf genommen wie der Lärm, den die Lastwagen beim Heranschaffen des Brennmaterials machten.

Eigentlich ein Ort handfester Geschäftsinteressen, war die City zu einem strahlenden Gesamtkunstwerk geworden – zu einem Vergnügungsviertel der Augenlust, das auch denen offenstand, die kein Geld in der Tasche hatten. Fotografen, die die Magie der Großstadt einfangen wollten, machten sich folgerichtig nach dem Eindunkeln auf den Weg. Der nächtliche Lichterzauber war zum Kardinalmerkmal von Urbanität geworden, er legte den Grundstein für jene Verklärung städtischer Lebensformen, die zum Selbstverständnis der Moderne hinzugehört wie die Marienverehrung zum christlichen Mittelalter.

Die Mystifizierung des Profanen erzwang auch von den Architekten einen Kurswechsel. Walter Riezler vom Deutschen Werkbund brachte die neue Herausforderung auf den Begriff:

> „[…] nun tritt das Bauwerk, dem früher das Licht bescheiden diente, selber in den Dienst des Lichts: es schafft die Flächen, die das Licht braucht, um sich in voller Kraft zu entfalten. Die Flächen müssen hell sein und glatt, damit kein Schatten eines Gesimses sich dem Licht entgegenstellt, und groß, damit das Licht sich hier in Ruhe gegenüber aller Bewegtheit der Umgebung durchsetzen kann. Denn auch hier ist es nicht der Bau, sondern das Licht, auf das es ankommt [...]“

Was auf die neuen, funktionalistischen Geschäfts- und Warenhäuser gemünzt war, galt in noch stärkerem Maße für die Tankstellen, die die neue Zeit am deutlichsten versinnbildlichten.

Eigentlich Orte der bloßen Betriebsstoffzufuhr für die motorisierte Fortbewegung, verwandelten sie sich in architektonische Gebilde, die aus nichts anderem mehr zu bestehen schienen als Licht. Hätte man einen Menschen aus dem christlichen Mittelalter mit einer Zeitmaschine in die Goldenen Zwanziger katapultiert und ihn gefragt, welches wohl die Kathedralen dieser Gesellschaft seien, er würde wohl ohne zu zögern auf die Benzinverkaufsstellen gezeigt haben.

Höhepunkte des sich entfesselnden Lichtkults waren die großangelegten Lichtschauen, deren erste vom 13. bis 16. Oktober 1928 in Berlin stattfand – mit öffentlicher Festbeleuchtung, Lichtfest, Autolichtkorso, einem Feuerwerk der Lichtreklame und einem Lichtball. Städte wie Hannover und München folgten dem Vorbild und setzten sich mit entsprechenden Events in Szene.

Spätestens jetzt war klar: Statt nur eine lebensnotwendige, zweckpraktische Ausleuchtung des menschlichen Lebens- und Wirtschaftsraums zu sein, diente das selbstgemachte Licht auch der kollektiven Selbstbeschwörung – der Utopie eines nicht enden wollenden Fortschritts, der im urbanen Lichtermeer sichtbare Gestalt angenommen hatte. Anderen Begleiterscheinungen der Modernisierung wie dem Lärm und dem Smog begann man zunehmend reserviert gegenüberzustehen. Nicht jedoch der Flutung der Lebenswelt mit künstlichem Licht. Die wurde als *eo ipso* heilsam und segensreich betrachtet, stand außer Diskussion, war über alle Zweifel erhaben.

Kein Wunder, dass wenig später auch die Nazis auf dieser Klaviatur zu spielen begannen. Die Lichtmetapher wurde zum integralen Bestandteil einer NS-Propaganda, in der der Fackelträger höchste Symbolfigur war. In den Elite-Lehranstalten, den sogenannten Ordensburgen, versammelten sich die Junker vor ‚Feuermalen', in den Städten wurden Kundgebungsplätze lichttechnisch inszeniert, in Berlin wurde die vierspurige Bismarckstraße in Adolf-Hitler-Straße umgetauft und mit in Reih und Glied postierten Leuchtkörpern versehen, die bei den Teilnehmern von Aufmärschen einen regelrechten Sog entfesseln sollten. Auch an den Kundgebungsplätzen wurden alle Register moderner Beleuchtungstechnik gezogen. Höhepunkt der NS-Lichtchoreografie waren die Lichtdome, die an den Reichsparteitagen mit Riesenscheinwerfern in den nächtlichen Himmel gezaubert wurden.

Trotz der Vorliebe für biedermeierlich anmutende Kandelaber im Straßenbild wollten die Nazis also nicht zurück zu archaischen Lichtverhältnissen oder zu bodenständigen Beleuchtungstechniken. Ihnen ging es darum, den Lichtkult der Zeit politisch zu instrumentalisieren. Sie profitierten davon, dass sich das Licht längst in ein Identifikationsmedium verwandelt hatte, die Menschen des 20. Jahrhunderts der suggestiven Kraft künstlicher Beleuchtung bereits hoffnungslos erlegen waren.

Hat sich daran inzwischen etwas geändert? Hat die Selbstverständlichkeit, mit der heute alles und jedes beleuchtet wird, dem Kunstlicht etwas von seiner magischen Valenz genommen, oder gehört es nach wie vor zu den tragenden Säulen eines neuzeitlichen Kults der Verschwendung? Steht es ernsthaft zur Disposition, wenn es zur Abwehr der Klimakatastrophe darum geht, auf einen nachhaltigen Ressourcenverbrauch umzustellen? Gibt es im gegenwärtigen Umgang mit dem Licht also Spielraum für jene Aufklärung, als deren Symbol es gilt?

Mit dem Untergang des Dritten Reichs schien auch der Lichtkult Geschichte geworden. Man hatte sich von den Lichtorgien der Nazis blenden lassen, war dann mit ihrem Gegenstück, der totalen Verdunkelung, konfrontiert worden und musste schließlich miterleben, wie das Licht in Gestalt von Brandbomben in die finster daliegenden Städte zurückkehrte. Die Vision einer glanzvoll sich erfüllenden Geschichte war zerplatzt, ihre Fortschrittssymbole waren wertlos geworden – mit dem atomaren Sonnenaufgang über Hiroshima hatte das Licht dann endgültig seine Unschuld verloren. Aus dem Hoffnungsschimmer der Fortschrittsgemeinde war ein Menetekel geworden.

Im Nachkriegsdeutschland schlug das Pendel jedoch schnell wieder auf die Hoffnungsseite: Man suchte nach Symbolen für den Neubeginn – und fand das Licht. In Berlin beispielsweise, wo man während der sowjetischen Blockade unter ausgedehnten Gas- und Stromsperren gelitten hatte. Die Bewohner der vormaligen Reichshauptstadt suchten ihre Identität nun auf dem innerstädtischen Boulevard, dem Kurfürstendamm. In abendliches Licht getaucht, war er zum Synonym der freien Welt geworden. Das Strahlen der Auslagen war das immaterielle Band zum Reich des Wirtschaftswunders, das sich im Westen des Landes zu etablieren begann. Dunkelheit war einmal mehr negativ konnotiert. Genau wie nach dem Ersten Weltkrieg stand sie für kriegsbedingte Entsagungen – für Hunger, Lebensgefahr und Notstand. Strahlende Geschäftsstraßen signalisierten hingegen die Rückkehr zur Normalität, wobei die neuerliche Karriere des Lichts auch psychohygienischen Zwecken diente: Wurden die Schatten der Vergangenheit nicht immer unsichtbarer, je heller die Gegenwart erstrahlte? Und zeigt nicht, wer sich ins hell leuchtende Licht begibt, dass er nichts zu verbergen hat? Dass eine gehörige Portion Selbstbeschwörung mit im Spiel gewesen sein muss, ließ sich an der kollektiven Schizophrenie erkennen, in die sich die Kriegsteilnehmergeneration nun bald hineinmanövrierte: Während man den Kindern zu Hause unter Androhung körperlicher Züchtigung predigte, mit Strom und Wasser höchst sparsam umzugehen, applaudierte man jeder noch so absurden Ressourcen- und Energieverschwendung im öffentlichen Raum. Wer dort weniger Licht, weniger Lärm oder weniger Verkehr wollte, machte sich verdächtig. Statt als Engagement für eine bessere Zukunft, galt Kritik solchen Fortschritts als Sabotage, mindestens aber als töricht und undankbar.

Folge dieses Abwehrzaubers war die demonstrative Nüchternheit, die die deutschen Stadtbauämter von nun an bestimmen sollte. Weil nichts mehr an die archaische „Blut und Boden"-Ära erinnern durfte, wurden baumbestandene Plätze und Alleen kahlrasiert, altertümlich wirkende Gas-Kandelaber entfernt und so viel Asphalt wie möglich auf das Land und seine Geschichte gegossen. In den Straßen fanden sich nun keine direkt symbolträchtigen Leuchtkörper mehr, sondern funktionale Lichtquellen, die die Verkehrsflächen auf zweckmäßigste und schnörkelloseste Weise beleuchten sollten. „Praktisch denken“, lautete das Motto der Zeit, hinter dem sich freilich eine neue Ideologie verbarg: der Glaube an einen *reinen* Fortschritt, ein Fortschritt ohne Nostalgie, sentimentale Einfärbung und metaphysischen Mehrwert, ein Fortschritt, der nichts zu verstecken oder zu beschönigen hatte, der gerade dadurch bezaubern sollte, dass er alles Zauberhafte aus dem Blick räumte: das Fachwerk des Wohnhauses, die der Straßenverbreiterung im Wege stehende Kapelle, die Rundbank unter der Dorflinde. Die hell erleuchtete Nacht galt nun als natürlichster Ausdruck und Bestandteil einer Zivilisation, die sich vor dem Rückfall in die Barbarei sicher wusste. Auch und gerade da, wo man sich der totalen Sachlichkeit verschrieb, wäre die Forderung nach einem maßvollen Umgang mit dem Licht ein Tabubruch gewesen. Die entzauberte Welt brauchte wenigstens eine glänzende Oberfläche – einen Heiligenschein des Fortschritts, unter dem sich die Diktatur der Technik ungestört entfalten konnte.

In der Praxis bedeutete dies freie Fahrt für technikgläubige Stadtväter, die expandierende Beleuchtungsindustrie und Stromkonzerne, die hohe Energieverbräuche mit günstigeren Preisen belohnten. Zugleich bedeutete es eine unkontrollierte Zunahme der Lichtmengen im öffentlichen Raum. In Großstädten wie Berlin liegt das nächtliche Lichtniveau an manchen Punkten seit Langem über dem des Vollmonds, was allenfalls die Vögel zu bemerken scheinen, indem sie nun auch mitten in der Nacht singen. Dem menschlichen Auge zeigt sich die lichttechnische Verstrahlung eher von weitem – wenn man aus den dunkelsten Ecken Brandenburgs in Richtung Hauptstadt schaut und dort eine gewaltige Lichtglocke erkennt. Am eindrücklichsten freilich ist der Blick von einem nächtlich landenden Flugzeug aus: Erschienen die Städte und Dörfer bis in die achtziger Jahre noch als strahlende Inseln, die voneinander isoliert in der Dunkelheit lagen, so stechen inzwischen vor allem die Linien ins Auge, durch die sie miteinander verbunden sind – das dichter und dichter werdende Straßennetz.

Deshalb ist es heute auch in jenen Ländern am hellsten, die sich der totalen Mobilität verschrieben haben, in Belgien etwa, wo sogar die Autobahnen beleuchtet werden. Auch die Schweiz trägt nach Einbruch der Dunkelheit Züge einer flächendeckend illuminierten Modelleisenbahnanlage. Infolge der Topographie sind die in den Alpentälern wabernden Lichtmeere ja ganz besonders auffällig.

In einem interdisziplinären Projekt namens „Fiat Lux" haben die Eidgenossen schon vor einigen Jahren den Siegeszug des Lichts nachgezeichnet. Anhand von Sattelitenbildern aus US-Archiven ließ sich rekonstruieren, dass sich die stark beleuchteten Flächen im Kanton Tessin allein zwischen 1992 und 2002 mehr als verdoppelt haben. In der Restschweiz und außerhalb der Alpen dürfte die Entwicklung sehr ähnlich sein – in der EU geht man von einem jährlichen Wachstum der Kunstlichtmengen von sechs Prozent aus. All das gerät jedoch kaum ins Bewusstsein, weil fast immer die hoch gelegenen Standpunkte fehlen, von denen aus das wahre Ausmaß der Lichtverschmutzung zu erkennen wäre. Wer unter der Streulichtglocke des Flachlands lebt, erkennt nicht einmal die Quellen des bodennahen Lichtteppichs, der ihm die Sicht in den natürlichen Nachthimmel raubt.

Aber ist die Permanenz des Scheinens, Strahlens und Flackerns wirklich ein Problem? Licht weckt doch überwiegend positive Assoziationen und tut vor allen Dingen nicht weh. Wem schmerzen etwa die Augen, wenn er von einem abendlichen Bummel durch die Einkaufsstraßen der Stadt nach Hause kommt? Wer möchte auf die neuen Lichtstelen verzichten, die die Joggingstrecke durch den Stadtpark erhellen? Und wen stört es, wenn an den sieben Millionen deutschen Straßenlampen jede Nacht eine Milliarde Kleinstinsekten und Nachtfalter verenden und eine dramatische Verringerung der Artenvielfalt droht?

Der moderne Mensch lebt nun mal gut und gerne in einer Welt, die ihm transparent und sicher erscheint. Und er tut das schon so lange, dass ihm gar nicht in den Sinn käme zu fragen, was ihm dabei entgeht. Wen verlangt es schon nach der Aura einer natürlichen Nachtlandschaft, die er niemals zuvor erlebt hat? Und wer sehnt sich ernsthaft nach jener Neubelebung verschütteter Sinneserfahrungen, die ein nächtlicher Stromausfall gewährt?

Wenn die Kunstlichtflut kritisch diskutiert wird, dann allenfalls als Problem der Energieverschwendung. Weltweit laufen ja einige Kernkraftwerke allein zur Herstellung jenes Stroms, den moderne Elektrogeräte im sinnlosen Stand-by verbrauchen. Spätestens mit dem globalen Klimawandel ist klar geworden, dass auch der moderne Lichtkonsum in Frage gestellt werden muss, stammt der verwendete Strom doch zu keinem kleinen Teil aus der Verbrennung fossiler Energieträger, der wichtigsten Ursache der anthropogenen Erderwärmung.

Weichen zur Reduktion des entsprechenden Stromverbrauchs sind tatsächlich auch schon gestellt worden, seitens der EU etwa: Bekanntlich sind Herstellung und Verkauf klassischer Glühbirnen inzwischen verboten, weil diese den Raum nicht nur erhellen, sondern auch beheizen. In Zeiten knapper Kassen beginnen aber auch die Kommunen zu entdecken, welch immense Energiesparmöglichkeiten in der Straßen- und Platzbeleuchtung stecken. Vereinzelt wird sogar bereits mit sparsameren Leuchtdioden experimentiert, bei denen das Licht mittels komplexer Schaltsysteme und empfindlicher Sensoren je nach tageszeitlichem Bedarf dosiert werden kann. Von der demonstrativen Verschwendung der siebziger Jahre scheinen sich die Städte und Gemeinden jedenfalls verabschiedet zu haben. Setzt sich die Entwicklung fort, so dürfte die kommunal verströmte Lichtmenge bald nur noch genauso groß sein, wie es die gesetzlichen DIN-Normen und Haftungsbestimmungen erfordern.

Diese neue Bescheidenheit wird auch allgemein akzeptiert – was die Ausleuchtung der Nacht anbelangt, leben wir nun mal in einem Zeitalter der Sättigung. Weil das so ist, weil die moderne Gesellschaft an beleuchtungstechnischen Qualitätsverbesserungen mehr interessiert ist als an der Steigerung der Quantität, der messbaren Helligkeit, konnten die historischen Stadtzentren in den letzten Jahrzehnten signifikant lichtärmer werden.

Nach der Einrichtung immer großflächigerer Fußgängerzonen fehlt hier vor allem die rasende Lichtflut des Autoverkehrs, das wilde Geblende der Scheinwerfer, die Lichtorgien der Bremslichter und das grelle Farbenspiel der Ampeln, die auch dann munter weiter in die Nacht flimmern, wenn weit und breit kein Verkehrsteilnehmer mehr zu sehen ist. Auch der provinziellsten Kommunalverwaltung scheint mittlerweile zu dämmern, dass sie mit einer flutlichtartigen Ausleuchtung ihrer Vorzeigeareale Gäste wie Einheimische in die Flucht schlägt. Folgerichtig wurden in den Altstadtgassen und an den repräsentativen Plätzen die mit Leuchtstoffröhren gespickten Peitschenlampen der Lichthungerepoche durch biedermeierliche Straßenlampen mit Natriumdampftechnik ersetzt, die ein behagliches gelbes Licht verströmen. Als beleuchtungstechnische Relikte der Aufschwungsära firmieren in den Stadtzentren allenfalls noch die Parkhäuser und Parkplätze. Da die Angst vor Diebstahl und Überfall den Wunsch nach heimeliger Atmosphäre weiterhin überwiegt, wird einem hier noch das Beleuchtungsszenario eines militärischen Sperrgebiets zugemutet. Es wird jedoch nicht mehr lange dauern, bis auch hier dezenteres und stromsparenderes Licht scheinen wird.

Alles in Ordnung also? Ist der Verschwendungssucht Einhalt geboten, das Kunstlicht doch noch zu dem geworden, was es in seiner vergleichsweise jungen Geschichte kaum je war: zu einem praktischen Hilfsmittel, das keiner kollektiven Selbstbeschwörung dient, keinen metaphysischen Mehrwert verheißt und deshalb für Energieeinsparungen ernsthaft zur Disposition steht? Ist der selbstbeschwörerische Taumel einer alltagspraktischen Nüchternheit gewichen, Licht endlich nur noch ein Gebrauchsgut, das maßvoll, haushälterisch und bewusst eingesetzt wird?

Für derartige Entwarnungen gibt es keinen Anlass. Selbst wenn alles darauf hindeutet, dass in den Stadtzentren keine übertriebenen Beleuchtungsansprüche mehr gestellt werden, bleibt ja nicht nur das hohe Ausleuchtungsniveau all der Stadtbereiche, die *nicht* verkehrsberuhigt sind – es bleibt auch noch das Problem der rapide wachsenden Siedlungsflächen. Mit jedem Quadratmeter Boden, der in Deutschland täglich versiegelt wird, wächst auch die Zahl der Beleuchtungskörper unaufhaltsam weiter.

Durch neue Nutzungsformen weitet sich die Lichtverschmutzung zudem in bislang verschonte Gebiete aus. Durch Wintersportgroßveranstaltungen im Gebirge etwa, für die Bergflanken und Loipen mit Flutlichtanlagen versehen werden. Einmal gebaut, werden sie dann natürlich auch für den normalen Freizeitbetrieb genutzt. Kurz: Auch wenn niemand mehr darauf besteht, die Nacht vollends zum Tag zu machen, wird der Raum, der sich abends noch verdunkelt, weiter und weiter schrumpfen. Eine Gegenbewegung ist auch deshalb nicht zu erwarten, weil nächtlich unbeleuchtete Gegenden nach wie vor keinerlei Marktwert besitzen. Während stille Landschaften und autofreie Orte sich inzwischen touristisch vermarkten lassen, käme heute wohl kein Fremdenverkehrsdirektor auf die Idee, damit zu werben, dass rund um den Ort abends alle Lichter ausgehen.

Darüber hinaus und andererseits ist auch eine wachsende Nachfrage nach eindrücklichen Illuminierungen auszumachen – eine Rückbesinnung auf die magischen Qualitäten des Lichts. Bestes Beispiel ist die allseits grassierende Beleuchtungswut in der Adventszeit. Einkaufsstraßen und Marktplätze versinken dann unter einem Spinnennetz hell strahlender Kugeln, Kometen und Sterne – kein Bürgermeister würde sich heute unterstehen, wie in früheren Zeiten nur einen einzelnen, zentral platzierten Weihnachtsbaum aufzustellen.

Im Prinzip handelt es sich hier um eine Anknüpfung an vorindustrielle Lichtdramaturgien. Schon im Mittelalter wurden an Festtagen repräsentative und symbolische Orte mit Fackeln und Petroleumleuchten illuminiert, eine Eventstrategie, die sich bis zum altjüdischen Lichtfest zurückverfolgen lässt. Mit den genannten Beleuchtungsexzessen kehrt die vergessene Tradition nun in einer kommerzialisierten Form wieder – als Fortsetzung der Leuchtreklame mit öffentlichen Mitteln. Städte und Kommunen verschaffen ihren Einkaufszonen eine festliche Atmosphäre, damit die Kunden ihren vorweihnachtlichen

Kaufrausch nicht in anderen Städten befriedigen. So stromsparend Städte und Gemeinden inzwischen im restlichen Jahr auch agieren mögen, die Prestigeduelle zur Weihnachtszeit lassen sie sich immer noch allerhand kosten.

Dass es bei der verstetigten Festbeleuchtung nicht immer nur um den bloßen Kommerz geht, sieht man am kaum geringeren Aufwand, der während dieser Wochen auch privat betrieben wird: Manche Wohnstraße ist nun von Häusern geprägt, die hinter den bunten Lichtergirlanden kaum noch zu erkennen sind. Nicht selten leuchten auch illuminierte Plastikrehe im Vorgarten, hinter denen rot glänzende Nikoläuse die Balkone erklettern. Hier geht es weder ums Geschäft noch um die Ästhetisierung von Nutzlicht, es geht also nicht um eine angenehmere Beleuchtung von Dingen, die man ohnehin beleuchten würde. Statt auf Objekte der Außenwelt, zielt das Strahlen einzig auf die Innenwelt dessen, der hier wohnt oder vorübergeht. Zeichen einer religiösen Rückbesinnung? Sicher nicht! Es handelt sich wohl eher um ein Kompensationsphänomen: Mit dem Leuchtszenario soll jene Weihnachtsstimmung simuliert werden, die man nicht mehr fühlt – ein postmoderner Akt kollektiver Geisterbeschwörung, der mit der Logik der Leistungsgesellschaft bestens kompatibel ist, insofern sich die Teilnehmer hier gegenseitig überbieten können.

Zu erwarten ist, dass diese Vorwärtsverteidigung gegen lebensweltliche Tristesse und modernen Sinnverlust Schule macht und die Totalinszenierung der Grundstücke beginnt – auch außerhalb der Weihnachtswochen. Schon entdeckt man in den Neubaugebieten erste Häuser und Garagen, die lichttechnisch in Szene gesetzt sind – durch Spots, Lichterketten unter dem Dach und indirekte Fassadenbeleuchtungen. Gleiches gilt für die Vorgärten, in denen nun auf Stäbe montierte Mini-Solarleuchten Einzug halten, die nachts die tagsüber gespeicherte Energie an die Umwelt abgeben. Wer einen Blick in die Zukunft werfen will, muss sich nur einmal in den Elektroabteilungen moderner Baumärkte und Gartencenter umschauen, wo die Regale mit entsprechenden Produkten nur so überquellen. Je mehr davon gekauft werden, desto niedriger wird auch der

Preis. Am Ende dieser Spirale stehen dann Eigenheimviertel mit effektvoll beleuchteten Anwesen, bei denen es nachts draußen heller ist als drinnen. Die Zeit des öffentlich organisierten Lichtrauschs mag vorbei sein, jetzt aber schlägt die Stunde des Individuums. Nach dem architektonischen droht den Neubaugebieten jetzt auch noch der lichttechnische Eklektizismus – nicht nur für ästhetisch sensible Zeitgenossen ein Horrorszenario.

Dass der Krieg gegen die Nacht derzeit nicht mehr ganz oben auf der Prioritätenliste moderner Gesellschaften steht, bedeutet also keineswegs auch schon, dass überall Zeichen der Mäßigung zu erkennen wären, und es bedeutet erst recht nicht, dass ein nachhaltiger Bewusstseinswandel stattgefunden hätte. Wenn Kurskorrekturen zu erkennen sind, dann allein gegenüber den fortschrittsgläubigen siebziger und achtziger Jahren. Seither haben die Stadtväter zwar hie und da dezentere Straßenlampen eingeführt, dies aber nicht aus dem Faible für natürlichere Lichtverhältnisse, sondern nur, um Kosten zu senken oder die Attraktivität für Touristen und Konsumenten zu erhöhen. Dass in den von Tankstellen, Discountern und Schnellrestaurants gespickten Gewerbegebieten täglich neue Lichtpilze aus dem Boden schießen, hat sie so wenig geschert wie jene Bürger, die die Gestaltungskraft des Lichts nun für ihre Privatgrundstücke entdecken.

Freilich: Im Deutschland des 21. Jahrhunderts wissen immer mehr Menschen etwas mit dem Terminus Lichtverschmutzung anzufangen. Auch gibt es bereits fachwissenschaftliche Studien zum Thema und sogar eine erste interdisziplinäre Forschungsgruppe, die sich mit den negativen Auswirkungen der hohen Helligkeitswerte für Mensch und Tier beschäftigt. Von einem sich organisierenden Widerstand kann deswegen jedoch noch keine Rede sein – weder in Europa noch in den USA, wo Astronomen sich bereits 1988 zur Dark Sky Association zusammenschlossen, um das in die Atmosphäre abstrahlende Licht wenigsten an einigen ausgewählten Orten zu begrenzen. Bürgerinitiativen gegen Lichtverschmutzung würden sich wohl schwertun, Mitstreiter und Sponsoren zu finden. Und die politische Partei, die im Wahlkampf weniger Licht verspräche, müsste erst noch erfunden werden. Die Nachfrage nach immer mehr Helligkeit mag insgesamt zurückgegangen sein, eine gesellschaftliche Bewegung gegen ihre schleichende Zunahme ist aber nicht auszumachen.

Warum ist das so? Warum befragt die moderne Erregungsgesellschaft, die vor allem Möglichen Angst hat, nicht auch das Kunstlicht auf seine schädlichen Nebenwirkungen für Körper und Geist? Warum regt sich niemand über die Laserstrahlen im Nachthimmel auf, mit denen Clubs und Weihnachtsmärkte für sich werben, warum akzeptiert man das auf hohen Masten angebrachte Logo eines Fastfood-Tempels, hinter dem selbst der Vollmond nur noch wie eine trübe Funzel wirkt? Und warum gibt es im Zeitalter der sich radikalisierenden Minderheiten noch keine militanten Kunstlichtgegner, die im Restschutz der Dunkelheit Lampen von Flutlichtanlagen ausschießen oder Scheinwerfer abmontieren, die nächtlich dastehende Kulturdenkmäler zu Stein gewordenen Kitschpostkarten degradieren?

Für diese nur schwer verständliche Toleranz gibt es verschiedene Erklärungsmöglichkeiten. Zum einen könnte sie einfach Ausdruck der Hilflosigkeit sein, dass niemand mehr weiß, mit welchen Mitteln sich der einmal entfesselten Lichtflut denn Einhalt gebieten ließe. Zum anderen könnte sie darin wurzeln, dass andere Zivilisationslasten ungleich schwerer wiegen. Gesetzt, man fühlte sich vom Zuviel künstlicher Lichtquellen tatsächlich gestört, so bliebe dies schon deshalb vernachlässigbar, weil das Nervenkostüm heute ganz anderen Herausforderungen ausgesetzt ist, dem Kommunikationsdruck der Mobiltelefonie etwa oder dem frei flottierenden Dauerlärm, vor dem man sich viel schwerer schützen kann, weil sich die Ohren im Unterschied zu den Augen nicht einfach schließen lassen.

Unser Gleichmut gegenüber der Invasion des Kunstlichts könnte allerdings auch anthropologischer Natur sein: Für unsere vorgeschichtlichen Vorfahren war das abendliche Dunkelwerden ja die Bedrohung schlechthin. Da der menschliche Sehapparat im Vergleich zu dem vieler anderer Säugetiere hoffnungslos unterentwickelt ist, war der Aktionsspielraum nun massiv eingeschränkt, wozu die berechtigte Angst vor nachtaktivem Getier kam, dem Säbelzahntiger etwa, der als Höhlenbewohner auch noch unmittelbarer Habitatkonkurrent war. Kein Wunder, dass die Nacht zum Reich diabolischer Mächte umgedeutet wurde.

Die genetische Verankerung solcher Primateninstinkte vorausgesetzt, stünde es uns also gar nicht frei, zu den Errungenschaften des Hellerwerdens auf Distanz zu gehen. Das selbst gemachte Licht genösse schon deshalb einen Sympathiebonus, weil es unsere handlungshemmenden Urängste besänftigt, weil es dem kollektiven Unterbewusstsein als Basis und Motor der menschlichen Kultur und damit als *eo ipso* gerechtfertigt erscheint.

Diese Erklärung scheint plausibel, ist aber insofern mit Vorsicht zu genießen, als sie das Verhältnis von Licht und Dunkelheit zum Antagonismus vereinfacht. Das Wirkungsgefüge der künstlichen Beleuchtung ist aber viel zu komplex, als dass ihm mit so simplen Erklärungen beizukommen wäre. Schließlich bemerkte Siegfried Kracauer schon im Berlin der zwanziger Jahre, dass die Lichter der Großstadt die Dunkelheit nicht einfach aufheben, sondern diese in gewisser Weise auch herstellen. Wer etwas zusätzlich beleuchtet – zusätzlich zu dem Licht, das nachts von den Gestirnen abstrahlt – sorgt zwar für punktuelle Helligkeit, produziert aber auch die Schatten, die er bekämpft. Statt sich zum nächtlichen Himmelslicht zu addieren, setzt das künstliche Licht dessen Resonanzraum außer Kraft, löst das räumliche Umfeld auf, als dessen Teil das Individuum sich zu betrachten gewohnt ist, entzieht diesem die Orientierungssicherheit, die es zu geben verspricht.

Ruth Hungerbühler und Luca Morici analysierten diesen Effekt im Rahmen des Schweizer Fiat-Lux-Projekts:

> „Die Flexibilität des Lichts lässt die Rigidität landschaftlicher Formen sehen (eine Bergkuppe hebt sich ab, eine Seefläche spiegelt, ein Feld erstreckt sich, eine Straße zieht sich dahin […]). Natürliches Licht schmiegt sich an die Land-

schaft und bringt sie hervor: In seiner Eigenschaft als Medium macht das Licht der Gestirne die Formen und Strukturen der Landschaft ersichtlich, man könnte auch sagen: Es bringt sie zu Tage. Künstliches Licht hingegen wirkt als Medium, das sich in die Landschaftsstrukturen einmischt, sie verändert, durchtrennt, möglicherweise auf den Kopf stellt. Obwohl es bestimmte Aspekte der Landschaft beleuchtet, zeigt es in erster Linie sich selbst und tendiert deshalb dazu, die Vielfalt der Landschaft zu verdunkeln."

Statt die Landschaft *als* Landschaft in die Sichtbarkeit zu heben, produzieren die in sie hinein gestellten Leuchtkörper Inseln des Tages im leeren Raum der Nacht. Diese territoriale Aggressivität unterscheidet die künstlichen Lichtquellen von den Himmelskörpern, die aus großer Ferne einstrahlen und folglich den landschaftlichen Zusammenhang bewahren. Einmal angeschaltet, schafft das Kunstlicht die Voraussetzungen für sein Wirken selbst, indem es den Kontrast erzeugt, der alles Nichtbeleuchtete in den Hintergrund treten, in der Bedeutungslosigkeit verschwinden lässt.

Prominentestes Opfer dieses Effekts waren Anfang des 20. Jahrhunderts die mittelalterlichen Stadtkerne. Weil die dicht von Lampen gesäumten Verkaufsstraßen der City heller denn je leuchteten, erschienen die nur von einigen müden Gaslaternen erhellten Altstadtreviere als düstere, geradezu bedrohliche Orte. Was eben noch gleichberechtigter Teil des urbanen Ensembles war, stand nun plötzlich im Abseits, wurde dem Reich des Unheimlichen und Dämonischen zugeschlagen. Zur zwiespältigen Natur der künstlichen Beleuchtung gehört es nun mal, auf ihrer Rückseite das zu verstärken, was sie aufheben will, und deshalb immer mehr Beleuchtungskörper zu fordern.

Dass unser affektives Verhältnis zum Licht in unauslöschlichen Primateninstinkten gründet, ist deshalb allenfalls die halbe Wahrheit. Mindestens ebenso wahr ist, dass die Entwertung der natürlichen Lichtverhältnisse geschichtlich gewachsen ist, dass die Privilegierung der menschlichen Zweitbeleuchtung Produkt einer technischen Praxis ist, die das Lichtbedürfnis geradezu zwangsläufig verstärkt. Unsere Reserve gegen das Nichtbeleuchtete wäre demnach weniger eine anthropo-biologische Tatsache als Folge von Wahrnehmungsveränderungen, die mit und durch die inflationäre Verwendung von Lampen, Strahlern und Scheinwerfern entstehen.

Eine weitere Eigentümlichkeit des Kunstlichts besteht darin, dass es nicht nur das jenseits des Lichtkegels liegende Umfeld zum Verschwinden bringt, sondern auch den beleuchteten Gegenstand selbst. Walter Riezler vom Deutschen Werkbund wies bereits 1928 auf diese Dialektik hin:

> „Viel stärker als natürliches Abend- oder Nachtlicht, bei dem je nach Wetterlage und Stand des Mondes Gebäude mehr oder weniger gut zu erkennen blieben, brachte die Lichtreklame die materielle Substanz der Stadt zum Verschwinden. Leuchttransparente auf dem Dachfirst oder an der Fassade und vor allem die sehr populäre Konturenbeleuchtung nahmen den Gebäuden abends ihre Massivität. Dreidimensionale Körper erschienen flächig, entmaterialisiert."

Sie schrumpften damit zu zweidimensionalen, fassadenhaften Gebilden, zu phantastischen Kulissen, durch die man die Augen spazieren führen konnte. Deshalb ist es auch kein Zufall, dass sich bald der flapsige Begriff „Lichtkino" einbürgerte, das Flanieren durch hell erleuchtete Geschäftsstraßen mit einem Kinobesuch verglichen wurde, wie in Richard Birkefelds und Martina Jungs Geschichte der öffentlichen Beleuchtung von Hannover zu lesen ist:

> „Am Straßenbahngast oder am vorbeihastenden Passanten rauschen die abendlichen Fassaden wie bewegte zweidimensionale Bilder vorbei. Assoziationen zum Kino drängen sich auf, wobei nun nicht allein das einzelne Schaufenster, sondern der gesamte abendliche Stadtraum zur Vorführung werden konnte. Die Präsentation ähnelte in der Tat der des Lichtspieltheaters, in dem die Beleuchtung des Zuschauer-

raums nach dem feierlichen Gong weggenommen wurde, um die Filmbilder eindrucksvoll aus der Dunkelheit aufscheinen zu lassen. Wie im Kino war der Kontrast zur umgebenden Dunkelheit konstitutiv für die Wirkung, wie dort wurde den Menschen nicht das pralle Leben, sondern der zweidimensionale Abglanz, eine Scheinwelt offeriert, die nichts desto weniger große Anziehungskraft ausübte."

Diese Diagnose gewinnt noch an Schärfe, wenn man sie etwas anders akzentuiert: Nicht *obwohl*, sondern gerade *weil* ihnen eine Scheinwelt präsentiert wurde, waren die Leute verzückt. Derart illuminiert hatte die nächtliche Großstadt nicht mehr die dröge Schwerkraft eines verdichteten Siedlungsraumes, sondern die Leichtigkeit einer Kulisse, die so entspannten Genuss versprach wie die Produkte der Filmindustrie. Statt jener Moloch der Hektik, des Lärms und der schlechten Luft zu sein, die sie auch war, erschien die City nun als Vergnügungsangebot, als dekoratives Lichtgebilde, das mit dem lichtscheuen Gesindel auch die eigenen, trüben Gedanken vertrieb, die Bürde des ‚In-der-Welt-Seins' unspürbar machte.

Aus diesem Blickwinkel gesehen, konnte die sorglos um sich strahlende Metropole gerade deshalb zum Faszinosum werden, weil sie einen Triumph der Inszenierung über die Realität darstellt, jenen Sieg der *unverbindlichen* Welt des Sehens gegenüber der Welt des Seins, der ein paar Jahrzehnte später durch das Fernsehen komplettiert werden sollte. Das Kunstlicht ließ die Stadt zum Schaufenster werden, zum Ort der Ablenkung und Zerstreuung, es ersetzte die leiblich-existenzielle Beziehung durch eine Konsumbeziehung, die zudem noch gratis war. Der abendliche Stadtbummel gewährte ein wohliges Entrücktsein, einen Ausstieg aus der nicht-inszenierten, einfach nur da seienden materiellen Welt – jener Welt, die mit dem Fluch der Endlichkeit behaftet ist.

Darin liegt freilich eine weitere Erklärungsmöglichkeit für unsere Blindheit gegenüber der Hypertrophie des Kunstlichts: Im Modus der künstlichen Beleuchtung präsentiert sich die Welt so, wie sie der moderne Mensch am liebsten mag – als selbst gestaltete Kulisse, die sich widerstandslos konsumieren lässt, weil sie zu einem zweidimensionalen Objekt der Betrachtung zusammenschnurrt ist – zu einer freundlich strahlenden Benutzeroberfläche, die nicht mehr auf die Mühen und Ängste des persönlichen Lebens zurückverweist. Mit dem lichttechnischen Arrangement schließt sich der besorgnisgeprägte Horizont des konkreten Daseins und es öffnen sich Räume eigentümlicher Schwerelosigkeit – Räume, die sich betrachten lassen, ohne dass man ihnen noch eigens angehört, Räume, die man ‚betreten' kann, ohne seinen sterblichen Körper mitnehmen zu müssen.

Aus diesem Blickwinkel betrachtet gründet unsere libidinöse Beziehung zum Licht weniger in dessen vermeintlicher Haupteigenschaft, etwas zu beleuchten, als in seiner zuverlässigen Nebenwirkung, etwas zu verhüllen: das Eingebundensein ins Reich des Organischen, das durch Werden und Vergehen bestimmt ist. Mit dem nächtlichen Lichtmeer verschafft sich der abendländische Mensch die Entfremdung, die ihm in der Genesis versprochen wurde: Die Illusion von Autarkie und Alleinherrschaft, die Überbietung jener irdisch-realen Welt, die das Christentum nicht zufällig als Ort der Finsternis diffamiert hatte.

Ist das nicht etwas weit hergeholt? Wird hier nicht ein allzu trostloses Zukunftsbild entworfen, in dem Beziehungen zur äußeren und inneren Natur keine Rolle mehr spielen? – Welches *Zukunfts*bild, ließe sich zurückfragen? Die Abwendung von der sinnlich gegebenen Welt hat doch heute schon epidemische Ausmaße angenommen, abends vor allem, wenn sich die überwiegende Mehrzahl der Zeitgenossen vor dem Lichtrechteck ihres Fernsehbildschirms einfindet, in die leuchtenden Parallelwelten abtaucht, die das World Wide Web offeriert oder in die mit Displays gespickten Neonhöllen der Fitnessstudios verschwindet.

Natürlich ließe sich einwenden, dass man ja einfach nur ab und an vor die Tür gehen müsse, um auf den Boden des wirklichen, dreidimensionalen Universums zurückzukehren! Das stimmt zwar und mag tagsüber sogar einigermaßen erfolgversprechend sein. Nachts jedoch sind die realen Horizonte, die als Korrektiv virtueller Verblendungen taugen könnten, längst verloschen. Im Tessin hat das Streulicht der Zivilisation die nahe gelegenen Hügel und Berge jedenfalls so gut wie unsichtbar gemacht. Viele Einwohner klagen, dass sie aufgrund der übermäßig beleuchteten Städte der Lombardei gegen Süden keinen einzigen Stern mehr zu Gesicht bekommen. Und wer glaubt, dass diese Menschen einfach nur das Pech haben, am falschen Ort zu wohnen, irrt gewaltig. Zwei von fünf EU-Bürgern, so schätzt man, können an ihrem Lebensort auch in klaren Nächten die Milchstraße nicht mehr sehen. Dafür müssten sie es der astronomischen Forschergemeinde gleichtun, die bereits eine halbe Weltreise macht, um die Objekte ihres Interesses noch ins Visier nehmen zu können.

Fraglich ist, ob dieser Verlust die lebensweltliche Nebensächlichkeit ist, als die er zunächst erscheint. Denn schließlich hat der Blick in den Nachthimmel immer schon die Bedeutung, die eigene Existenz zu relativieren und sich im Gesamt des Kosmos zu verorten. Bleibt dieser Blick im gelben Nebel der Lichtverschmutzung stecken, so verlischt jener Orientierungsrahmen, durch den sich das neuzeitliche vom mittelalterlichen Bewusstsein unterscheidet. Es droht nichts Geringeres als eine Re-Ptolomäisierung des Weltbildes.

In Sachen Astronomie hatte sich die mittelalterliche Kirche bekanntlich krampfhaft an die umstrittenen Theorien des griechischen Mathematikers Claudius Ptolomäus (ca. 100–160) gehalten. Demnach war die Erde eine Scheibe, über der die Gestirne zur Beleuchtung aufgehängt waren. Statt ein Eigenrecht zu haben, hatten sie lediglich die Funktion, dem Heilsgeschehen zu dienen, einem Schauspiel, das sich auf der Oberfläche nur genau eines Planeten abspielte, der zudem das Zentrum des Universums war. In dieser Ontologie gab es zwar auch eine dritte Dimension. Die lag jedoch irgendwo dahinter, jenseits des sichtbaren Kosmos, in einem der sinnlichen Wahrnehmung entzogenen Un-Ort namens Himmelreich. Im 15. Jahrhundert brach Kopernikus' Entdeckung, dass sich die Erde um die Sonne dreht, diesen selbstbezüglichen Phantasien dann das Genick. Seine Kosmologie, das kopernikanische Weltbild, entließ den Sternenhimmel wieder in die Autonomie, die er bei den frühen Griechen schon hatte. Er war nun ein eigenständiges Anderes, das unseren Anspruch auf Alleinwichtigkeit demütigte, uns zu Bewohnern einer Galaxie machte, die nicht ausschließlich auf uns bezogen war – eines Anderen, zu dem man sich in Beziehung setzen musste, das eine Orientierung im irdischen Raum, ein Realitätsbewusstsein allererst ermöglichte.

Jetzt, unter den Bedingungen der modernen Lichtflut, scheint sich dieser Orientierungsrahmen wieder aufzulösen. Wir tauchen in die vormoderne Auffassung zurück, nach der sich alles nur auf der Oberfläche unseres Planeten abspielt – einer Oberfläche, auf der wir nur noch unseresgleichen und menschlichen Artefakten begegnen und auf der wir sogar das Licht, das all dies erkennbar macht, selber herstellen. Wer glaubt, dass es sich hier nur um einen bedauerlichen Betriebsunfall handelt, täuscht sich gewaltig. Der abendländische Mensch hat immer schon an nichts mehr Interesse als an einer solchen Horizontverengung.

Klar, dass sich das Licht damit aus seiner aufklärerischen Semantik gelöst hat. Wahllos in die Atmosphäre gestrahlt, verliert es die Bedeutung, Mittler von Wahrheit und Erkenntnis zu sein. Statt die Bedingungen des In-der-Welt-Seins zu erhellen, verhüllt und vernebelt es diese. So ist das Projekt der Aufklärung wohl doch noch nicht zu Ende. Es braucht heute das, was ihrem Begriff am meisten zu widersprechen scheint – weniger Licht, mehr Dunkelheit.

Sich auf den Weg machen
Konturen einer Philosophie des Wanderns

Die Geschichte der abendländischen Mobilität ist schnell erzählt: In den Ewigkeiten der Anfangszeit gab es zur Fortbewegung *per pedes* keine Alternative; nur Einzelne – Kaiser, Könige und Kirchenfürsten – ritten zu Pferde oder ließen sich in Sänften tragen. Auch in der im 18. Jahrhundert beginnenden zweiten Phase waren die Menschen fast ausnahmslos auf ihre Füße angewiesen – allein schon die von Ort zu Ort ziehenden Vaganten stellten damals ein Siebtel der Gesamtbevölkerung. Die Zahl der Nichtgeher hatte aber bereits deutlich zugenommen: Mit dem systematischen Ausbau des Straßennetzes waren Privilegierte nun in der Kutsche unterwegs und unterstrichen damit die sozialen Rangunterschiede zum gemeinen Volk. Schließlich, seit wenigen Jahrzehnten, muss niemand mehr zu Fuß gehen, selbst dann nicht, wenn er nur um die nächste Ecke will. Das Auto hat der Eisenbahn, die vor zweihundert Jahren das goldene Zeitalter des Ortswechsels ohne Muskelkraft einläutete, endgültig den Rang abgelaufen und vollends überflüssig gemacht, was von den Verfechtern des technischen Fortschritts schon länger ironisiert worden war: jene „unregelmäßig humpelnde" Vorwärtsbewegung, die die menschliche Mobilität von dem Moment an prägte, als sich die ersten Primaten dem aufrechten Gang verschrieben.

Die Entwicklung zur automobilen Fortbewegung kann man bedauern – und jeder tut dies, der sich einmal anschaut, was der motorisierte Verkehr aus Städten und Landschaften gemacht hat. Man kann sie aber auch gutheißen und sie apologetisch beschreiben – so wie sie Hegel beschreiben würde – oder der ADAC: Zuerst war einer frei, dann einige und schließlich alle. Die Not des Zufußgehens ist vorüber, die Menschheit hat das

Shangrila der mobilen Mühelosigkeit erreicht und Zeit für die wirklich wichtigen Dinge gewonnen.

Doch was ist wirklich wichtig? Und was bedeutet es, dass die muskelgestützte Lokomotion von einer gesellschaftlichen Notwendigkeit zu jener Freizeitaktivität geworden ist, die gemeinhin Wandern genannt wird? Ist das freiwillige Umherhumpeln auf eigens markierten Wegen lediglich Relikt und Kuriosum, Exempel für die Gleichzeitigkeit des historisch Ungleichzeitigen? Folgt solches Schrittwechseln nur noch der Dialektik von Zeitvertreib und Zeitverschwendung? Wandern als bloßer Ausgleich zur motorischen Erstarrung am Computerarbeitsplatz und im Fernsehsessel? Eine gesundheitspädagogische Maßnahme zur Wiederherstellung für jene eigentliche Lebensrealität, die man Arbeitsalltag nennt?

Gegen die Annahme, dass das Zufußgehen jede darüber hinausgehende gesellschaftliche Bedeutung verloren hat, spricht mindestens zweierlei. Erstens die Tatsache, dass sich bei Umfragen immerhin jeder zweite Deutsche zum Wandern bekennt. Und zweitens die Vehemenz, mit der der Rückgriff auf die kreatürlichen Gehwerkzeuge bis vor kurzem in gewissen Kreisen abgelehnt wurde – in der links-kritischen deutschen Alternativkultur, solange diese noch ganz der Vorstellungswelt der späten Sechziger Jahre verpflichtet war. Das freizeitmäßige Nutzen von Feld-, Wald- und Wiesenwegen erschien ihren Protagonisten nicht nur als veraltet und langweilig, sondern auch als politisch fragwürdig: Kniebundhosen und karierte Wanderhemden firmierten als Zeichen dumpfer Heimatsucht und die traditionellen Filzhüte als Tarnkappen eines hoffnungslos falschen Bewusstseins.

Um diese Stigmatisierung zu verstehen, bedarf es des Blicks zurück: Die Nationalsozialisten hatten die zivilisationskritischen Strömungen des Jahrhundertanfangs virtuos bedient und für sich vereinnahmt. Heimat- und Lebensreformbewegungen, in deren Gravitationsfeld sich auch die Wandervogelszene formiert hatte, versprachen sich die ersehnte Rückwendung zur Natur und sympathisierten – zumindest anfänglich – mit den neuen Machthabern. In den sechziger Jahren erschien dies der Generation der Spätgeborenen, die angetreten war, die unrühmliche Geschichte ihrer Väter aufzuarbeiten, als innere Verbindung zum aggressiven Antimodernismus der Nationalsozialisten.

Wer noch ernst genommen werden wollte, musste nun allem abschwören, was auch nur im Entferntesten mit dem atavistischen Ideologien-Konglomerat der ersten Jahrhunderthälfte hätte in Verbindung gebracht werden können, durfte für die Segnungen des technischen Fortschritt aber offen bleiben, für das Auto zum Beispiel: Verbeulte Enten und heruntergekommene Familienbusse fungierten nun als umgekehrte Statussymbole, mit denen man das expandierende Straßennetz unsicher machen konnte. Da die Wahrnehmungsmuster der konservativen Zivilisationskritik im blinden Fortschrittsglaubens untergegangen waren, blieben die lebensweltlichen und ökologischen Nebenfolgen der Wohlstandskultur erst mal ungesehen und man bezichtigte – wie etwa Hans Magnus Enzensberger 1973 – die aufkeimenden Bürgerinitiativen als Versammlungsort bornierter Öko-Spinner, die „über ihre wahren Interessen noch aufzuklären" seien. Und wehe dem, der seine Freizeit in heimatlichen Wäldern und Fluren verbrachte: Er fiel in die Rubrik eines Spießertums, das Naturverbundenheit vorgaukelte, wo im Grunde nur Ressentiment gegen die Moderne, gegen den Fort-Schritt (!) ins Mekka der Freiheit war.

Erst Anfang der achtziger Jahre deutete sich ein Gesinnungswandel an: Das Umweltthema hatte den Weg von außerparlamentarischen Initiativen in die offizielle Politik gefunden. Unter der Flagge der Grünen begannen nun – Ironie der Geschichte – ausgerechnet die ehedem Linken und Progressiven an vorderster Front für den Natur- und Umweltschutz zu kämpfen – für die Zügelung des Fortschrittswahns und die Heimatlichkeit des Planeten. Damit bröckelte auch das weitverbreitete Verdikt gegen das Wandern und lebte allenfalls im Zwang zum Neologismus fort: Um nicht mit den Kniebundhosenspießern der Wander- und Alpenvereine verwechselt zu werden, mied man systematisch den deutschen Sprachraum, reiste zum weiträumigen Schrittwechseln in die Ferne und nannte sein Tun Trekking. Trekking aber war und ist nichts anderes als Wandern – Wandern mit hohem Anreiseaufwand und Expeditionsflair. Die Flugzeuganreise avancierte zum integralen Bestandteil des Wanderurlaubs und zum Beweis seiner politischen Korrektheit: Der Begriff Wandervogel bekam einen ganz neuen, schillernden Sinn.

Doch wie konnte es im Zeitalter der totalen Mobilität überhaupt zur Renaissance der ältesten aller Fortbewegungsarten kommen? Nun, offenbar ist die Lust an der Selbstbewegung im Freien selbst da nicht zu unterdrücken, wo man es besser zu wissen meinte – und das ist vielleicht auch nicht besonders überraschend: Zum einen erzwingt die immer artifizieller werdende Alltagswelt Ausbrüche dorthin, wo man von den Zumutungen der technischen Zivilisation verschont bleibt. Zum anderen hat in einer Gesellschaft, in der alles auf Leistung und Tempo abzielt, die periodische Rückkehr zur Langsamkeit geradezu therapeutische Bedeutung. Langsamkeit wohlgemerkt, nicht Passivität. Passivität wäre nur das feierabendliche Gegenstück zur Hetze des Berufsalltags. Das Wandern erlaubt dagegen auf beispiellose Weise Vorwärtsschreiten und Verharren miteinander zu verbinden, eine zur motorischen Grundausstattung des *Homo erectus* passende Geschwindigkeit, für die im Rausch der Beschleunigungen ansonsten kein Platz mehr ist. Es bietet eine Alternative zum Dualismus von Stillstand und Bewegung, der die Logik des abendländischen Denkens vorrangig bestimmt hat.

Wer sich zu Fuß auf den Weg macht, verschafft sich jene Intensität von Erfahrung, von der der moderne Schnelltourist nur träumen kann. Im Modus der schrittweisen Welterkundung entkommt man den Wahrnehmungsverlusten, auf die schon Jean Jacques Rousseau hingewiesen hat. Im 5. Buch seines Erziehungsromans *Émile* kontrastiert er das sinnenfeindliche Delirium in der Postkutsche mit der Freiheit des Wanderers:

„Wir sperren uns nicht gegen die freie Luft ab, noch berauben wir uns des Anblicks der uns umringenden Gegenstände [...] Man betrachtet die ganze Gegend; wendet sich bald zur

> Rechten, bald zur Linken; untersucht alles, was einen ergötzt, und macht an allen Aussichtspunkten halt. [...] Wer nur darauf ausgeht, sein Ziel zu erreichen, mag immerhin mit der Post fahren, wer aber reisen will, der muss zu Fuß gehen.“

Rousseau macht also noch den Unterschied zwischen Transportiertwerden und Reisen, der im Sprachspiel der modernen Tourismusindustrie über Bord gegangen ist – und er macht ihn zu Recht: Wer sich, statt einen Schritt vor den anderen zu setzen, auf einer mehr oder weniger bequemen Sitzbank durch den Raum rollen lässt, weiß selbst dann nicht, wo er gewesen ist, wenn er der Versuchung des Einschlafens widersteht und die ganze Fahrt über angestrengt nach draußen schaut.

Heute ist es die Selbstverständlichkeit des Automobilgebrauchs, die den Wahrnehmungshorizont des Reisenden einschränkt. Angegurtet zwischen Glas, Metall und Kunststoff rast der Zeitgenosse – unter- wie überfordert zugleich – durch die sich verwischende Landschaft, von der ihn gelegentlich sogar noch Lärmschutzwände trennen:

> „Der arme Autofahrer sitzt in seinem Blechbehälter, gefesselt an sein Steuerrad, ausgeschlossen von der belebenden Wechselwirkung mit den Weltkräften, getrennt von der Erde, ohne Eigenbewegung in seinem Miniatursalon, dessen großstädtische Eleganz er stets mit sich führt und überall verbreitet“,

schreibt der konservative Ehrenfried Muthesius in seinem Buch *Der letzte Fußgänger* 1960. Die deutsche Öffentlichkeit hat für solche Bedenken aber gerade kein Ohr. Die stolzen Besitzer eines fahrbaren Untersatzes sind zu sehr damit beschäftigt, die neugewonnenen Freiheiten der Mobilität zu erkunden, machen erste Stau-Erfahrungen und sogenannte Spritztouren zu den sehenswertesten Örtlichkeiten, von denen sie jedoch zumeist zurückkommen, ohne irgendetwas in Erinnerung behalten zu haben. Mit der sinnlichen Erfahrung körperlicher Anstrengungen geht auch die der räumlichen Entfernung verloren, die angetroffenen Orte verlieren ihr Hier und Jetzt und man selbst jene Orientierung im Raum, die einen mit der fremden Welt nachhaltig vertraut machen könnte.

Vor dem Auto war es die Eisenbahn, die den Reisenden dem durchreisten Raum entfremdete. Die Bahnreise bedingt eine Mechanisierung der Wahrnehmung, wodurch das Reisen „panoramatisch“ wird, wie Wolfgang Schivelbusch in seiner *Geschichte der Eisenbahnreise* es nennt:

> „Die Tiefenschärfe der vorindustriellen Wahrnehmung geht hier ganz wörtlich verloren, indem durch die Geschwindigkeit die nahegelegenen Objekte sich verflüchtigen. Dies bedeutet das Ende des Vordergrunds, jener Raumdimension, die die wesentliche Erfahrung vorindustriellen Reisens ausmacht. Über den Vordergrund bezog sich der Reisende auf die Landschaft, durch die er sich bewegte. Er wusste sich selber als Teil dieses Vordergrunds, und dies Bewusstsein verband ihn mit der Landschaft, band ihn in sie ein [...] Der panoramatische Blick gehört nicht mehr dem gleichen Raum an wie die wahrgenommenen Gegenstände.“

Von einem als lebendige Kontinuität erfahrenen Raum ist nun nichts mehr übrig – man wird Opfer einer Bilderflut, die den Geist ermüdet und unweigerlich Langeweile aufkommen lässt. Auf einer Fußreise sieht man aber nicht nur mehr. Sie verschafft auch einen ganz anderen Zugang sowohl zu der Landschaft, durch die die Reise führt, als auch zu den unterwegs angetroffenen Menschen. Überspitzt ausgedrückt, folgt das Wandern nicht den Prinzipien touristischer Eroberung, sondern unterläuft diese.

Rousseau hatte das Augenmerk auf die sozialen und politischen Dimensionen der althergebrachten Fortbewegungsart gelegt: Das Zufußgehen galt ihm nicht als Variante der aristokratischen Kavaliersreise, sondern als deren Dementi. Sich in den Staub der Landstraße zu begeben, hieß für den passionierten Spaziergänger, soziale Rangunterschiede abzulegen, sich als Mensch unter Menschen zu nähern, die Bereitschaft zu entwickeln, sich nicht nur „von schlechten Gewohnheiten", sondern auch „von schlechten Herrschern" befreien zu wollen. Geboren war damit die Metapher vom ‚aufrechten Gang', die keinen evolutionsbiologischen oder physiotherapeutischen, sondern ausschließlich politischen Sinn hatte – als sichtbarer Protest gegen den feudalen Machtapparat und als Plädoyer für ein selbstbewusstes Individuum, das für seine Freiheit und Würde einzustehen bereit ist.

Andere vorbürgerliche Fußreisende folgten Rousseau hierin und blieben auch deshalb gesellschaftliche Außenseiter – der Dichter und Übersetzer Johann Caspar Riesbeck etwa, oder Johann Gottfried Seume, der wohl berühmteste Langstreckenwanderer aller Zeiten: „So wie man im Wagen sitzt, hat man sich sogleich einige Grade von der ursprünglichen Humanität entfernt", schrieb Seume in den ersten Jahren des 19. Jahrhunderts – und machte, wie er es nicht ohne Ironie nannte, „Spaziergänge" nach Syrakus und St. Petersburg. Auch der Volkskundler Wilhelm Heinrich Riehl, weniger an politischen Veränderungen als an national-konservativer Feldforschung interessiert, betonte das soziale Moment des Zufußgehens. Sich „per pedes" zu nähern, bedeute, „zuvorkommend gegen jeden Begegnenden" zu werden, sei eine Form der diskreten Selbstintegration:

> „Wer sein Zelt nicht aufzuschlagen vermag in dem Lande, welches er wandernd studiert, der mag sich getrösten, dass im Wandern selbst doch der nächste Ersatz für das Wohnen liegt. Der Fußwanderer lebt mit den Leuten, wenn auch nur vorübergehend, nur abgekürzt und im Auszuge; darum ist jede gründliche Wanderung wenigstens eine halbe Einbürgerung, und wer acht Tage im Lande umhergeht, der wird dort seßhafter als ein anderer, der zwanzigmal hindurchgefahren ist."

Im 21. Jahrhundert dürfte die Tatsache, dass auch die Einheimischen nur noch in ihren Autos anzutreffen sind, die soziale Kontaktaufnahme erschweren, wenn nicht sogar verunmöglichen. Der meist aus urbanen Verhältnissen stammende Wanderer trifft nur noch auf seinesgleichen, besonders wenn er auf den zertifizierten Premiumwegen unterwegs ist, mit denen die bundesdeutsche Tourismusindustrie neuerdings auf sich aufmerksam macht. Denn die passieren, um den störenden Asphaltanteil gering zu halten, nicht mehr die menschlichen Siedlungsräume, sondern schlängeln sich durch abgelegenste Waldstücke, für die sich nicht einmal die Forstwirtschaft interessiert. Um noch Menschen zu treffen, die draußen auf ihren Feldern arbeiten oder zu Fuß dorthin gehen, muss man heute eine Interkontinentalreise machen, mindestens aber nach Osteuropa oder in die vergessenen Berggebiete Piemonts und Friauls fahren.

Zwei andere positive Nebeneffekte des Wanderns haben ihre Wirksamkeit jedoch behalten: Das Eintauchen in die Geschichte und die Begegnung mit der Natur. Zumindest jene Zeitgenossen, die lieber auf alten Verbindungswegen unterwegs sind als auf touristischen Trampelpfaden, werden unweigerlich mit jenen Zeiten bekannt, in denen es zum Zufußgehen noch keine Alternative gab. Die unterschwellige Präsenz dieser ur-menschlichen Mobilitätsform verleiht den historischen Wegen eine spezifische Aura, deren man sich nur schwer entziehen kann. Man muss sich nicht einmal *bewusst* in die Mühsale unserer Vor-Gänger hineinversetzen – im Modus der Selbstbewegung ihren Spuren folgend, *ist* man schon in diese hineinversetzt, in jenen längsten Teil der Menschheitsgeschichte hinabgetaucht, der einem deshalb so authentisch erscheint, weil die Fortbewegung hier noch an die Körperkräfte gekoppelt war, die einem als Leibwesen bestens vertraut sind. Auch deshalb hasst der Wanderer Asphaltbeläge. Denn hier sind die Spuren der Geschichte verwischt – die synthetischen Oberflächen verweisen nicht auf das Alltagsleben unserer Vorfahren, in das man Schritt für Schritt hineingezogen wird, sondern auf das Reich der Geschwindigkeit, in dem die Reisenden von den Beinen geholt sind und in keiner Beziehung mehr zu dem Boden stehen, über den sie sich bewegen.

Noch wichtiger ist freilich die Kontaktaufnahme mit der Natur, um die es im Folgenden gehen soll. Gemeint ist nicht eine intensivere Wahrnehmung von Naturgegenständen, eine quantitative Steigerung der Eindrücke und des Genusses, sondern die *qualitative* Veränderung der Beziehung, die im Laufe einer Wanderung spürbar wird. Sich mit der Langsamkeit des Langstreckengehers in die Welt hinaus zu begeben heißt, sich der räumlichen Umgebungswelt in dem Sinne zu integrieren, wie es Riehl oder Seume für die besuchte Kultur gemeint hatten. Plakativ formuliert, hat es etwas mit jenem Umdenken zu tun, das heute überall gefordert, aber selten eingelöst wird.

Um das zu zeigen, braucht es einen methodischen Zwischenschritt, in dem das Wandern von anderen Formen der Fortbewegung auf zwei Beinen abgegrenzt wird. Schließlich drängt sich der Verdacht auf, dass das Hinausstürmen mit Wanderstiefeln jener Natur schaden könnte, um die es einem zu gehen scheint. Sind es nicht immer wieder Wanderer, die die sensible Hochgebirgsflora niedertrampeln, ihre Nase in Adlerhorste stecken und ihre Profilsohlen in bisher unbetretene Landschaftsteile drücken? – Keineswegs, denn das sind Bergsteiger, Kletterer oder andere Outdoor-Aktivisten: Wandern, wie es hier verstanden wird, findet nicht jenseits menschlicher Kulturräume statt, braucht keine ungeahnten Höhen und nie gesehene Weiten, hat nichts mit Ehrgeiz, Gipfelerlebnis und Angstlust zu tun. Statt neue Spuren zu legen, zieht es der idealtypische Wanderer vor, gewachsene Wege zu benutzen, die in der Regel gut befestigt und damit ökologisch unbedenklich sind. Am Selbsterfahrungs-Aktionismus, mit dem unter Sinnverlust geratene Mitteleuropäer inzwischen in die letzten Wildnisregionen des Planeten einfallen, hat er kein Interesse. Wandern bedeutet für ihn nicht mehr, als sich aufmachen, sich eine Gegend dadurch zu erschließen, dass man sie durchschreitet – ohne spezielle Absichten und Ziele, frei vom Wunsch nach Leistungsbeweisen und Grenzerlebnissen. Wanderer sind demnach Anti-Sportler – nicht allerdings, weil sie sich nicht körperlich fordern und ihr Tun nicht auch anstrengend wäre, sondern weil ihr raumgreifendes Ausschreiten seinen Sinn in sich selbst trägt. Es ist fern davon Mittel zum Zweck zu sein, sich und anderen etwas zu beweisen, sein Ego zu stärken oder seinen Körper zu stählen.

Genauer ist das Wandern durch dreierlei gekennzeichnet: durch eine gewisse zeitliche Dauer, eine moderate Fortbewegungsgeschwindigkeit und einen vorübergehenden Verlust der Zielorientierung. Folglich verlangen entsprechende Unternehmungen selbst dann, wenn es sich um jenen Spezialfall handelt, den man Rundwanderung nennt, eine nicht näher zu bestimmende Distanzierung vom Ausgangs- und Rückkehrpunkt, zumindest aber das Bewusstsein einer solchen Distanzierung. Man wandert in aller Regel also nicht in der Binnenwelt menschlicher Artefakte oder im schon hinreichend bekannten unmittelbaren Lebensumfeld, sondern macht gleichsam einen Schritt nach draußen. Dabei geht es – im Unterschied zur historischen Fußreise, der das Moment der Freiwilligkeit fehlte – weniger um das Erreichen des Endpunkts als um das Unterwegssein dorthin, das zu beschleunigen nur genau dann Sinn macht, wenn ein Gewitter aufzieht, man in die Nacht zu kommen droht oder man einen Bus erreichen muss. Das festgelegte Ziel, das dem Unternehmen des Wanderers eine Richtung gibt, hat lediglich untergeordnete, formale Bedeutung; sonst könnte man ja auch einfach hinfahren und dort ein paar Runden drehen. Der Weg ist das Ziel, lautet die noch immer zutreffende, inzwischen aber inflationär gebrauchte Definition. Statt zu Zielen, die diesen Namen verdienen, führen Wanderungen lediglich an ihre Endpunkte – worin sie sich auch von einer Pilger‚fahrt‘ auf dem Jakobsweg unterscheiden. Denn hier bleiben selbst die auf das magische Moment des Ankommens in Santiago di Compostela fokussiert, die nicht an die Vergebung der Sünden glauben.

Anders als der Wanderer verlässt der Spaziergänger einen Ort, um nach mehr oder weniger kurzer Zeit genau dort wieder anzukommen. Zu seiner Unternehmung gehört die Idee, jederzeit abbrechen und zurückgehen zu können. So sitzt der Spaziergänger in viel stärkerem Maße als der Wanderer im Geiste bereits wieder beim Abendessen oder bewegt sich noch im Horizont seiner Alltagsverrichtungen, auf die das Umhergehen im Park oder Stadtwald stets bezogen bleibt. Die Natur, durch die der Spaziergänger wandelt, ist Gefildenatur. Sie ist geordnet und homogenisiert, und dort, wo er sich weiter weg, etwa in Waldgebiete, begibt, steht das Auto als Brücke zur zivilisatorischen Primärwelt nicht weit entfernt.

Weil im Blick auf Dauer und Austragungsort keine scharfen Trennlinien auszumachen sind, ist der Übergang von der bürgerlichen Erfindung des Spazierengehens zum Wandern fließend. Selbst der Fußreisende früherer Zeiten, der zwar kein Wanderer im modernen Sinne, erst recht aber kein Spaziergänger war, ging niemals durch eine reine Natur. Führte ihn seine Route durch unbewohnte Gegenden, so blieb wenigstens der Weg selbst als Kulturzeichen präsent. Darin liegt kein Widerspruch: Wanderungen sind immer schon und auch dann, wenn sie als Hinausgehen in die Natur verstanden werden, Unternehmungen zwischen Kultur und Natur. Sie sind es heutzutage umso mehr, als es das ganz und gar Unberührte praktisch nirgends mehr gibt, die Natur aber dennoch präsent bleibt: als das, was in der Kulturlandschaft seiner eigenen Dynamik folgt, was ohne Zutun des Menschen entstanden ist und entsteht – als jenes unentwegte organische Werden, das durch unsere Eingriffe zwar gestört oder gefördert, nicht aber hergestellt werden kann.

Das Tun des Alpinisten ist dem des Wanderers hingegen diametral entgegengesetzt: Auf den Nervenkitzel des Abenteuers fixiert, will er jenseits kulturell domestizierter Räume vorstoßen, den menschlichen Handlungsspielraum erweitern – und trägt dabei den Leistungsgedanken der modernen Gesellschaft in die Freizeit. Einfaches Umhergehen zwischen Kultur und Natur wäre für ihn sinnlos. Wo immer er hingeht, findet er sich vor einer Aufgabe, einer Herausforderung, die ihm eine Art Trophäe verspricht, die er mit nach Hause nehmen und sich selbst und anderen vorzeigen kann: Sein Weg ist ihm Spur zu einem Besonderen, für das alles sonst noch Gesehene nur am Wegrand liegt.

Die Pointe einer Wanderung aber ist gerade dieses „sonst noch Gesehene“! Einem Wanderer geht es um das Ganze des durchschrittenen Raums, nicht um einen besonderen Ausschnitt daraus. Folgerichtig begnügt er sich mit dem Durchschnittlichen und Unsensationellen, das nicht mühsam aufgespürt werden muss, vielmehr immer schon da ist und deshalb gelassen und gemächlich erlebt werden kann. Statt hinauf und hinaus zu wollen, hält er sich offen dafür, was die aufgesuchte Gegend ‚von sich aus' bietet, dann nämlich, wenn er sie ziellos durchquert, sie in ihrem inneren Zusammenhang auf sich wirken lässt, indem er sie durchschreitet.

Diese Abwesenheit spezieller Ziele und Wünsche ist die wichtigste Vorbedingung des qualitativen Sprungs, von dem die Rede war. Dieser wird aber nicht vollzogen, sondern ereignet sich *en passant*, beiläufig, im Vollzug des Gehens selbst – man muss ihn nicht wollen und kann ihn nicht planen. Schließlich begibt man sich nicht deshalb auf Wanderschaft, um die Natur zu schützen, sondern weil man sich selbst einen Gefallen tun möchte: Man will raus aus den artifiziellen und aseptischen Lebensräumen des urbanen Alltags, sich eine noch unbekannte Gegend erobern, sie gleichsam in Besitz nehmen. Doch unterwegs entgleitet dieses Vorhaben, die Verhältnisse kehren sich gewissermaßen um. Statt mitgebrachte Ziele und Zwecke im Auge zu behalten und die umgebende Landschaft Schritt für Schritt für sich zu vereinnahmen, ist es der Wanderer, der von dieser vereinnahmt wird. Losgezogen mit dem Wunsch der Aneignung, wird das Gehen ein Sichgehenlassen, ein Sichverlieren im Anderen des durchquerten Raums.

Gemeint ist damit nicht das sprichwörtliche Freiwerden des Kopfes beim Gehen, das unzählige Philosophen und Literaten zur Bedingung der Möglichkeit ihres Schaffens stilisiert haben. Diese Freiheit ist immer schon durch die Vielfalt kinästhetischer Erfahrungen begrenzt; sonst gäbe es wieder nur einen mechanistisch funktionierenden Körper, dem ein davon gänzlich unabhängiger Geist gegenüberstünde. Zumal auf Naturwegen fordert das Gehen komplexe Operationen des ganzen Bewegungsapparats, eine unbewusste Aufmerksamkeit, die auf das Bewusstsein zurückschlägt, dieses mit Eindrücken versorgt, die es nicht zu fassen und zu verarbeiten vermag. Wir erfahren unseren Leib nun als das, was er seit Jahrhunderttausenden ist – zuinnerst mit der nicht–menschlichen Welt verbunden, die er durchstreift – in unvordenklichem Austausch mit den Kräften und Gegenständen eines Reichs, das nicht aus menschlichen Artefakten besteht. Vermittelt über die Füße, die pro Gramm Muskelmasse die unglaubliche Menge von einhundertfünfzig Rezeptoren besitzen, kommt es zu einer Fülle sinnlich-sinnenhafter Erlebnisse, die sich nicht mehr in das Raster eines Handlungssubjektes einfügen lassen und allenfalls zu inneren Bildern werden, die Wochen oder Jahre später plötzlich ganz intensiv vor Augen stehen können, im Moment des Erlebens aber nicht gesehen werden. Man bleibt also nicht der selbstsichere Beobachter, der zunächst dieses und dann jenes am Wegrand besichtigt oder diese oder jene Szenerie registriert und damit die Landschaft zur Kulisse reduziert. Was dem Wanderer widerfährt, entzieht sich der verstehenden Kontrolle, die Zugriffsformen der Rationalität versagen, die Distanzierung vom Gegenstand, die im Bereden einer Sache liegt, ist nicht mehr möglich. Man kann, was sich unterwegs ereignet, nicht erzählen, weswegen es in entsprechenden Reportagen der Reisemedien von Leerformeln nur so wimmelt. Mit der Beschreibung einer Klettertour hat man viel weniger Mühe, weil die dabei entstehende Spannung in Sprache übersetzbar ist – weil es um die Beschreibung eines Tuns mit explizitem Handlungscharakter geht, das sich dramaturgisch in Szene setzen lässt. Wer wandert, handelt aber nicht – er *geht*! Ein Bein vor das andere zu setzen heißt auch, *gegangen* zu werden – von den neuronal verkoppelten siebenhundert Muskeln und hundert Gelenken, die an der menschlichen Lokomotion beteiligt sind. Das archetypische Schrittwechseln oszilliert so zwischen bewusstem Ausschreiten und Sichtreibenlassen, zwischen versuchter Aneignung und Kontrollverlust.

Unweigerlich wird damit auch das, was wir Natur nennen, mit anderen Augen gesehen. Es ist nun nicht mehr das, was immer schon für menschliche Zwecke bereitliegt, das also pragmatisch verwendet oder ästhetisch begafft werden könnte. Zwischen dem Wanderer und seiner räumlichen Gegend ist eine dritte

Form von Beziehung entstanden, die herkömmliche Zugangsarten unterläuft. Drastisch formuliert, ist das Ich aus seiner Rolle gefallen, hat die intentionale Gerichtetheit verloren, die dem komplexen Geschehen eine menschliche Ordnung aufzwingt und die vielfältigen Erscheinungen der Natur zu bloßen Phänomenen homogenisiert. Entglitten sind nun die Sicherheiten der Subjekt/Objekt–Relation, mit denen das neuzeitliche Subjekt das Andere zugleich draußen und in Verfügung hält.

Deshalb kann man dem Wandern auch ein *ethisches* Moment zusprechen. Ethisch allerdings nicht im Sinne der abendländisch-kontinentalen Moralphilosophie, die rational ableitbare und verallgemeinerbare Handlungsanweisungen sucht, sondern verstanden als situative Erfahrung, die aus sich heraus so stark ist, dass die gewohnten Zugriffsweisen versagen – eine Erfahrung, bei der einem der oder das Begegnende paradoxerweise genau deshalb näher rückt, weil es sich der rationalen Vermessung widersetzt.

Für diese Akzentuierung in der Ethik steht heute der Name Emmanuel Lévinas (1906–1995). Dem französischen Philosophen zufolge zeichnet sich die ethische Beziehung dadurch aus, dass das Gegenüber unmittelbar, frei von jeder begrifflichen Vermittlung, eben *als Anderes* entgegentritt und in seiner Andersheit zugelassen, sein gelassen wird.

Entscheidende Störgröße ist nach Lévinas das „europäische" Ich, das sich von allem Fremden abschotten will, seine Autarkie der „Umschmelzung des Anderen in das Selbe" verdankt und deshalb immer schon imperialistisch ist. Diese chronische Selbstbezüglichkeit löst sich nach Lévinas allenfalls dann auf, wenn mir ein anderes Individuum via „Antlitz", also von Angesicht zu Angesicht (das heißt nicht mehr lediglich als Phänomen) gegenübertritt und mir so einen unüberwindlichen Widerstand entgegensetzt – einen Widerstand, der nicht negativ wirkt und mir Gewalt antut, sondern eine positive Struktur hat: Statt meine Freiheit zu verletzen, ruft er diese zur Verantwortung und stiftet sie.

Was sich in entsprechenden Situationen ereignet, ist demnach die Infragestellung des Bewusstseins und nicht das Bewusstsein einer Infragestellung. Das Ich verliert seine unumschränkte Koinzidenz mit sich, verliert seine Identifikation, durch die das Bewusstsein siegreich auf sich zurückkommt, um in sich selbst zu ruhen. Es entsteht eine Erfahrung im radikalsten Sinne des Wortes – eine Erfahrung ohne die Macht des Begriffs. Lévinas reserviert diese eigentümliche Interaktion allerdings auf den zwischen*menschlichen* Bereich, was ziemlich inkonsequent ist. Man kann sich nämlich fragen, ob es nicht auch in der Natur und mit dieser zu Begegnungen kommt, die von der gewohnten Zugriffsperspektive Abstand nehmen lässt – zu Begegnungen, in denen einem das Andere nicht deshalb nähertritt, weil man sich seine vermeintlichen ‚Rechte' klar gemacht hat, sondern weil die Autarkie des Selbstbewusstseins suspendiert ist.

Der Zugang zur Natur, den das Wandern verschafft, scheint mit Lévinas' ethischer *Situation* jedenfalls strukturell eng verwandt: Auch hier kommt es zu einem Verlust der Souveränität, zu einer Form der Kontaktaufnahme, die nicht mehr durch die Herrschaftsform der Subjekt-Objekt-Relation bestimmt ist – zu einer Beziehung, in der das Andere *als* Anderes sein gelassen wird. Auch hier ist der Umschlag nicht das Produkt kalkulierender Ratio, sondern ereignet sich als Auflösung der Distanz, die das menschliche Bewusstsein schafft – geht also vom Anderen, von der Natur, aus.

Das heißt natürlich nicht, dass es unterwegs zur Reflexion von Naturschutzgedanken käme oder ökologische Verhaltensmaßstäbe abgeleitet würden. Die Zugriffsperspektive verliert lediglich ihre Selbstverständlichkeit; der anthropozentrische Blick, der die Natur nur als zur Verfügung stehendes Material und Ressource wahrzunehmen gewohnt ist, bricht in sich zusammen. Wenn man so will, zeigt sich die fundamentale Rechtlosigkeit des Menschen gegenüber der Natur: Rechtlosigkeit freilich nicht in dem Sinne, dass es dem Menschen grundsätzlich untersagt wäre, die Natur zu benutzen, sondern nur in dem Sinne, dass er sich bei dieser Nutzung nicht auf ein grundsätzliches *Recht*, auf eine höhere *Rechtfertigung* berufen kann, ihr im Grunde nackt gegenübersteht, ohne jenen Halt, den die verstehende Orientierung der menschlichen Praxis verleiht. Die Natur hat nun keinen Sinn mehr, das heißt, sie ist als solche nicht für den Menschen da, bietet seinem Bewusstsein keine Angriffsfläche und drängt sich doch auf: durch die unüberschaubare Vielfältigkeit ihrer Formen, durch den Widerstand des Bodens, den man bei jedem Schritt abfedert, durch die Atemluft, die die Lungenflügel weitet.

Dieser Verlust an Souveränität scheint dem analog, den Martin Heidegger in seinem Hauptwerk *Sein und Zeit* als Zusammenbruch der Alltagsperspektive beschreibt. Aus seiner existenzialontologischen Warte betrachtet, liegt im pragmatischen Verwenden der erste Zugang zu den Dingen, auch den Dingen der Natur: Zunächst und zumeist haben sie den Status von „Zeug", sind nicht etwa „vorhanden", sondern „zuhanden", stehen also in einem praktischen Bewandtniszusammenhang, werden bedenkenlos verwendet, nicht etwa angestarrt und begrübelt. Nichtinstrumentell wird dieses Zeug erst genau dann in den Blick genommen, wenn etwas nicht mehr funktioniert, das Zeug nicht länger seinem Zweck dient, der Wald etwa nicht mehr selbstverständlich genutzter Forst, sondern von Borkenkäfern befallen und krank ist oder von einem Orkan verwüstet wurde. Plötzlich, in den Modi der Auffälligkeit, Aufdringlichkeit, Aufsässigkeit, melden sich die Dinge als das, was sie jenseits ihrer praktischen Bedeutung sind. Sie sind nur noch *da*, ihrem Zweckzusammenhang entkleidet, irritierend kontingent. Erst jetzt kann der Gegenstand, mit dem wir eben noch selbstbezogen hantierten – und damit auch das eigene Tun – fraglich werden: „Das ratlose Davorstehen entdeckt als defizienter Modus eines Besorgens das Nur-noch-Vorhandensein eines Zuhandenen", heißt das beim akademischen Gründungsvater der Existenzphilosophie im O-Ton.

Die Unterschiede zu jenem Umschlag, der sich beim Wandern einstellt, liegen jedoch auf der Hand: Zum einen hat dieser nicht den Charakter eines plötzlichen Sturzes, einer hereinbrechenden Katastrophe für das verfügungsgewohnte Ich, sondern der Umschlag ereignet sich ganz entspannt und gemächlich, so, dass ein Einvernehmen mit der Situation entsteht, sich eher ein

Gefühl des Angekommenseins einstellt denn das einer Konfrontation.

Davon, dass sich nun „die primitive Feindseligkeit der Welt wieder gegen uns erhebt“, wie es bei Albert Camus in Bezug auf den existenziell bedeutsamen Augenblick heißt, kann jedenfalls keine Rede sein. Wer wandert, trifft niemals auf das *Nichts* der Welt, das den Existenzialisten an jeder Ecke anspringt. Das Gehen unterläuft die Tendenz des abendländischen Subjekts, nur um sich selbst zu kreisen und sich vom Rest der Welt gänzlich isoliert zu betrachten. Weil sein Raumbezug von überbordender Sinnenhaftigkeit ist, kommt das weiträumige Zufußgehen ohne jeden äußeren, bloß *argumentativen* Sinn aus.

Zum anderen entsteht kein „unumsichtiges Nur-hinsehen“, wie Heidegger das Resultat des Sturzes aus den Sicherheiten der Alltagspraxis beschreibt. Es kommt zu keiner abgeleiteten Perspektive wie der des theoretischen Blicks, sondern zur Etablierung gleichsam vorpragmatischer Verhältnisse; es kommt zu einer Beziehung, in der das Begegnende noch kein Zeug ist, die praktisch-pragmatische Verfügung über das Andere nicht schon selbstverständlich, die Frage nach dem richtigen Umgang mit der Natur noch offen ist.

Die sich einstellende Gelassenheit ist also fern davon, das Ergebnis gelingender Erkenntnisleistungen zu sein. Ganz im Gegenteil tritt die Natur genau deshalb näher, weil man sie nicht zu verstehen, nicht zu kategorisieren, nicht zu disziplinieren beansprucht, sondern sich im Modus der Selbstbewegung auf sie einlässt.

Freilich kennt auch die natur- und leibvergessene westlich-abendländische Kultur Situationen der Naturbegegnung, in denen die Unzuständigkeit und Unzulänglichkeit jeglicher Zugriffsperspektive aufscheint. Das klassische Beispiel ist die Betrachtung der Gebirgslandschaft der Alpen, in der einem die Natur in Form hoher, schneebedeckter Berge unerreichbar und unversöhnlich gegenübersteht, menschliche Macht, auch die des bloßen Erkennens, in Frage stellt. Die ethische Dimension bleibt dabei aber zumeist ungesehen. Die Begegnung mit dem Anderen der Natur firmiert nämlich unter dem Stichwort Ästhetik des Erhabenen, bei Immanuel Kant etwa, der das Thema philosophisch salonfähig machte.

Für den deutschesten aller Philosophen ist das Erhabene (im Gegensatz zum Schönen) solchen Gegenständen zugeordnet, die statt durch die „Zweckmäßigkeit in ihrer Form" durch ihre Größe und Unbegrenztheit gefallen – und das sind solche Gegenstände, die „über alle Vergleichung groß" sind, zum Beispiel die der „rohen" Natur. Während das Schöne unmittelbar das „Gefühl der Beförderung des Lebens" mit sich führt, ist das Gemüt von den erhabenen Gegenständen „nicht bloß angezogen, sondern wechselweise auch immer wieder abgestoßen". Nicht positive Lust, sondern „Achtung" und „Bewunderung" ist es, die sich auf diese Weise geltend macht und der Situation jene existenzielle Dramatik verleiht, die der Bewunderung des *nur* Schönen abgeht.

Das Gefühl der Erhabenheit stellt sich für Kant immer da ein, wo das, was zu sehen ist, jeden Beurteilungsmaßstab sprengt und der Mensch auf Natur „in ihrem Chaos oder in ihrer wildesten regellosen Unordnung und Verwüstung" trifft, gleich ob es „der weite, durch Stürme empörte Ozean" ist, der erschreckt und anzieht zugleich, oder es „am Himmel sich auftürmende Donnerwolken" oder „kühne überhangende, drohende Felsen" sind, deren Faszination man erliegt. Die Natur fügt sich hier nicht den üblichen Erwartungen und Ordnungsvorstellungen, tritt uns vielmehr unversöhnlich entgegen. Sie widersetzt sich jenem Zugriff, den wir zunächst und zumeist auf sie haben, irritiert und konfrontiert mit dem, was keiner Intention entsprungen ist, vom Verstand nicht umfasst, begriffen werden kann, also kurz: mit einem schlechterdings *Anderen.*

Fällt nach Kant das Schöne unmittelbar, gleichsam spielerisch in die Sinne, so gibt es beim Erhabenen eine Art Chronologie des Empfindens: Am Anfang steht die Erschütterung ob des über alle Maße großen Naturgegenstands, der alles Menschliche klein und bedeutungslos erscheinen lässt. Der Einbildungskraft als sinnlichem und endlichem Vermögen gelingt es jetzt nicht mehr, die auf sie einstürmenden Eindrücke zu ordnen. Indem der Betrachtende aber, sozusagen in einem zweiten Schritt, diese Eindrücke intellektuell zusammenfasst und mit dem vergleicht, was *wirklich* groß ist, das *Sittengesetz* in ihm nämlich, kommt er einmal mehr in den Genuss jener Souveränität, die er eben noch zu verlieren drohte. Solche Ideen der Vernunft wirken auf das Gefühl zurück und sorgen dafür, dass alles nur Naturhafte und sinnlich Wahrnehmbare, wie groß im Einzelnen auch immer, „bis zum Unendlichkleinen abgewürdigt wird“: „Erhabenheit ist in keinem Dinge der Natur, sondern nur in unserem Gemüte enthalten, sofern wir der Natur in uns, und dadurch auch der Natur außer uns, überlegen zu sein uns bewusst werden können.“

So gesehen ist die Naturbegegnung nur noch Vehikel, Mittel zum Zweck, um uns die Überlegenheit des inneren Erkenntnisvermögens fühlbar zu machen – die Allgewalt jener Vernunft, die uns zu Teilhabern einer anderen, nicht naturhaften und deshalb höheren Welt macht. Der Coup der Erhabenheitsästhetik liegt also darin, die Irritation, die sich ob der Größe und Unzweckmäßigkeit des Naturgegenstandes einstellt, sofort wieder aufzulösen. Kant betrachtet die emotional aufwühlende Begegnung gerade nicht als Situation der Hinwendung, sondern der Abwendung von der Natur, als Garant der Vereinheitlichung des Subjekts und Gelegenheit menschlicher Selbstbespiegelung – wodurch es sich erübrigt, sich in irdische Maße einzufinden, obwohl sich gerade das noch eben angedeutet hatte. Zwar ist sich Kant der Kleinheit des Menschen in den Situationen der Konfrontation mit der Bergwelt bewusst, aber er interpretiert sie als Größe, rechtfertigt die menschliche Herrschaft auch da, wo sie – für Augenblicke – zusammenbricht. Einerseits gibt er zwar die ‚Erschütterung‘ zu, bestätigt damit das Aus-der-Rolle-Fallen, das die Entstehung einer ethischen Beziehung ankündigt; andererseits erklärt Kant aber die affektive Betroffenheit zu einem Indiz weltlicher Unbetreffbarkeit. Bemüht um eine konsistente und zudem allein auf den Menschen bezogenen Theorie, verwechselt er die ethische Irritation, die eines ist mit der Abwehr dieser Irritation, die ein hoffnungslos Anderes ist, erst in einer zweiten Phase ins Spiel kommt und mit dem ursprünglichen Effekt nicht mehr zu tun hat, als ihn nicht wahrhaben zu wollen.

Damit ist nicht gesagt, dass jede ästhetische Inblicknahme der Natur im Grunde eine *ethische* ist oder sein sollte, sondern nur, dass Kant das umfassendere, komplexere Ereignis der Begegnung nach seiner ästhetischen Seite hin vereinseitigt. Zunächst sind auch nach ihm naturethische und ästhetische Momente noch ungeschieden, die Natur ist irritierend aufdringlich und faszinierend zugleich. Ästhetisch reizvoll erscheint sie schon deshalb, weil der Mensch hier endlich nicht nur sich selber, seinen Werken und Ordnungsmustern begegnet, sondern auf ein gänzlich Anderes trifft, und so wenigstens für den Augenblick vom Zwang verstehender Orientierung befreit ist. Das Seinlassen des Anderen wird daher auch als Entlastung erfahren, hat ein erregendes, lebenssteigerndes Moment, einen affektiven Mehrwert, den wir der *materiellen* Umwelt verdanken, und eben nicht uns selbst.

Kant indes nimmt zu jener Urteilskraft Zuflucht, die in der Begegnung selbst außer Kraft gesetzt ist. Die Konfrontation mit nichtdisziplinierten Landschaftsräumen dient ihm als Sprungbrett in die Übersinnlichkeit der praktischen Vernunft; für sie sind die materiellen Gegenstände, die die Wirkung der Erhabenheit evoziert haben, zuletzt bedeutungslos. Der Bezug zur Natur bleibt der des interesselosen Wohlgefallens, ein menschliches Selbstgespräch, das zu nichts führt, das keinen Rückschlag auf den praktisch-pragmatischen Umgang mit seinen Gegenständen hat und haben kann. Die Begegnung ist zwar aufrüttelnd, in Bezug auf das dafür verantwortliche Andere bleibt das Individuum aber gleichgültig – im Modus selbstgefälligen Genusses oder erbaulicher Reflexion. Die Natur ist nach wie vor zur Verfügung stehender bloßer Nutzraum, dem man sich entweder pragmatisch/wissenschaftlich oder ästhetisch nähern kann – keinesfalls aber in einem dritten, *ethischen* Sinne.

Deshalb fügt sich Kants Ästhetik des Erhabenen auch zwanglos seinem Konzept des erkenntnistheoretischen Subjektivismus, der das Andere vollends zum Schweigen bringt.

Natur ist nun Material und Gegenstand der modernen Wissenschaft einerseits und andererseits ein Faszinosum, Ort eines folgenlosen Genießens einer Andersheit, die niemanden in Frage stellt. Beide Sichtweisen der Natur bleiben in der neuzeitlichen Aufklärungsphilosophie radikal aufeinander bezogen: Die Karriere der ästhetischen Naturwahrnehmung, die sich ab dem 18. Jahrhundert literarisch und kunstgeschichtlich niederschlägt, ist an eine Zivilisation gebunden, die an einem offenen Verhältnis zur Natur kein Interesse hat und noch den sporadischen Verlust der Souveränität als Triumph des Ich zu feiern gewillt ist. Die abendländische Gesellschaft braucht nichts mehr als das sogenannte „interesselose Wohlgefallen" – als emotionalen Ausgleich für jene radikale Gefühllosigkeit, mit denen Wissenschaft und Technik den Planeten zurichten.

Das erinnert an eine These des Münsteraner Philosophieprofessors Joachim Ritter, mit der er in den sechziger Jahren auf sich aufmerksam gemacht hat: Erst dort, wo die aufkommende Gesellschaft den Hain zu Holz, den Tempel zu Stein, das Schöne zum Ding mache, werde es möglich und nötig, ästhetisch zu bewahren, was die Gesellschaft in ihrer Tendenz zur Verdinglichung fortgebe. Deswegen entstehe etwa die Landschaftsmalerei erst zu einer Zeit, als sich die immer wirksamere Naturbeherrschung beim Individuum als gefühlsmäßiges Defizit, als Verlust, bemerkbar zu machen begann.

Dass dies den historischen Tatsachen entspricht, versucht Ritter an einem Brief Francesco Petrarcas zu zeigen, den die Forschung inzwischen allerdings für fingiert hält. Petrarca hatte sich, so ist zu lesen, am Morgen des 26. April 1336 aufgemacht, den bei Avignon gelegenen Mont Ventoux zu besteigen, einzig, um „die ungewöhnliche Höhe" dieses Flecks Erde durch Augenschein kennenzulernen, was eine ebenso banale wie moderne Begründung für sein Vorhaben ist.

Glaubt man den Ausführungen des Renaissance-Dichters, so geht seine Rechnung in der Realität nicht auf: Auf dem Gipfel des Mont Ventoux angekommen, steht er zwar zuerst da, „durch einen ungewohnten Hauch der Luft und durch einen ganz freien Rundblick bewegt, einem Betäubten gleich", verfällt dann aber auf die Idee, zur zusätzlichen Erbauung in seinen Augustinus zu schauen, den er zufällig in der Tasche hat. Ebenso zufällig schlägt er nun das 10. Buch der *Confessiones* auf, liest, und ist wie vom Schlag getroffen. Denn dort steht etwas, das offenbar genau auf sein jetziges Tun gemünzt ist:

> „Und es gehen die Menschen, zu bestaunen die Gipfel der Berge und die ungeheuren Fluten des Meeres und die weit dahinfließenden Ströme und den Saum des Ozeans und die Kreisbahnen der Gestirne – und haben nicht Acht ihrer selbst."

Petrarca schlägt das Buch verärgert zu und macht sich auf den Rückweg. Er hatte außen gesucht, was innen zu finden gewesen wäre. Für Ritter gründet das Versagen der ästhetischen Perspektive vor allem darin, dass moderne Wissenschaft und Technik noch nicht erfunden sind, es dem historischen Individuum noch an Druck mangelt, ein Organ für die kompensatorische Wiederherstellung jenes Ganzen ausbilden zu müssen, das die Griechen einst in der Natur als Kosmos gesehen hatten.

Petrarcas Zurückschrecken lässt sich allerdings auch ganz anders deuten: Am Höhepunkt seines Erlebnisses wird ihm bewusst, dass das, was es dort oben zu sehen gibt, im herrschenden Diskurs keine Stelle hat. Personifiziert wird dieser Diskurs durch den Adressaten des Briefes: Dionigi, sein Beichtvater, ist Augustiner-Mönch und Theologie-Professor. Er steht für das christlich-asketische Dogma eines Vorrangs der inneren Welt und der Heilssorge, das Petrarcas Zwiespalt begründet und ihn dazu bringt, sich erneut für die Begriffe zu entscheiden, statt für das ästhetische Genießen der Landschaft.

Wenn Natur als Landschaft erst in der Neuzeit zum Gegenstand der Kunst wird, so sagt das weniger über die realen Konstitutionsbedingungen des Landschaftserlebnisses als über den Untergang jener Mächte, die es niedergehalten haben. Das Verlöschen spezifisch christlicher Sichtbeschränkungen ermöglicht nun das Naturerlebnis – und seine Thematisierung. Diese Erklärung, die nur zu verstehen beansprucht, warum *in der christlich-abendländischen Kultur* die Natur ganz plötzlich ästhetisches Pensum wird, liegt jedenfalls näher, als die Hinwendung zu dieser ganz allgemein aus den Rahmenbedingungen wissenschaftlich-technischer Naturbeherrschung abzuleiten. Etwas *Allgemeines* über das menschliche Verhältnis zur Natur kann man aus der *besonderen* Geschichte des christlichen Abendlandes nicht erfahren.

Festhalten lässt sich demnach zweierlei: Einmal, dass das ästhetische Interesse an Natur als Landschaft noch in einem anderen Sinne historisch ist, als Ritter dies nahezulegen sich bemüht. Es ist geprägt von dem ganz speziellen kulturellen Selbst- und Weltverständnis, in dem es entsteht – geprägt also auch von Denk- und Wahrnehmungsverboten, mit dem sich der christlich-abendländische Mensch alles bloß Naturhafte vom Leibe zu halten versucht.

Und zum anderen, dass sich die Genese des ästhetischen Zugangs zur Landschaft nicht nur lesen lässt als Geschichte des Wichtigwerdens der Natur, sondern auch als Geschichte der Perpetuierung ihrer Geringschätzung, als Abwehr jenes Umweltrespekts, den uns animistische Kulturen voraushatten: Kant jedenfalls reduzierte die vielschichtige Wahrnehmung großer Gebirgslandschaften um ihren natur*ethischen* Aspekt. Und Modernitätstraditionalisten vom Schlage Ritters anthropologisieren diese Reduktion – die Weigerung, der Natur eine andere als bloß ästhetische Bedeutung zuzubilligen. Beide Ansätze sind für die optischen Attraktionen der natürlichen Welt offen und bleiben trotzdem Belege für die latente Naturfeindschaft der abendländischen Gesellschaft. Sie gehören in die Geschichte des Versuchs, den Menschen gegenüber der Natur ins Recht zu setzen, immun zu bleiben gegenüber Ansprüchen, die von dort her an uns herandringen könnten.

Was hat das alles aber mit dem Wandern zu tun? – Das Wandern ermöglicht eine Begegnung mit der Natur, in deren Verlauf derartige Sichtbeschränkungen ihre Kraft verlieren. Das weiträumige Durchschreiten einer Landschaft unterminiert die christlich-abendländische Vorstellung, dass die vermeintlich stumme Natur nur für *uns* da ist – und tut das auch da, wo keine große Natur begegnet, die als erhabene gleichsam für sich selbst spricht. Wer wandert, muss nicht auf gewaltige und bedrohliche Naturlandschaften treffen, um aus jener Selbstbezüglichkeit zu stürzen, in der die Natur nur Objekt divergierender Nutzungsformen ist.

Suspendiert ist nun nicht nur die Eroberungssucht des Freizeitabenteurers, sondern auch jene Distanz, die die stillhaltende Beobachtung des bloßen Betrachters gewährt. Das Wandern ist natürlich auch Ort ästhetischer Wahrnehmungen, dies aber nicht im traditionellen Sinne der verweilenden Anschauung: Die Wahrnehmung ist hier nicht auf das Moment des Visuellen beschränkt; es kommt vielmehr zu einer Begegnung mit der Natur, in die alle Sinne miteinbezogen sind, in der – mit dem Peripatetiker Nietzsche gesagt – „auch die Muskeln ein Fest feiern". Statt beglückende Kontrast-Erfahrung zum tätigen Handeln zu sein, ist das Zufußgehen ein aktives Vordringen – ein solches freilich mit konstitutiver Regieunsicherheit. Insofern Wandern das körperliche Engagement, das sinnlich-sinnenhafte Hinausgehen voraussetzt, unterscheidet es sich wesentlich vom kontemplativen Vergehenlassen von Freizeit an Meeresstränden, auf Parkbänken und in Aussichtslokalen, das im Grunde nur Aneignung im Modus ihres Ausgesetztseins ist, als genaues Gegenbild der alltäglichen Verfügungspraxis zu eben dieser gehört. Das Wandern liefert zwar auch ein anderes zum Alltag, aber es ist vom Ansatz her praktischer Ausgriff – ein Ausgriff jedoch, bei dem sich die Grenzen zwischen Aktivität und Passivität zunehmend verwischen. Was an den Orten der Kontemplation nur ausgesetzt wird, gerät hier unter eine eigene und eigentümliche Dynamik. Es entsteht eine Beziehung, in der man frei wird für die Akzeptanz einer Andersheit, die auf kein Subjekt mehr zurückweist, nicht einmal auf das Ich der ästhetischen Kontemplation. Wandern ist deshalb subversiv, nicht nur eskapistisch.

Nicht-eskapistisch ist das Tun des Wanderers schon in dem ganz banalen Sinne, dass dieser sich im Unterschied zum Bergsteiger nicht von vorneherein nur auf bestimmte Ausschnitte der Gegend kapriziert, oder sich gleich – wie der Spaziergänger

– mit der schön organisierten Natur des Stadtparks begnügt: Der Wanderer konfrontiert sich mit der Gegend als Ganzer; Landschaftsteile, die bedrohlich unattraktiv sind, bleiben also nicht einfach außen vor. Bewegt er sich, wie zumeist, in Kulturräumen, so stößt der Wanderer ständig auf Stätten menschlichen Zugriffs, auf sanfte, naturnahe Nutzungsformen, die der extensiven Berglandwirtschaft etwa, und auf Zeichen ungezügelter, maßloser Naturaneignung. Und vielleicht kommt es erst dort, wo man sich diesem schmerzlichen Kontrast auch wirklich aussetzt, zu jener nachhaltigen Wirkung, die nicht sofort wieder vergessen lässt, wie nötig das Engagement für einen schonenden Umgang mit der Natur ist.

Daraus folgt nicht, dass man nach einer Wanderung ethisch geläutert nach Hause käme und fortan der Natur nur noch rücksichtsvoll gegenüberträte, noch folgt daraus, dass sich das genannte Vereinnahmtwerden geradezu automatisch einstellen würde: Auch wenn sich die ethische Begegnung ereignet, das heißt vom Anderen ausgeht, muss man jeweils offen sein für dieses Ereignen, und das ergibt sich nicht in jedem Fall. Zum Beispiel dann nicht, wenn man in einer Gruppe unterwegs ist und sich der Fokus damit automatisch auf die zwischen*menschliche* Interaktion verschiebt. Auch dann, wenn man zu viel Gepäck trägt und Opfer seiner Last wird, wird die Begegnung mit dem Anderen in Selbstbezüglichkeit untergehen. Die Öffnung für das Andere der Natur bleibt Idealfall – ein Idealfall jedoch, der bei den meisten anderen Freizeitaktivitäten von vornherein bereits ausgeschlossen ist.

Im Falle des Gelingens entsteht eine Situation, in der die Frage nach dem Umgang mit der Natur nicht schon geklärt ist, keine pauschalen Rechtfertigungen des Ausgriffs parat liegen, kein Alibi für menschliche Selbstbedienung auszumachen ist – eine Situation, in der man der Natur jenseits von mitgebrachten Sinnhorizonten begegnet, ihr unbewaffnet mit Konzepten intellektueller Selbstaffirmation gegenübersteht. Der Zugang zeichnet sich nun dadurch aus, dass er von kulturellen Überformungen durch Räsonnements, Weltbilder, Sinnzumutungen entkleidet ist, die Natur ihr Anderssein noch nicht verloren hat, sie nicht schon in den Interessenhorizont des Menschen gestellt ist.

Deshalb ist die Behauptung einer ethischen Dimension der fußläufigen Naturbegegnung auch nicht von der Annahme eines Animismus abhängig. In entsprechenden Situationen der Begegnung mit dem Anderen redet die Natur nicht zu uns. Sie gibt uns nichts zu verstehen, wir erhalten keine dechiffrierbare *message,* keinen Sinn. Indem sie sich unseren Verstehens- und Sinnstiftungsversuchen entzieht, leistet die Natur lediglich negativen Widerstand und rückt uns genau deshalb näher.

Aber ist das nicht ein bisschen wenig, was die Natur dem sagt, der sie nicht bloß anstarrt? Braucht es nicht doch Kriterien und Kategorien, mit deren Hilfe man richtiges von falschem Umweltverhalten unterscheiden kann? Und wie kann das Wandern mit dem gesellschaftlichen Umdenken in Zusammenhang stehen, wenn das Wohin dieser Abkehr diskursiv unausgelotet bleibt? Muss das Umdenken nicht auch ein Positives sein, ein anderes Denken, das sich vom althergebrachten nachweislich abhebt – und damit auch ausweisbar, definierbar ist?

Unter den Bedingungen heutiger Naturbeherrschung wird man ohne Argumente, Kriterien und Kommissionen wohl tatsächlich nicht viel ausrichten können. Und doch wäre es falsch, bei der fälligen Aufwertung der Naturbeziehung auf die Alleinzuständigkeit des Rationalen zu vertrauen. Wer dies tut, hält das Umdenken für eine bloß theoretische Einstellungsänderung, eine neue Art des Denkens, eine weitere Form des Zugriffs. In Wirklichkeit verlangt es ganz andere Weisen der Erfahrung – ein Hinausgehen, das nicht lediglich metaphorisch gemeint ist. Umdenken heißt (auch), praktisch tätig zu sein, in einen Austausch zu treten mit dem, über das bloß nachzudenken zuletzt wieder nur Selbstbegegnung des rationalen Subjekts bedeutete. Dieses bleibt auch da, wo es nur verstehen will, noch Herrschaftssubjekt und auf dem Felde der Rationalität unschlagbar. Umdenken dagegen ist eine Form des Draußen-Seins ohne den Rückhalt rationaler Verfahrensregeln und letzter Sicherheiten, gehört in das Feld der

Exponierung, nicht in das vorschneller Beruhigungen. Das gesuchte, andere Verhältnis zur Natur ergibt sich nicht einfach so, und schon gar nicht im Medium angestrengter Nachdenklichkeit. Man muss sich schon aufmachen, die Begegnung wagen – sich auf den Weg machen.

Heimat
Neubestimmung eines verstaubten Begriffs

Es gibt kaum etwas, das einem vertrauter erscheint, und doch meint jeder etwas anderes, wenn er von Heimat spricht. Für den einen ist sie das Dorf, in dem er geboren wurde, für den anderen das gesamte Staatsgebiet, auch wenn er das meiste davon niemals zu Gesicht bekommen hat. Ein Dritter verwendet den Begriff in einer Bedeutung, die überhaupt keine räumlichen Aspekte hat: Heimat ist für ihn der vertraute Lebenspartner, die Klangwelt einer Mozartsinfonie oder der Geruch von Bratäpfeln, der ihn an die Weihnachtsfeste seiner Kindheit erinnert.

Andere wiederum bestehen darauf, Weltbürger zu sein und diffamieren die Heimatfrage als provinziell oder gar als rückwärtsgewandt. Für sie riecht das Wort nach der Larmoyanz von Vertriebenenverbänden, dem faulen Zauber sogenannter Heimatabende und der landläufigen Beschwörung einer Vergangenheit, in der alles besser gewesen sein soll.

Der Vergangenheitsbezug scheint der Sache in der Tat wesentlich. Wer sein ganzes Leben in ein und demselben Dorf zubringt, der findet zwar sicher die eine oder andere Gelegenheit, von der unvergleichlichen Schönheit seines Lebensraums zu schwärmen. Zum bewegenden Thema wird Heimat in der Regel aber wohl immer erst dann, wenn man fortgezogen ist und wehmütig zurückschaut. Franz Kafka meint genau dies, wenn er schreibt: „Man muss in die Ferne gehen, um die Heimat, die man verlassen hat, zu finden." Heimat scheint man paradoxerweise erst dann zu haben, wenn man sie mindestens für einige Zeit nicht mehr hat. Ihr privilegierter Erscheinungsort ist nicht die Erfüllung, sondern der Mangel. Zunächst und zumeist erfährt man sie negativ – als jenes beharrliche Sehnen, das Heimweh genannt wird. Deswegen haben es die Heimatvertriebenen auch leicht, wie Herbert Achternbusch polemisch anmerkt:

> „Wenn sie nach Jahrzehnten die Heimat wieder aufsuchen, ist sie in den Boden versickert. Da stand das Haus. Und wenn das Haus steht: Da stand der schwarze Schrank. Und wenn der damals schon alte Apfelbaum noch steht, möchte man am liebsten sagen: Da stand der alte Apfelbaum."

Die Vertriebenen haben sich im bittersüßen Schmerz des Verlorenhabens eingerichtet. Endgültig von ihr getrennt, sind sie sich ihrer Heimat auf ewig sicher.

Sind die meisten von uns Opfer solcher Projektionen? Träumen wir von einer Verwurzelung, die uns so bedeutsam erscheint, weil wir sie noch nie gespürt haben? Wäre es nicht besser, statt dem Phantasma einer räumlichen Erdung nachzuhängen, die Mobilität als Wesen und Bestimmung des Menschen anzuerkennen? Frieden zu machen mit dem unsteten Dasein, das wir heute zugleich lieben und beklagen?

Dieser Friedensschluss wäre etwas voreilig! Dass er sich der psychologischen Eindeutigkeit entzieht, hat der Wunsch nach einem geographischen Eingebettetsein mit vielen anderen Wünschen gemein. Schopenhauer etwa wies schon darauf hin, dass Bedürfnisse wie das nach Gesundheit oder Besitz dem Bewusstsein nur im Moment ihres Nichtbefriedigtseins präsent sind. Werden sie erfüllt, so tritt Gleichmut an die Stelle von Sehnsucht und freudiger Erwartung. Von einem befriedigten Heimatbedürfnis zu erwarten, dass es sich artikuliert, wäre womöglich zu viel verlangt.

Dieser latenten Negativität eingedenk, soll hier nicht mit einer positiven Definition von Heimat begonnen werden, und schon gar nicht mit den hoffnungslos aufgeladenen Begriffen des 19. und des frühen 20. Jahrhunderts. Diese Begriffe verdecken eher das Phänomen, als dass sie es sichtbar machen. Erfolg versprechender ist es, von der alltäglichen Verlusterfahrung auszugehen und sich auf diesem Umweg Stück für Stück zu den Konstitutionsbedingungen des Heimatgefühls vorzuarbeiten.

Die spektakulärste Form des Heimatverlusts ist zweifelsohne die kriegerisch-politische Vertreibung. Sie findet Tag für Tag in vielen Regionen der Erde statt und wird von den meisten Menschen auch ohne Zögern mit diesem Titel belegt. Oftmals so genannt wird auch die weniger gewaltsame Variante, von der der befriedete Teil der modernen Welt bestimmt ist – die marktwirtschaftliche Vertreibung: Um Arbeit zu finden, muss man den Lebensort wechseln, meistens vom Land in die Stadt gehen, oder als sogenannter Wirtschaftsflüchtling versuchen, eine Aufenthaltsgenehmigung in einem der prosperierenden Industriestaaten zu bekommen.

Die Übergänge zu einer weiteren Möglichkeit des Heimatverlusts, dem sogenannten freiwilligen Wegziehen, sind fließend. Meist steckt wohl doch auch ein Zwang dahinter, wenn man seinen angestammten Lebensort verlässt: Man fühlt sich in der Provinz eingeengt und verschwindet dorthin, wo die soziale Kontrolle weniger offensichtlich ist. Und dies um den Preis eines dann gelegentlich auch beklagten Heimatverlustes – einer latenten Sehnsucht nach dem, was man einmal so schnell wie möglich hinter sich lassen wollte.

Erfahrbar werden kann Heimatverlust aber auch ohne Ortswechsel: etwa indem die vertrauensstiftenden Elemente des Lebensumfelds verloren gehen. Wenn das gewachsene Scheunenviertel hinter dem Haus sich in ein gesichtsloses Gewerbegebiet verwandelt. Oder wenn der Blick aus dem Wohnzimmerfenster nicht mehr in die Talauen fällt, sondern nur noch auf die Schnellstraße, die sie zerschneidet. Dass damit eine bedeutsame Beziehung gestört wird, zeigt sich meist nur indirekt: daran, dass man sich plötzlich wieder für die Heimat seiner Kindheit interessiert, oder daran, dass man nach einer Zweitwohnung im Grünen Ausschau zu halten beginnt – einer Sonntagsheimat, die die verblasste Nahraumbeziehung neu zu beleben verspricht.

Endlich scheint Heimat auch dadurch verloren zu gehen, dass Situationen ausbleiben, in denen sich ein sinnlich-sinnenhafter Außenkontakt herstellt. Das ist heute nicht gerade selten der Fall: Vornehmlich im Auto unterwegs, rezipiert man die

Umgebung seines Lebensortes bloß noch passiv und erlebt sie damit als zunehmend austauschbar.

Dieser letzte Punkt wird fast immer übersehen: Wer unter Heimatverlust leidet, neigt dazu, diesen als von außen zukommendes Geschehen zu betrachten, für das er nicht selber verantwortlich ist. Den Tag vor dem Computerbildschirm verbringend, klagt man über ein Gefühl der Leere und der Deplatziertheit – und lastet dies der modernen Kommunikationsgesellschaft an. Als ob man es nicht selbst wäre, der nicht vor die Tür geht.

Damit deutet sich eine erste Konstitutionsbedingung von Heimat an. Sie entsteht nicht einfach von selbst, sondern verlangt ein gewisses Maß an Eigenaktivität, an persönlichem Engagement. Um sich beheimatet zu fühlen, muss man einen Außenweltkontakt hergestellt haben, der über das bloße Betrachten der Umgebung hinausgeht – einen Kontakt, der auch die Bewegung in diesem Raum einschließt und der im fußläufigen vorindustriellen Zeitalter noch selbstverständlich war. Heimat wird nicht bloß gesehen und schon gar nicht erdacht, sie muss gleichsam mit Haut und Haar erlebt werden beziehungsweise erlebt worden sein.

Bestätigt wird das vom Alltagsgebrauch des Wortes, dem zufolge die Kindheit der privilegierte Ort der Heimaterfahrung ist. Er hat insofern recht, als damit die Lebensphase angesprochen ist, in der man sich wie später nie wieder die Umgebung mit allen Sinnen erschließt – laufend, spielend, kletternd, springend. Unrecht hat die alltägliche Auslegung jedoch, wenn sie den intimen Bezug zur biographischen Erstumgebung vorschnell auf die Tatsache des Dort-Geborenseins zurückführt. Die intensive Beziehung zum Ort der Geburt entsteht nämlich nur dann, wenn man an diesem längere Zeit wohnen bleibt und sich mit ihm auf die genannte Weise auseinandersetzt. Zieht man hingegen schon im Alter von zwei Jahren weg, so fehlen auch die Voraussetzungen für ein späteres Heimatgefühl. Ähnliches dürfte in dem konstruierten Fall gelten, bei dem man ausschließlich im Haus aufwächst: Der beim Blick nach Draußen gesehene Raum bleibt auf diese Weise bloße Kulisse, vor der sich das beobachtende Ich um sich selbst und um die dreht, die im Haus ein- und ausgehen. Weil man sich den Elementen der Umgebungswelt nicht in einem umfassenden Sinne genähert hat, ist das Band der Vertrautheit so dünn, dass es wohl kaum ein ganzes Leben halten wird.

Heimat ist also nicht der Ort, an dem man geboren wurde, sondern der, an dem man prägende Raumerfahrungen macht – an dem man Erfahrungen macht, bei denen alle Sinne involviert sind. Daraus folgt erstens, dass Heimat nichts mit dem gemein hat, was man üblicherweise Scholle nennt, dass es also keine unauflösliche, geradezu genetische Verbindung des Individuums mit einem ganz bestimmten topographischen Milieu gibt. Und es folgt zweitens, dass Heimat den Vorgang einer so zu nennenden Verheimatung voraussetzt. Daraus wiederum folgt, dass dieser Prozess durch die Alltagsgestaltung unterstützt oder auch konterkariert werden kann – zum Beispiel durch die frei flottierende Sicherheitshysterie. Besorgte Mütter pflegen ihre Kinder mit dem Auto zur Schule zu fahren und nehmen ihnen damit die Chance einer grundlegenden Verortung.

Mit anderen Worten: Es gibt auch einen Beziehungsverlust zum geographischen Nahraum, der nicht auf konkrete Eingriffe von außen wie Vertreibung oder Zerstörung zurückzuführen ist. Vielmehr hat er mit dem Wandel der Lebens- und Wahrnehmungsformen zu tun – mit dem Wandel, den Edmund Husserl seinerzeit in einem eher wissenschaftstheoretischen Sinne beschrieb als „neuzeitliches Verschwinden der tatsächlich erlebten Welt, und d.i. das Verschwinden der wirklichen Erfahrung". Eine affektive Raumbeziehung stellt sich genau dann nicht ein, wenn das Draußensein durch einen Weltbezug substituiert wird, der statt *sinnlich-taktil* zu sein, technisch vermittelt, abstrakt oder gar virtueller Natur ist. Wer die Mühen einer ganzheitlichen Kontaktaufnahme scheut und die Umgebung seines Lebensortes nur im Vorbeifahren sieht, wird ihr auch emotional nicht näher kommen.

Bestätigt dies aber nicht einmal mehr die Vermutung, dass Heimatlosigkeit zum Normalzustand geworden ist, zum *factum brutum* der modernen Welt, das man akzeptieren muss? Ist mit dem Siegeszug der technischen Mobilität und dem unaufhaltbaren Niedergang stationärer Lebensformen nicht auch das Thema erledigt? Und wie wichtig ist überhaupt, was da verloren geht? Bietet die gegenwärtige Gesellschaft nicht jede Menge Gelegenheiten der Neuverheimatung? Kann man sich heute nicht aus einem unerschöpflichen Reservoir von Angeboten seine ganz persönliche Heimat aussuchen – den Fußballclub, die Kneipe an der Ecke oder den Cyberspace?

Ohne Zweifel kann man dies und der Trend zu derartigen Sekundärverwurzelungen ist unübersehbar. Indes fragt sich, ob sie wirklich das liefern, was unter dem Titel Heimat gesucht wird, und nicht bloß Derivate, unangemessenen Ersatz, der das Entfremdungsgefühl noch steigert, statt es zu dämpfen.

Letzteres, die Entfremdungsqualität von Pseudo-Heimaten, gibt der alltägliche Sprachgebrauch selber zu: Wenn man von einem Menschen sagt, dass seine Heimat der Computer oder die Marxsche Lehre ist, so meint man damit immer auch, dass er im Grunde *keine* Heimat hat. Man meint, dass sich dieser Mensch auch dann, wenn er sich subjektiv wohlfühlt, in einer bedauernswerten Lage befindet, ein reduziertes Leben führt – dass er die Fülle von Erfahrungs- und Beziehungsmöglichkeiten, die das menschliche Dasein bereithält, nicht ausschöpft. Deshalb werden entsprechende Bemerkungen Dritten gegenüber auch fast immer mit einem hintersinnigen Grinsen gemacht. Jemand, dessen Heimat ein Gerät, ein Zimmer oder eine Theorie ist, taugt auch dann nicht als Vorbild für das eigene Leben, wenn er es damit zu etwas gebracht hat.

Ähnliches gilt für den Terminus „zweite Heimat". Die nichtpolemische Verwendung dieses Kompositums ist im allgemeinen Sprachgebrauch eindeutig reserviert für wahrhaft räumliche Orte – auf Umgebungen konkreter Wohnstätten. Bin ich in der Mitte meines Lebens in eine andere Region umgesiedelt oder halte ich mich aus beruflichen oder Freizeitgründen immer wieder länger an einem anderen Ort auf, so kann daraus eine zweite biographische Heimat entstehen, also etwas, das wirklich von der Art dessen ist, das es ersetzt. Wird der Begriff

„zweite Heimat" hingegen in einer primär sozialen Bedeutung verwendet, also für den Stammtisch oder den Volleyballverein, so ist auch hier eine latente Ironie herauszuhören. Sie indiziert die Einschätzung, dass Quasi-Orte an die Stelle wirklicher Heimat getreten sind, dass diese zusammengeschnurrt ist auf einen winzigen, fast ausdehnungslosen Weltausschnitt – dass es sich bei dieser Bindung um eine unangemessene Art der Verheimatung handelt, weil eine elementare Bindungsmöglichkeit, nämlich die räumliche, verkümmert ist. Im Regelfall meint die umgangssprachliche Bezeichnung einer sozialen Nische als zweite Heimat also nicht ein Äquivalent von Heimat, sondern eine eingeschränkte Form – eine Schwundstufe der umfassenderen, topographisch gegebenen Heimat, die immer *auch* soziale Heimat ist, aber eben nicht *nur*.

Die Übertragung des Begriffs auf nichttopographische Orte setzt also unter der Hand voraus, was sie verschweigt: dass mit Heimat eigentlich der konkrete und vertraute Nahraum gemeint ist, in dem sich das Leben zunächst und zumeist abspielt. Das Alltagsverständnis bestätigt im Grunde auch da, wo es den Begriff auf alle möglichen Bindungsbestände ausdehnt, den Primat des Räumlichen vor dem Sozialen. Dieser Primat kann zunächst unauffällig bleiben, weil die sozialen Bezüge im Begriff Heimat stets mitgemeint sind, insofern in der als heimatlich erfahrenen Gegend immer auch Menschen vorkommen, denen man so nah kommt wie dem Raum, in dem sie sich bewegen. Man kann es auch anders sagen: Die räumliche Heimat ist den meisten Menschen so fremd geworden, dass der Begriff frei wird – und nun auf beliebige Gegenstände der Vertrautheit übertragen werden kann.

Was spricht aber denn dagegen, die Kleinfamilie, den Stammtisch oder der Chatroom als Heimat zu bezeichnen, wenn diese Elemente der Lebenswelt das entsprechende Geborgenheitsgefühl erzeugen? – Eine Antwort darauf kann erst dann überzeugen, wenn die räumliche Beziehung genauer charakterisiert ist – und wenn sie gegen jenes Verhältnis zur dreidimensionalen Umwelt gehalten wurde, das in der abendländischen Kultur ansonsten vorgeherrscht hat und nach wie vor vorherrscht.

Wie also sieht Heimat aus? Wo beginnt sie und wo hört sie auf? Genügt eine schöne Umgebung, damit sie als heimatlich erfahren wird?

Zunächst gilt es nicht zu vergessen: Heimat ist kein bloßer Ort, keine rein topographische Entität, sondern eine Beziehung und als solche subjektiv. Heimat gibt es banalerweise nur, wenn es menschliche Individuen gibt, die sich beheimatet fühlen. Eine Gegend, wie heimatlich sie für den Betrachter auch immer aussehen mag, wird erst zur Heimat, wenn dieser in ihr lebt, und das mit einer gewissen zeitlichen Ausdehnung – anders gesagt: wenn er sich dort einge-lebt hat, dort behaust ist, wohnt.

Gemeint ist aber niemals dieses Wohnen selbst, das Zuhausesein in den sogenannten eigenen vier Wänden. Es gilt die Differenz zwischen Heim und Heimat zu beachten, die sich im deutschen Sprachraum erst im Laufe des 19. Jahrhunderts herausgebildet hat. Heimat setzt Haus voraus, nicht aber umgekehrt. Um sich beheimatet zu fühlen, muss man vor Ort wohnen, wenigstens vorübergehend. Man muss einen Rückzugspunkt haben, eine Nische des persönlichen Geschütztseins. Die Tatsache, dass man irgendwo wohnt, macht aber noch nicht, dass man Heimat hat – sonst gäbe es ja das Problem nicht, um das es hier geht.

Wer den Terminus nutzt, spricht also nicht über das Heim, den unmittelbaren Wohnraum, der einem gehört, oder über den man laut Mietvertrag bis auf Widerruf verfügen kann. Auch wenn das Haus immer wieder als ihr Zentrum betrachtet wird, beginnt Heimat im Grunde erst jenseits dieses nächsten Lebensbereichs und eigentlich noch jenseits des Grundstücks, falls ein solches zum Gebäude dazugehört. Mit dem Begriff ausgezeichnet wird das Umfeld, in dem sich Haus und Grundstück befinden, der Raum, der zu unserem Dasein gehört, ohne *besessen* werden zu können.

Damit wird deutlich, dass das Wort Heimat auf einen ganz anderen Typus von Beziehung verweist. Eine solche Beziehung ist nicht reziprok wie die zwischenmenschliche Beziehung. Sie ist aber auch nicht souverän wie das Verhältnis zu Haus und

Hof, die man im Idealfall nach eigenen Gutdünken zu gestalten vermag.

Deshalb gibt es auch die alltagssprachliche Unterscheidung zwischen Heimat und Reich. Wenn einem jemand „sein Reich" zeigt, so zeigt er niemals seine Heimat, sondern den Ort, über den er verfügt, dem er seinen Stempel aufgedrückt, den er nach seinem Maß gestaltet hat. In aller Regel ist das der Garten oder das Wochenendgrundstück, gelegentlich auch Teile des Hauses wie die Bibliothek oder der Hobbyraum. Wenn er sich darüber hinaus auch noch auf eine Heimat beruft, so liegt diese jenseits des eigenen Reichs. Sie liegt dort, wo nicht etwa feindliches Territorium, das Reich eines anderen, beginnt, sondern gleichsam niemandes Reich – Heimat eben, ein Raum, der auch dann nicht über Besitz definiert ist, wenn er – wie zumeist – einem anderen oder der Gemeinschaft gehört.

Es ist demnach falsch, das menschliche Bedürfnis nach Heimat aus einem angeborenen Raumanspruch des Menschen abzuleiten. Statt Ausdruck einer dem Tier analog gedachten Territorialität, also ein Revier zweiter Ordnung, zu sein, ist Heimat kein Raum, über den ich bedauerlicherweise nur eingeschränkt verfüge. Vielmehr ist es ein Raum, in dem sich die Vereinnahmungsrichtung gleichsam umgekehrt hat – ein Raum also, der sich trotz seiner Nähe und seiner Präsenz meinem Herrschaftsanspruch entzieht, ein Raum, den ich – statt ihn mir anverwandeln zu wollen – in seiner Andersartigkeit sein lasse.

Deshalb erscheint uns als Prototyp der Heimat auch nicht die städtische Welt, sondern eine naturnahe, das heißt extensiv genutzte Kulturlandschaft: der Hügel mit Obstbaumwiesen etwa, durch die ein erdiger Feldweg führt, vor dem Hintergrund einer sich sanft wellenden Landschaft mit Äckern und Wäldern. Was eine solche Umgebung besonders heimatfähig macht, ist ihr hoher Anteil an Unverfügbarem – eine unverwechselbare Erhebung beispielsweise, ein natürlicher Wasserlauf oder eine Mulde, in der sich nach längerem Regen ein kleiner See bildet. Element des Unverfügbaren, Chiffre des Andersseins, ist aber auch jeder Baum und jeder Strauch, insofern er, einmal gepflanzt, aus sich selbst heraus wächst. Ein sinnenfälliger Ausdruck dieser natürlichen Eigendynamik ist der Wechsel der Jahreszeiten, ein Wechsel, den nicht wir vollziehen, sondern den mit zu vollziehen wir gezwungen und gewohnt sind. Um heimatlich wirken zu können, braucht die Umwelt diesen Rest an Eigensinn, den beispielsweise, dass ihre Oberfläche gelegentlich unsichtbar wird, unter einer geschlossenen Schneedecke etwa, oder nachts, indem es dunkel wird.

Obwohl vom Menschen gestaltet, lässt sich eine solche Welt nicht vollständig aus unserem Wollen und Trachten ableiten, auf das Wirken einer zweckpraktischen Intelligenz zurückführen. Heimat ist weder Natur noch ein von Menschen für Menschen geschaffenes Produkt. Sie ist ein wachsender und lebendiger Kulturraum, der durch die zwanglose Koexistenz von Hergestelltem und Vorgefundenem bestimmt ist. Eine über die eigene Lebensspanne hinausgehende Beständigkeit ist dabei immer schon vorausgesetzt. Der Heimat genannte Raum war schon da, bevor man in ihn hineingeboren wurde, weshalb es auch nachvollziehbar ist, wenn jemand sagt, er möchte hier begraben werden. Der vom eigenen Dasein unabhängige Ort, an dem man über seinen Tod hinaus bleiben möchte – das ist die Heimat.

Aus der heimatlicheren Anmutung des ländlichen Raums folgt indes nicht, dass Urbanität und Heimatlichkeit einander ausschließen. Auch in der Stadt bildet Gewachsenes und Wachsendes den willkommenen Kontrapunkt zur Monokultur des bloß Funktionellen, die urbane Gebilde auszuzeichnen scheint. Damit sind nicht nur die eigendynamischen Wachstumsszenarien der Bäume im Park oder am Straßenrand gemeint, sondern auch die allenthalben sichtbaren Momente des Vergehens, des Altwerdens. Städtische Architektur wird heimatlich durch das Ansetzen von Patina – zu einer reinen Retorte, in der alle Elemente der Vergänglichkeit ständig getilgt werden, lässt sich nur schwer eine nichttriviale Beziehung aufbauen. Exemplarisch gilt dies für die französischen Trabantenstädte, in denen der marginalisierte Zuwanderernachwuchs vor einigen Jahren den Aufstand probte. Die uniformen Wohnblocks mit leblosen Kunststofffassaden und homogenisierten Grünstreifen zwischen den Autoparkflächen sind das genaue Gegenstück zum hier beschriebenen *Idealtypus* von Heimat.

Aus der größeren Heimatfähigkeit naturnäherer Räume folgt ebenso wenig, dass man sich auf dem Land zwangsläufig wohler fühlt als in der Stadt oder sich – bevor man in die Stadt zog – dort tatsächlich wohler gefühlt hätte. Die räumliche Bindung ist gewiss nicht belanglos, genauso gewiss aber nicht der wichtigste und letzte Bestimmungsgrund des Menschen. Das Interesse an geographischer Verwurzelung konfligiert vielmehr stets mit anderen Interessen, vor allem mit dem nach gelingender Sozialität oder dem nach Abwesenheit sozialer Kontrolle. Das massivste Hindernis für eine affektive Bindung an den Raum ist die Tatsache, dass man auch mit denen zurechtkommen muss, die in ihm leben – und das gelingt bekanntermaßen nicht immer.

Die Heimat genannte Beziehung zum physikalischen Raum korreliert nur im Glücksfall mit einer intakten Zwischenmenschlichkeit und darf deshalb nicht mit einem Garanten lebensweltlicher Harmonie verwechselt werden. Ein ambivalentes Verhältnis zur bergenden Heimat entsteht spätestens dann, wenn sie nicht mehr zu bergen vermag: wenn man hungert, kein Auskommen findet oder von Menschen umgeben ist, die einem das Leben zur Hölle machen. Das wärmende Licht einer räumlichen Beziehung vermag nur in den seltensten Fällen eine soziale Düsternis zu durchstrahlen. Der Landbewohner, der diese Düsternis erlebt, flieht gewöhnlich in die Stadt – und projiziert die durchlittenen sozialen Zwänge auf die naturräumliche Beschaffenheit der Landschaft. Er projiziert sie beispielsweise auf die topographische Enge des Tals, die mit der gemachten Negativ-Erfahrung natürlich nicht das Geringste zu tun hat. Kein Tal ist so eng wie die Häuserschluchten einer Großstadt! Nirgendwo sonst erblickt man so wenig freien Horizont!

Doch zurück zur räumlichen Umgrenzung der Heimat. Wie gesagt beginnt sie dort, wo man aus der Sphäre des Beisichselbstseins heraustritt, auf Elemente der Fremdheit trifft, und dennoch Vertrautheit erlebt. Sie beginnt mit Räumen, die eigensinnig genug sind, um der Monotonie des Verwiesenseins auf die selbst gestaltete Welt zu entrinnen, sie beginnt in einer Umwelt, die nicht zum Schemel des Menschen zurechtgebogen ist, wie Theodor Lessing sagen würde.

Die Außengrenze der Heimat, die Grenze, an der sie in Fremde übergeht, ist dagegen nicht zu ermitteln. Wenn jemand sagt, seine Heimat sei Hamburg, so meint er eben nicht das klar umgrenzte Stadtgebiet, nicht ein fest umrissenes Ganzes, sondern einen nicht näher zu bestimmenden Teil davon. Er meint den Bezirk, in dem er wohnt und in dem er sich bewegt. „Hamburg" ist gleichsam eine Verlegenheitsantwort, eine symbolische Simplifizierung für die alltäglich erlebte, aber niemals exakt zu umgrenzende Heimat. Die Bestimmung über administrative Ordnungseinheiten dient vornehmlich der besseren Verständigung. Wer nach seiner Heimat gefragt wird, antwortet mit einer geographischen Angabe, von der er glaubt, dass der Fragende etwas mit ihr anfangen kann. Einem Neapolitaner, den ich im Urlaub treffe, werde ich also nicht mit „Altmühltal" antworten, sondern mit „Bayern" oder „Süddeutschland", auch wenn sich in meinem Inneren ein gewisser Widerstand dagegen regt. Der angegebene Raum ist nämlich evident größer als der, den ich als meine Heimat erlebe. Ähnliches gilt für denjenigen, der die Gretchenfrage mit „Hamburg" beantwortet. Hakt man nach, indem man „ganz Hamburg?" zurückfragt, so stürzt man den Befragten in eine Irritation, die in der Natur der Sache liegt: Er spürt, dass er selber nicht weiß, wo genau eigentlich seine Heimat liegt. Und er weiß dies auch deshalb nicht, weil er es nicht wissen kann – weil eine eindeutige Lokalisation von Heimat selbst dann nicht möglich ist, wenn man sich ihrer sicher wähnt.

Die apodiktischen Antworten, die man auf die Frage nach der Heimat des Befragten gewöhnlich erhält, sind deshalb nicht die letzte Auskunft zur Sache. Heimat widersteht, so konkret sie auch erlebt wird, der präzisen räumlichen Zuordnung. Als Beheimateter hat man keine Definitionshoheit, kein kategorial strukturierter Verstand vermag diesem Raum eine Ordnung vorzuschreiben. Heimat entzieht sich dem Netz des Erkenntnissubjekts, das dieses über die Gegenstände der

Außenwelt zu werfen gewohnt ist. Sie ist nicht Produkt einer Urteilskraft, die ein geomorphologisches Gestalt-Ensemble als Heimat identifiziert, vielmehr der zuletzt offene Erfahrungs- und Aktionsraum des Leibwesens Mensch. Obwohl selber Begriff, ist der Terminus Heimat das Dementi jeder bloß begrifflichen Verortung – die Antithese zur argumentativen Sinnstiftung der abendländischen Tradition.

Heimat ist also noch in einem zweiten Sinne unverfügbar, nicht nur, weil sie Begegnungen mit Elementen des Unverfügbaren, mit irreduzibel Anderem, impliziert. Sie ist auch deshalb unverfügbar, weil sich ihr realer Ort nicht ausmessen lässt, man ihr ohne die Macht des Begriffs gegenübersteht. Da dies so ist, Heimat gleichsam nichts zu verstehen gibt, kann man auch nicht in ihrem Namen handeln, sie taugt nicht als Beleg eines höheren Zuspruchs und schon gar nicht taugt sie zur Legitimation territorialer Ansprüche. Wer den Terminus mit ideellen Totalitäten wie Volk, Vaterland oder Nation amalgamiert, begeht eine *contradictio in adiecto,* einen in der Sache liegenden Widerspruch. Er verlängert eine aus seinem konkreten Dasein vertraute Nahraumerfahrung in die Welt der Ideen, in der das Konkret-Nahe gerade keine Stelle hat. Folglich ist das sogenannte Heimatland bloß das nationalstaatliche Gebilde, in dem die Heimat liegt. Es ist nicht selber Heimat, und kann es auch nicht sein.

Richtig verstanden bedeutet und erzwingt Verheimatung also eine Haltung des Seinlassens, statt die eines selbstbewussten Ausgriffs. In ihr scheint jene Integration in den vorgefundenen Raum auf, die bei sogenannten Naturvölkern noch selbstverständlich war, die in den modernen Kulturen aber weitgehend verlorengegangen ist. Wenn man so will, markiert das Aufkommen der Heimatfrage im 19. Jahrhundert eine zweite Renaissance. Sie besteht in der Wiederentdeckung der Raumhaftigkeit des menschlichen Daseins, stellt also die christlich-abendländische Vorentscheidung infrage, die planetarische Vielfalt zugunsten der einen Menschenwelt aufzuheben. Die im Heimatbezug spürbare Würdigung des tatsächlichen Lebensumfelds erlöst aus der angemaßten Unzugehörigkeit des

Menschen zur realen, irdischen Welt. Sie konterkariert die Ideologie der Naturbeherrschung, von der die Geschichte der Neuzeit maßgeblich bestimmt ist.

Für diese Ideologie stehen Namen wie Francis Bacon und René Descartes. In der ersten Hälfte des 17. Jahrhunderts forderten sie die Machtergreifung über eine *Natur*, die ihnen als an sich bedeutungslos galt. Die Geschichte der Geringschätzung der räumlichen Umwelt beginnt allerdings schon tausendfünfhundert Jahre früher – mit dem Übergang des griechisch-antiken zum christlichen Weltbild. Zumindest in der klassischen Frühphase der griechischen Philosophie ist die Welt noch eine physische Entität – eine alles umfassende Ordnung, die schon als solche vortrefflich oder „gut" und in einem nicht bloß ästhetischen Sinne „schön" ist. An die Stelle dieser immerwährenden Welt, die betrachtet, als Kosmos geschaut werden kann, setzt das Christentum nun eine zweckvolle *creatio ex nihilo*, der man sich allein mit Schauen nicht mehr nähern kann, oder anders gesagt, der man das, was ihr Sinn ist, nicht mehr ansehen kann. War der Weltbezug zuvor über die sinnenhafte Erfahrung vermittelt, so tritt an die Stelle der Sinne nun das Wort: Der Schöpfer erklärt sich, und erklärt damit Existenz und Sosein der Welt. Damit werden welthaft-horizontale Bezüge irrelevant. Die Erde ist nun nur noch der fremde, menschenfeindliche Ort, der sie für das Wüstenvolk der Juden tatsächlich auch war. Darin der konkurrierenden Gnosis nicht unähnlich, dementiert das Christentum die Bedeutung des vorgefundenen Raums. Stattdessen kreist sein Kosmos um die Erfüllung einer Heilsgeschichte, die sich ausschließlich auf eines der göttlichen Geschöpfe, den Menschen, bezieht. Das letzte Ziel menschlichen Daseins wird deshalb an den Un-Ort schlechthin, das Jenseits, verlegt. Der konkrete Raum des Menschen, der Raum, in dem er lebt, verkommt zur bloßen Kulisse – wie die mittelalterliche Ikonographie wünschenswert deutlich zeigt: Landschaftselemente dienen ausschließlich als Bildhintergrund, während der Vordergrund für heilsgeschichtliche Themen reserviert wird. Der christlich geprägte Mensch fühlt sich im realen Raum nicht zu Hause, es besser wissend, schlägt er aus, was heute Heimat genannt wird.

Protagonist der theologischen Entheimatung ist Augustinus. Für den im vierten Jahrhundert lebenden Kirchenvater bleibt der Mensch in fundamentaler Weise an seinen Schöpfer zurückgebunden. Ins irdische Dasein geworfen, bewegt er sich notwendig in einer ihm fremden Welt. In dieser Fremde, die zwischen Nahraum und Ferne keinen wesentlichen Unterschied kennt, lässt er sich von flüchtigen Reizen und oberflächlichen Genüssen leiten und gerät folgerichtig immer weiter in die Irre. Augustinus gebraucht für die Beschreibung dieser *conditio humana* wiederholt das Bild der Seefahrt: Auf den Ozean des Daseins hinaussegelnd, kommt der Mensch geradezu zwangsläufig in Stürme, die ihm die Sinne verwirren und ihn weiter und weiter vom Ufer wegtreiben – weg vom rettenden Festland, das mit *beata terra* und *dulcissima patria* umschrieben wird – weg von Gott als der einzigen und wahren Heimat.

Die systematische Diffamierung des affektiven Raumbezugs bleibt natürlich nicht folgenlos. Am Übergang zur Neuzeit wird die theoretische Neutralisierung der natürlichen Umwelt praktisch umgesetzt: Mit den Mitteln der im christlichen Abendland – und nur dort – entstandenen modernen Wissenschaft wird die Natur von der Kulisse des Heilsgeschehens in einen menschlichen Selbstbedienungsladen verwandelt. Dazu gehört die Homogenisierung der Räume, die Aufhebung ihrer den Zugriff erschwerenden Eigenart: Der Wald wird zu Forst, der Berg zum potenziellen Steinbruch – zur Lagerstätte sogenannter Rohstoffe. Die christlich-abendländische Kultur zielt auf die Absolutsetzung der menschlichen Maße, auf die Herstellung jener ‚weltlichen Immunität' des Menschen, die Augustinus als einzigen Weg zum Seelenheil gepriesen hatte.

Im Zuge der neuzeitlichen Machtergreifung über die planetarische Vielfalt taucht dann plötzlich der Begriff Heimat auf – in seiner modernen Bedeutung einer affektiv gefärbten Beziehung zur räumlichen Umgebung. Vorher, mindestens seit dem 15. Jahrhundert, wird er lediglich in einem streng juristischen Sinne gebraucht und meint den vererbbaren Grundbesitz –

Haus und Hof. Noch der Brockhaus von 1879 kennt lediglich eine administrative Bedeutung. Heimat ist „der Ort, wo jemand seßhaft ist und ihm im Nothfall auf Grund des Heimatrechtes Aufenthalt und Armenpflege gewährt werden muß".

Offenbar konnte der Mikrokosmos der Lebenswelt so lange nicht zum Thema werden, wie die Entheimatung nur theoretischer Natur war, während in der Praxis nach wie vor die Bedingungen der Agrargesellschaft herrschten, in der man in ständigem körperlichen Austausch mit der natürlichen Umwelt stand. Die Menschen waren nun mal in überwiegender Zahl Bauern, Knechte, Mägde, die das Land bearbeiteten – und nichts deutete darauf hin, dass sich daran je etwas ändern könnte. Das Eingebundensein in die Natur war also selbstverständlich und die körperliche Selbstbewegung in der Landschaft für fast alle an der Tagesordnung. Erst die aufkommende Industriegesellschaft mit Landflucht, Technisierung und Naturzerstörung, also die praktische Realisation der theologisch vorgedachten Alleinherrschaft des Menschen, ermöglicht nun die Erfahrung des Heimatverlusts.

Erstmals artikuliert wird er im ausgehenden 18. Jahrhundert. Von Novalis etwa, für den das letzte Ziel allen Philosophierens die Verheimatung ist. Bei Lichte betrachtet geht es den Romantikern aber gar nicht um die lebensweltlich-konkrete, sondern um eine begriffliche, geistige Wirklichkeit. Die beschriebene Landschaft ist hier nur noch Synonym für den Seelenzustand. Weit davon entfernt, sich mit den sich abzeichnenden ökonomischen und gesellschaftlichen Veränderungen zu beschäftigen oder gar mittels politischer Forderungen tätig zu werden, ziehen sich die Romantiker in eine Innenwelt zurück – in eine Innenwelt, in der das weltlich Begegnende nur noch Spiegel des eigenen Gefühlslebens ist.

Mitte des 19. Jahrhunderts werden Landschaften dann auch *konkret* beschrieben – in den Heimatromanen von Berthold Auerbach oder Alexander Weill und in den volkskundlichen Schriften eines Wilhelm Heinrich Riehl. Dies geschieht jedoch nicht in Bezug auf das Moment eines je individuellen Erlebens, sondern im Hinblick auf deren allgemeine, idealtypische Bedeutung. Ergebnis ist ein sentimental verklärter Stadt-Land-Gegensatz, bei dem Wirtschafts- und Lebensformen verherrlicht werden, die im Begriff sind unterzugehen. Heimat ist kein an einen bestimmten Ort oder einen bestimmten Personenkreis gebundenes lebensweltliches Faktum, sondern ein imaginäres Phantasiegebilde, das durch Allgemeinheit, Abstraktheit und Austauschbarkeit charakterisiert ist.

Ähnliches gilt für die Heimatkunstbewegung des ausgehenden Jahrhunderts. In ihr wird der Widerstand gegen Zivilisation, Industrie und Großstadt aggressiver und beginnt sich politisch zu organisieren. Doch auch hier fixiert man sich auf Äußerlichkeiten und Versatzstücke, auf Symbole und Stellvertreter von Heimat. Alte, längst vergessene Sitten und Gebräuche etwa werden jetzt hervorgeholt und zu Heimatzeichen stilisiert. Das Tragen einer Tracht wird zum Inbegriff von Heimatgesinnung. Landschaft ist auch hier weitgehend Kulisse – und Heimat eine Idee, ein Ideal, hinter dem keine Wirklichkeit mehr steht.

Warum ist das so? Warum wird der konkrete Raum übersehen? Woher kommt seine Idealisierung und Hypostasierung? Nun, sie kommt einerseits natürlich aus der schmerzlichen Erfahrung der lebensweltlichen und sozialen Veränderungen, die die beiden Industrialisierungsschübe von 1850 und 1870 mit sich brachten. Sie hat aber auch noch eine zweite Wurzel: Komplementär zum selbstbewussten Umbau des Planeten zur Menschenwelt schwindet das Vertrauen auf den guten Schöpfer, den Heimatgeber Nummer eins des christlichen Abendlands. Die Folge ist jene flagrante Orientierungshysterie des aufgeklärten Menschen, deren erstes Opfer Friedrich Nietzsche wurde. Es beginnt also die Suche nach Sicherheiten, die das soeben Verlorene ersetzen können. Die im Grunde unspektakuläre und unausdrückliche Frage nach der Räumlichkeit des Menschen wird mit einer emphatischen Sinnerwartung amalgamiert, mit dem Anspruch auf jene methodische Zuversicht, die zuvor die Offenbarung gewährte – eine Zuversicht, die gerade darin bestand, die Verbundenheit mit der naturhaften Welt aufzukündigen, das ‚Andere' vollends zum Verschwinden zu bringen. Eigentlich das Gegenteil davon, wird Heimat zum Heilsrezept und kann sich darum auch nicht mehr mit der Kleinräumigkeit einer sinnlich gegebenen Umwelt zufriedengeben. Ein zufällig vorgefundener Raum, in dem man sich einfach nur zu Hause fühlt, ohne eine tiefere, geistig-metaphysische Einbettung zu garantieren, vermag das entfesselte Sinn-Bedürfnis nicht zu befriedigen.

Seinen Höhepunkt erreicht die metaphysische Verklärung des Konkreträumlichen dann in den zwanziger und dreißiger Jahren des 20. Jahrhunderts. Hatte schon das Bürgertum des Fin de Siècle Heimat von jedem Ortsbezug entfernt, so kippen die selbsternannten Heimatschützer den Begriff nun vollends ins Mystische. Er wird an die ideellen Groß-Kategorien Vaterland und Nation gebunden, meint nicht mehr den Aktionsraum konkreter Leibwesen, zu dem diese eine Beziehung unterhalten, vielmehr das Verlangen nach Einbettung in ein Höheres, Immaterielles, geradezu Jenseitiges.

Derart geöffnet für Mythisierungen hatten die Nationalsozialisten keine Mühe, den leeren Begriff in ihrem Sinne zu füllen. Die NSDAP war zwar von Anfang an eine städtische Bewegung, die die Industrialisierung vehement vorantrieb und den Agrarsektor völlig vernachlässigte. Auch waren ihr die angestammten Lebensräume gleichgültig, was sich am immerhin teilweise realisierten Megaprojekt zeigt, die alpine Bevölkerung Südtirols in die zu erobernden Ebenen Polens umzusiedeln. Das zeigen auch die Pläne, nach dem gewonnenen Krieg die Alpentäler zur Energiegewinnung mit riesigen Wasserkraftspeichern zu verbauen, die Bewohner zu enteignen und auszusiedeln. Andererseits verstanden es die Nationalsozialisten aber, das Sprachspiel der Heimatbewegten virtuos zu bedienen. Von deren Vorstellungen übernahmen sie freilich nur das agrarromantische Phantasma, die kleinräumigen Aspekte wurden hingegen strikt zurückgewiesen. Diese widersprachen mit ihrem dezentralen Bedeutungshorizont Hitlers Programm der weltanschaulichen Gleichschaltung und zentralen Steuerung. Wie niemals zuvor gelang es der NS-Propaganda, den positiven Gefühlswert für den erlebten Nahraum auf Gebilde der Vorstellungskraft wie Volk und Vaterland zu übertragen. Heimat wurde damit zu dem, was sie eigentlich nicht sein kann: zu einem abstrakten, nicht sinnlich gegebenen und erfahrbaren, sondern imaginierten und konstruierten Gesamtraum eines Volks, und damit auch zum Kampfbegriff und zur Ermächtigungsformel.

Dieses Auf-den-Kopf-Stellen des Phänomens, die Pervertierung des affektiven Lebensraumbezugs zur aggressiven Territorialkategorie, hat den Begriff nachhaltig in Verruf gebracht. Vor allem bei den Vertretern jener Generation, die im Laufe der sechziger Jahre ihren Vätern unbequeme Fragen zu stellen begannen. Eine der Früchte des nun entstehenden ‚kritischen Bewusstseins' war es, die zivilisationskritischen Strömungen des frühen 20. Jahrhunderts allesamt als ideologische Wegbereiter des Nationalsozialismus zu interpretieren – Heimatschutzbewegungen genauso wie Lebensreform und Wandervogel. Das Interesse an Heimat, Wandern und Natur stand nun unter dem Generalverdacht, Chiffre eines reaktionären Bewusstseins zu sein. Weil es für die dergestalt aufgeklärte Achtundsechziger-Jugend in der heimatlichen Natur überall noch nach Blut und Boden roch, zog es sie in den Ferien vornehmlich an südeuropäische Geheimtippstrände, wo einem nur unbelastete, ‚authentische' Menschen begegneten.

Die Folge ist eine frappierende Asymmetrie, die noch heute Bestand hat: Nach 1968 entstehen Frauenbewegung, Friedensbewegung und – mit Zeitverzug – Umweltbewegung, jedoch keine Heimatschutzbewegung. Warum aber – so fragt sich nun – kämpfen Natur- und Umweltschützer für so hehre Ziele wie das Überleben der Menschheit und die Erhaltung letzter Biotope, erwähnen das stets mitschwingende Interesse am Schutz des eigenen Biotops, einer heimatlichen Umwelt, aber mit keinem Wort?

Nun, zum einen hieße dies, eine Schwäche einzugestehen, die seit Augustinus nicht gesellschaftsfähig ist, die nämlich, eine reale, weltliche Heimat nötig zu haben. Dieses Feld wird voll und ganz der politischen Rechten überlassen, die sich für lokale Natur und Landschaft gar nicht interessiert, aber vom

Ausbleiben eines liberalen und linken Heimatbegriffs immer schon profitiert hat. Zum anderen wird einem der Verzicht auf räumliche Verortung leicht gemacht: Die moderne Wohlstandsgesellschaft offeriert Gelegenheiten der Neuverheimatung, die die topographische Verwurzelung verzichtbar erscheinen lassen.

Die Beispiele sind zahllos. Eines der auffälligsten ist die Karriere der Museen, worauf etwa Hermann Lübbe hinweist: Die draußen verloren gehenden Elemente einer als behaglich empfundenen Lebenswelt werden dort präsent gehalten, zum Beispiel in sogenannten Heimatmuseen. Diese kompensieren – in Lübbes Worten – den „lebensweltbedingten Vertrautheitsschwund" wie etwa den Verlust der Anmutungswirkung der Städte, kurz: den Verlust ihrer Heimatlichkeit. Nicht weniger symptomatisch ist die Konjunktur der Heimatabende im abendlichen Fernsehprogramm, aber auch am Urlaubsort. Dieser ist für viele Zeitgenossen längst zur periodischen Ersatzheimat geworden. Die Tourismusindustrie macht das entsprechende Bedürfnis fruchtbar und inszeniert – besonders im deutschsprachigen Alpenraum – Heimat in Form von Trachtenfesten, Folkloreabenden und anderen künstlich zur Schau gestellten Traditionsresten. Dazu passend wuchern überall Ferienhäuser im alpinen Heimatstil die Hänge hinauf- und hinunter. Selbst große Skistationen, die es an Hightech ansonsten nicht fehlen lassen, entscheiden sich für die Bebauung mit urigen Chalets – samt offenem Kamin, imitiertem Fachwerk und Holzbalkon. Genau wie das Wochenendhaus am Starnberger See wird jetzt auch die Feriendestination zur Stellvertreterheimat, die einen den öden Ort, zu dem die eigene Wohngegend geworden ist, besser ertragen hilft. Dieser öde Ort selbst wird nun mit Heimatzeichen aus der Welt der Kindheit versehen, in der Weihnachtszeit vor allem. Fenster, Hausfassaden und Vorgärten werden, spätestens zum ersten Advent, in herzerwärmende Beleuchtung getaucht – mit Lichtergirlanden, illuminierten Rehen, Engeln und Nikoläusen. Den gleichen selbstbeschwörerischen Effekt haben virtuelle Heimaten, wie sie beispielsweise TV-Familienserien mit Forsthaus- oder Landarztromantik liefern. Er ist aber auch in der Welt der digitalisierten Information auszumachen: In der Computerbranche hat man nämlich viel Zeit darauf verwendet, vertrauenerweckende Benutzeroberflächen zu gestalten, die von den abstrakten Vorgängen im Innern der Rechners ablenken. Und die ins Internet gestellten Basis-Informationen eines Website-Besitzers firmieren sicher nicht ganz zufällig unter „Homepage". „Home" wird hier der wohltuend überschaubare Ort genannt, an den man nach Ausflügen in die unendlichen Weiten des Internet, die sich mit Hilfe von Mausklicks durchreisen lassen, wieder auf vertrauten Boden zurückkehren kann.

Die nächstliegende und zugleich paradoxeste Antwort auf die Heimatfrage ist schließlich der Konsum selbst: Was der Kapitalismus am wenigsten braucht, ist Heimat – sie ist unproduktiv und beständig, steht unbegrenzt und kostenlos zur Verfügung. Um funktionieren zu können, muss das marktwirtschaftliche System Heimat in Produkt-Heimat transformieren. Das gelingt beispielsweise durch Kundenkarten, vor allem aber durch Markennamen. Durch sie wird dem Käufer ein Zugehörigkeitsgefühl suggeriert, das er zudem nach außen zur Schau stellen kann. Als Träger einer Nike-Baseballkappe bekommt er gleichsam Familienanschluss, Anschluss an eine Konsumentenfamilie, die vor der gesellschaftlichen Atomisierung zu schützen verspricht. Die Inszenierung von Produkt-Heimat gelingt aber auch ganz grundsätzlich, indem es die Konsumgüterindustrie immer schon als ihre Hauptaufgabe ansieht, neue Bedürfnisse zu wecken – ein Leiden am Nicht-Haben von etwas, gleich ob die jeweiligen Gegenstände wirklich gebraucht werden. Klar, dass der nichtverheimatete Mensch der ideale Konsument ist. Unwohl in seiner Haut, sehnt er sich nach Dingen, mit denen sich eine leere Existenz möblieren lässt.

Von den sechziger Jahren an war das prominenteste dieser Dinge das Auto. Es rückte ins Zentrum des familiären Lebens, wurde geliebt, gepflegt, geputzt, behütet. Der rollende Untersatz wurde nun zur Ersatzheimat, die einen überallhin begleitete und die verteidigt wurde wie zuvor vielleicht das eigene Grundstück. Mit dem ADAC trat die entsprechende Interessenvertretung auf den Plan – eine Art Heimatschutzbewegung des mobilen Zeitalters. Als Teilnehmer am neuen Individualverkehr hatte man sein schützendes Gehäuse fortan überall dabei – eine Auswölbung der Privatsphäre in den öffentlichen Raum, eine Dublette des Zuhauses, die ihren via Glasscheibe von allen Außenkontakten abgeschnittenen Besitzer unbemerkt dazu verdammte, die Welt nur noch einfach zu durchfahren – als ewig Fremder stets nur noch in der Fremde unterwegs zu sein.

Wo ist das Problem? Warum sollte die Heimat-Light des Konsumzeitalters denn nicht genügen? Wozu noch nach Außenräumen fragen, in denen man sich emotional verorten kann? Die Ersetzung des affektiven Ortsbezugs funktioniert doch bestens – und kurbelt zudem die Wirtschaft an!

Gegen derartige Verheimatungen spricht, dass es in ihnen kein wirkliches Ankommen gibt. Da das Akkumulieren materieller Dinge keine nachhaltige Befriedigung verschaffen kann, jagt man von einer kurzfristigen Erfüllung zur nächsten. Ein Leben, das vor allem durch Konsum zusammengehalten wird, ist ein Leben in steter Unruhe, ein vergeblicher Kampf gegen das Gefühl der Bodenlosigkeit, von dem man verfolgt wird.

Gäbe es aber überhaupt eine Alternative? Wie könnte echte Heimat im Zeitalter der Globalisierung aussehen?

Heimat im Vollsinne droht wohl tatsächlich zum seltenen Ausnahmefall zu werden. Zumindest in den Industriestaaten ist sie nur noch denen vorbehalten, die sich von ihrem Herkunftsort allenfalls im Urlaub wegbewegen. Das ist eher auf dem Land der Fall und wird – besonders unter den Bedingungen der Arbeitsplatzverknappung – auch hier seltener. Andererseits ist man in der Provinz heute vielerorts einer noch ungebremsteren Dynamik unterworfen. Die Täler und Auen werden mit Supermärkten, Gewerbegebieten und Umgehungsstraßen verschandelt – und mit Fluchtburgen für Städter, die dem urbanen Moloch wenigstens nach Feierabend den Rücken kehren wollen. Zudem ist es gerade das Land, auf dem die totale Mobilität herrscht – in Ermangelung adäquater Nahverkehrssysteme und wohnortnaher Einkaufsmöglichkeiten wird jeder Schritt mit dem Auto bewältigt; eine Beziehung zur naturräumlichen Umgebung wird selbst dort, wo man in ihr lebt, immer schwieriger. Folgerichtig ist ein sinnlich-sinnenhafter Kontakt zum konkreten Umfeld auf dem Land heute nicht wahrscheinlicher als in der Stadt. Die wenigen verbliebenen Nischen des Unverfügbaren, also die dem Verkehr und der Bebauung entzogenen Flächen, werden dort inzwischen viel besser geschützt.

Trotzdem gibt es noch Spielräume der Verheimatung, die längst nicht ausgeschöpft sind – und es gibt sie auch in der Großstadt: Wer etwa viel im Modus der Langsamkeit, zu Fuß oder auch mit dem Rad unterwegs ist, bekommt jenen intensiven, alle Sinne aktivierenden Kontakt zum Nahraum, aus dem sich Heimat ganz entscheidend konstituiert. Diese Art der Verheimatung ist wie nie zuvor im Gange und konterkariert die Mechanismen der Globalisierung: Die Zahl derer, die sich im Deutschland des 21. Jahrhunderts in ihrer Freizeit dem Wandern und Radwandern widmen, ist jedenfalls beispiellos. Allzu oft unterschätzte Hauptfeinde dieser neuen Nähe zum konkreten Lebensumfeld sind und bleiben aber die eigentlichen Herrscher der Städte und der Dörfer – die Autos. Aufgrund ihres Lärms, ihrer Abgase und ihrer ungemütlichen und regelrecht bedrohlichen Geschwindigkeit nehmen sie einem die Lust am Ausschreiten wie die Lust am Draußensein überhaupt und erschweren damit den affektiven Bezug zum Nahraum. Ähnlich fatal ist die fortgesetzte Versiegelung des Bodens, die Asphaltierung von Feldwegen etwa, mit denen Politiker den Bauern suggerieren, dass etwas für sie getan werde. Oder die Planierung ganzer Talauen zum Zwecke des Baus von Tankstellen, Autowaschstraßen, Discountmärkten und den unerlässlichen Parkplätzen. Derart homogenisierte Untergründe nehmen den Orten das jeweils Besondere, an das sich das Gefühl der Vertrautheit anhängen kann – jede Unebenheit, jedes Pflänzchen, jede Pfütze.

Heimat ist deshalb keine Privatsache, der jeder für sich nach Feierabend nachgehen kann. Sie muss aktiv verteidigt werden – nicht nur gegen die Logik der Globalisierung, sondern auch und vor allem durch Teilnahme an der Stadtteilpolitik, durch Protest gegen Bodenversiegelungen, durch Einsatz für Elemente des Unverfügbaren im Orts- und Stadtbild, durch Baumpflanzungen, Freihalten von Bebauungslücken und Ensembleschutz und eben durch die Forderung nach autofreien Räumen und vernünftigen Nahverkehrssystemen.

Die Botschaft scheint freilich allzu banal. Die Massenmotorisierung und die Totalversiegelung des Landes stoppen und etwas mehr zu Fuß gehen – und alles wird gut. So einfach wird es in der Tat nicht sein. Banal darf die Message allerdings sein, denn Heimat ist nichts Großartiges, sie hat keinen metaphysischen Mehrwert und kann keinen haben. Statt die Ich-Autonomie zu stützen, weckt sie die Bereitschaft für das unaufgeregte Zusammensein mit den Elementen einer von Natur durchdrungenen Lebenswelt. Dies disponiert zu jener Haltung des Sich-Einfügens, die dem abendländischen Menschen so lange gefehlt hat. Wem das zu wenig ist, der sollte sich fragen, ob er unter dem Titel „Heimat“ nicht vielleicht doch jene Universalmedizin der Daseinsorientierung gesucht hat, die gemeinhin „Sinn“ genannt wird. Dieses Heil kann die durch und durch weltliche und profane Beziehung zum konkreten Lebensraum nicht liefern. Sie braucht es auch nicht, denn sie verschafft jene Erdung, deren Unterdrückung die Sinnfrage überhaupt erst penetrant werden ließ.

Abschied vom Sinn
Plädoyer für ein Leben ohne metaphysischen Mehrwert

Arthur Dent hat noch einmal Glück gehabt. Als die Erde im Zuge des Baus einer neuen intergalaktischen Transitroute gesprengt werden muss, gelingt es ihm, sich in letzter Minute auf ein Raumschiff zu schmuggeln. Nun beginnt eine langwierige Odyssee durch den Weltraum, die ihn irgendwann auch nach Magrathea, den Stern der Planetenbauer führt. Dort trifft er auf Slartibartfast, einen gebrechlichen, alten Mann, der seinerzeit die Baupläne für die Erde entwarf und irgendwie wie Gottvater aussieht. Von ihm erfährt er, wie es zur Entstehung unseres blauen Planeten kam:

Vor langer, langer Zeit waren es die Bewohner eines kleinen Sternensystems leid, sich immer wieder den Kopf über die Frage nach dem Sinn ihrer Existenz zu zerbrechen, und sie entschieden sich, das Problem nun ein für alle Mal zu lösen. Zu diesem Zweck bauten sie einen gigantischen Computer, tauften ihn *Deep Thought* und fütterten ihn mit der Frage aller Fragen – der Frage nach dem Leben, dem Universum, dem Sinn alles Bestehenden. Der hochhausgroße Rechner startete das entsprechende Programm und präsentierte nach schier unendlich langer Bearbeitungszeit das Resultat, es lautete „42". Enttäuschung, ja Entsetzen trat ein. Denn nun war die Antwort zwar gefunden, aber es stellte sich ein neues, ebenso hartnäckiges Problem: Wie genau lautete eigentlich die Frage, auf die zweiundvierzig die unbezweifelbare, weil mit Hightech-Präzision errechnete Antwort war? Dies herauszubekommen überstieg Deep Thoughts Leistungsvermögen und so gab man einen weiteren, noch größeren und komplizierteren Computer in Auftrag, einen Computer, der mit organischen Programmen arbeiten, das Leben selbst also als Software nutzen sollte. Gemeint ist das Planetenprojekt, das Slartibartfast seinerzeit vollendet hatte: die später so genannte Erde – ein Auftragswerk mit dem Zweck herauszufinden, was eigentlich gefragt wird, wenn man sich nach dem Sinn des Lebens erkundigt.

Die Geschichte stammt aus Douglas Adams' Science-Fiction-Groteske *Hitchhiker's Guide to the Galaxy* und ist nicht so verrückt, wie sie zunächst anmutet. Denn irgendwie scheint das Programm noch zu laufen, der genaue Sinn der Sinn-Frage ist so ungeklärt wie eh und je, gleichwohl wird sie immer eindringlicher gestellt. Eine regelrechte Orientierungshysterie hat die westliche Wohlstandswelt schon Ende des 20. Jahrhunderts ergriffen und treibt seither die seltsamsten Blüten, auf dem Buchmarkt vor allem: Die Regale bersten mit Publikationen zum Thema Sinn des Lebens, von denen zur Zeit nicht weniger als vierzig genau diesen oder einen sehr ähnlichen Titel tragen. Andere, nicht weniger einschlägige Überschriften lauten: „Dem Leben trauen", „Auf die innere Stimme hören", „Ich und das Universum" oder „Und doch ist alles gut". Aber auch „vom Sinn des Todes", von „Sinnsuche in der Wildnis", oder „Bergerlebnis und Sinnerfahrung" ist gelegentlich die Rede. Dabei gelingt die Abgrenzung zur ordinären Ratgeberliteratur natürlich nicht immer, Publikationen wie „Macht, Erfolg, Sinn – Eine neue Ethik für Unternehmer und Manager" oder „Geld und der Sinn des Lebens" belegen dies.

Nahezu folgerichtig floriert seit Jahren auch das einschlägige Beratungs-, Therapie- und Servicegewerbe. Sich auf die Befriedigung von Sinnbedürfnissen zu verlegen heißt nicht selten, in die berufliche Erfolgsspur zu geraten, gleich ob man eine Praxis für positive Lebensgestaltung gründet oder als Veranstalter von esoterischen Reisen seine zahlungskräftige Klientel von einem Kraftplatz zum nächsten schaukelt. Titel wie „Geld und der Sinn des Lebens" bekommen hier einen von ihren Verfassern gar nicht intendierten zweiten Sinn.

Doch auch abseits des therapeutischen und esoterischen Dienstleistungssektors ist Sinn für viele Menschen zur psychohygienischen Minimalerwartung geworden. Die Freizeitgestaltung etwa soll nicht länger nur Freude, sondern auch Sinn machen. Statt sich lediglich gesund zu ernähren, ernährt man sich jetzt sinnvoll. Und selbst Krankheiten, Gebrechen und Unglücksfälle werden entsprechend befragt – klar, dass auch ihnen ein Sinn abzuringen ist: Der Sturz im unbeleuchteten Treppenhaus war ein diskreter Hinweis darauf, zu lange mit dem falschen Mann zusammengelebt zu haben, und die Allergie gegen Katzenhaare beweist, dass man endlich lernen muss, Nähe zuzulassen. Wenn nächstens aus dem Fernsehgerät Werbeslogans wie „sinnvoll schlafen" oder „Verdauen mit Sinn" tönen, wird wohl niemand mehr überrascht aufschauen.

Angesichts der Allgegenwart des Sinnanspruchs verwundert es, dass die Formel „Sinngesellschaft" noch gar nicht so alt ist. Norbert Bolz, Zeitgeist-Philosoph und Medientheoretiker, hat sie vor einigen Jahren geprägt und zum Titel eines Buches gemacht. Natürlich ist es eine polemische Replik auf Ulrich Becks Theorie der „Risikogesellschaft", die seit Mitte der Achtzigerjahre den soziologischen Diskurs bestimmt – und bestätigt die These von der Omnipräsenz des Sinnverlangens allein schon dadurch, dass es in Buchhandlungen im Regal der Lebensberatungsliteratur zu stehen pflegt.

Woher kommt aber diese Orientierungshysterie? Ist die Sinnfrage nicht ein Anachronismus? Ist sie angesichts des unumkehrbaren Sieges naturwissenschaftlich-nüchterner Weltbetrachtung nicht widersinnig, naiv, geradezu frivol? Käme es nicht eher darauf an, mit der Sinnlosigkeit leben zu lernen und auf diese Weise gleichsam zu irdischen Maßen zurückzukehren? Verbirgt sich in der Sinnfrage nicht vielleicht sogar umgekehrt der Wunsch, sich nach wie vor eine menschliche Sonderstellung zurechtzulegen, sich der Natur gegenüber selbst da noch im Recht zu wähnen, wo man zu ihrem Schutz aufruft?

Für Bolz ist die Sache einfach: Die Sinnsuche ist eine Reaktion auf die neue Unübersichtlichkeit – ein Kompensationsphänomen. Sie kompensiert den Vertrautheitsschwund der modernen Welt oder – was dasselbe ist – deren zunehmende Komplexität, und sie tut dies beinahe beliebig: Durch neuen Fundamentalismus, durch Endzeitstimmung oder durch die kontrafaktische Wiederentdeckung der Langsamkeit. Konjunktur hat nun das Verlangen nach längst Verlorenem oder Niedagewesenem: nach Einfachheit, Klarheit, Ganzheit, Authentizität. Wer nach Sinn fragt, so Bolzens These, will die postmoderne Gesellschaft nicht. Er möchte ihrer Komplexität entkommen und sich vor der Fülle der Freiheiten drücken, die die gegenwärtige für Bolz zur „besten aller möglichen Welten" machen.

Auf die Rede von der „besten aller möglichen Welten" wird noch zurückzukommen sein. Bolz hat aber jedenfalls damit Recht, dass die heute gestellte Sinnfrage nicht zur anthropologischen Grundausstattung des Menschen gehört. Sie ist ganz im Gegenteil eine moderne Erfindung, wird erst bei Wilhelm Dilthey gegen Ende des 19. Jahrhunderts virulent, und die erste emphatische Verwendung des Begriffs Sinn in einem Buchtitel liegt gerade einmal hundert Jahre zurück. Sie stammt von dem inzwischen in Vergessenheit geratenen Rudolf Eucken, der für seinen populärphilosophischen Bestseller „Sinn und Wert des Lebens" (1908) immerhin mit dem Nobelpreis für Literatur ausgezeichnet wurde. Eine fortschrittskritische Stimmung hatte sich in dieser Zeit breitzumachen begonnen, besonders in bürgerlichen Schichten. Für sie stand die Gesellschaft in Gefahr, sich zu einer bloßen Arbeitskultur zu reduzieren, zu einer Arbeitskultur, die, wie Eucken schrieb, „bei all ihren Erfolgen die Seele des Menschen vergessen" habe. Eucken und andere neoidealistische Weltanschauungsliteraten wollten gegensteuern, dem kulturschaffenden Geist wieder einen Platz anweisen, die positive Sonderstellung des Menschen im Kosmos geltend machen:

> „Das Ganze der Kultur erscheint im modernen Leben immer weniger als ein Werk und ein Gewinn des Menschen, sondern als eine ihm überlegene, unpersönliche Macht, die aus eigener Notwendigkeit aufsteigt und ungestüm vordringt, sich des Menschen aber als eines bloßen Mittels und Werkzeugs bedient, ganz dabei gleichgültig gegen sein Wohl und Wehe. Weiter wirkt zur Verkleinerung, dass während die Schätzung des Menschen früher vornehmlich an den ihn un-

terscheidenden Zügen hing und er als Geisteswesen in stolzer Höhe über der Natur zu schweben schien, mehr und mehr sein enger Zusammenhang mit der Natur zur Geltung gelangt und die Gedanken beherrscht. Für eine Sonderstellung des Menschen scheint hier keinerlei Platz zu verbleiben. Alles zusammen wirkt dahin, den Menschen gegen früher tief herabzudrücken, ja, es erzeugt oft eine Neigung, seine Gebundenheit, seine Wehrlosigkeit, seine Begrenztheit stark zu betonen, die kleinen und niedrigen Züge seiner Art hervorzukehren und das Gesamtbild bestimmen zu lassen, ihm allen Glauben an eine besondere Bedeutung und eine besondere Würde zu nehmen. Stand dem 18. Jahrhundert beim Begriff des Menschen vor allem seine Größe vor Augen, so kann sich die Gegenwart in der Ausmalung seiner Kleinheit und seiner Schwäche oft kaum Genüge tun."

Dieser schmerzliche Befund hat nichts von seiner Gültigkeit verloren, allenfalls hat sich der Hiatus zwischen dem Leibwesen Mensch und der von ihm geschaffenen Welt mittlerweile noch einmal vertieft. Nur hat sich dem heutigen Zeitgenossen gleichzeitig die tröstliche Ersatz-Welt des Konsums geöffnet. Euckens und Bolz' Erklärungen der Sinnbedürftigkeit sind deshalb im Grunde die gleichen: Mit den Rationalisierungsprozessen entfaltet sich eine Dynamik, die auf das beharrungswillige menschliche Gemüt keinerlei Rücksicht nimmt. Der Mensch wird kosmologisch heimatlos, ein Versprengter in seinem eigenen Universum, er wird, wie Günther Anders 1954 notierte, ein lästiges Anhängsel seiner Geräte und Institutionen. Dies lässt ihn nach Belegen für einen Eigenwert umschauen, der von der gesellschaftlichen Realität nicht dementiert werden kann. Der Name für diesen Beleg lautet „Sinn", er verspricht die Gewissheit, nicht in der bloßen Produzenten- und Konsumentenrolle aufzugehen, mehr zu sein als jenes Reiz-Reaktions-Bündel, dessen sich die moderne Werbung bedient.

Die Vehemenz, mit der unter dem Druck der Verhältnisse heute nach Sinn gefragt wird, scheint damit erklärt, der Ursprung der Sinnfrage allerdings nicht. Ist sie nicht vielleicht doch ein altehrwürdiges Unterfangen der Philosophie, haben nicht schon die griechischen Tragödiendichter nach Sinn gefragt, hat nicht schon Sokrates um eine Antwort gerungen?

In einem sehr allgemeinen Sinne ist das richtig. Wer genauer hinschaut erkennt jedoch einen entscheidenden Bedeutungswandel: Bis zu Nietzsche fragte man, wenn man nach dem Sinn fragte, stets nur nach seiner *Form* – weil seine Existenz als ausgemacht galt, es nur um die richtige Beschreibung eines als selbstverständlich Vorausgesetzten ging. Seit Nietzsche fragt man dann nach der *Existenz* von Sinn, danach also, *ob* es einen solchen überhaupt gibt.

Zudem war bei den Griechen die Sinnfrage zunächst eine Frage nach einem *Ganzen*, in dem der Mensch keineswegs im Mittelpunkt stand. In den Kindertagen der abendländischen Philosophie kam niemand auf die Idee, dass Sein und Werden des Planeten etwas mit dem menschlichen Schicksal zu tun haben könnten, auf das Wohl und Wehe des *zoon politicon* zu beziehen wären. Für die griechische Antike, schreibt Karl Löwith, ist die Welt „ein physischer Kosmos, d. h. eine alles umfassende Weltordnung, die schon als solche vortrefflich oder ‚gut' und in einem nicht bloß ästhetischen Sinne ‚schön' ist." Sie ist ewig, weder von Gott noch von Menschen gemacht, und nimmt deshalb – sozusagen genuin parteilos – nur insofern Rücksicht auf den Menschen, als er ein Teil des Ganzen ist. Dieses von Natur aus Gute und Ganze nach einem ihm Äußeren, nach einem von außen gegebenen Sinn zu befragen, käme dem antiken Denker nicht in den Sinn.

Dazu bedurfte es jenen Wechsels der weltanschaulichen Rahmenbedingungen, für den das Christentum steht: An die Stelle einer immerwährenden Welt, die betrachtet, als Kosmos geschaut werden kann, setzt es eine zweckvolle *creatio ex nihilo*, der man sich allein mit Schauen nicht mehr nähern, oder anders gesagt, der man das, was ihr Sinn ist, nicht mehr ansehen kann. An die Stelle der sinnenhaften Erfahrbarkeit tritt das Wort – der Schöpfer erklärt sich, und erklärt damit Existenz und Sosein der Welt, die damit nicht länger notwendig, sondern kontingent ist. Sie könnte auch nicht sein, und sie ist nur deshalb, weil Gott sie gewollt, mit seinen ihm ebenbildlichen Geschöpfen etwas im Sinne hat. So gerinnt die Manie dieser vermeintlichen Ebenbilder, für sich Besonderes zu reklamieren, zur Selbstverständlichkeit. Als Produkt eines *Willens* interpretiert, sind die Konstitutionsbedingungen des Universums nun vom menschlichen Verstand prinzipiell nachvollziehbar und dieses Universum damit auch möglicher Gegenstand von Rechtfertigungsbemühungen.

Notwendig wird diese Rechtfertigung, das heißt das Stellen der Sinnfrage, aber erst da, wo die Selbstverständlichkeiten des christlichen Weltbildes in Zweifel geraten und argumentative Rettungsversuche unternommen werden müssen. Den ersten systematischen Versuch einer solchen Sinnverifikation außerhalb der Theologie liefert Anfang des 18. Jahrhunderts Gottfried Wilhelm Leibniz mit seiner „Theodizee", dem geistesgeschichtlichen Prototypen einer Verteidigung Gottes angesichts der Übel in der Welt.

Angeregt durch einen Briefwechsel mit der preußischen Königin Sophie Charlotte, wehrt sich der angesehene Mathematiker in dieser Schrift gegen den Skeptizismus, den Pierre Bayle in seinem berühmten *Dictionnaire historique* soeben gesellschaftsfähig gemacht hatte. Der französische Frühaufklärer ging von der Unvereinbarkeit von Vernunft und Glauben aus und versuchte deutlich zu machen, dass die reale Beschaffenheit der Welt mit der Annahme eines weisen und guten Schöpfers unvereinbar sei.

Um Gott von solchen Vorwürfen zu entlasten, blieb Leibniz nun nichts anderes übrig, als die Übel als „wohlgemeint, als sinnvoll auszulegen", wie es bei Nietzsche heißt, sie also in den Rang des Vernünftigen zu heben. Die Übel seien nicht nur deshalb zwingend notwendig, weil die Welt vom Schöpfer verschieden, das heißt weniger vollkommen als dieser sein müsse, sondern auch, weil sie bedeutende Elemente im Schöpfungskonzept selber darstellten. Gott ist so gesehen ein früher Urahn von Slartibartfast, ein Techniker also, in Leibniz' eigenen Worten: ein „Uhrmacher", „Ingenieur" oder „Baumeister". Als solcher muss er aus dem Ideenrepertoire möglicher Welten auswählen, bleibt dabei aber an sogenannte ewige Wahrheiten sowie an das Prinzip des Bestmöglichen gebunden und muss deshalb auch die Übel zulassen. Ihn trifft keine Schuld, weil er nicht deren moralischer Urheber, sondern Opfer von Konstitutionsbedingungen ist, beim Akt der Schöpfung gleichsam nicht umhin kann, allgemeingültige Baupläne und kosmische Gesetze zu respektieren. Das Übel ist nun kein freischwebendes Skandalon mehr, sondern konstitutiver Bestandteil der besten aller möglichen Welten. Der Philosoph durchschaut dies und findet deshalb überall dort, wo sich der gemeine Zeitgenosse an vermeintlich Schädlichem und Widersinnigem stört, nur Angemessenes und Zuträgliches. Schopenhauer wird diese methodische Zuversicht später als „Hohn auf die namenlosen Leiden des Menschen" bezeichnen und Voltaire in den Olymp der Dichter heben, weil er in seinem Roman *Candide* mit den Selbstbeschwörungen der Optimisten rigoros abrechnet.

Jedenfalls wird am Sinnstiftungsunternehmen ‚Theodizee' zweierlei deutlich. Erstens, dass die umfassende Rechtfertigung der Übel Replikcharakter hat: Leibniz kommt nur deshalb auf die Idee, die reale Welt nach ihrem Sinn zu befragen, weil namhafte Zeitgenossen die Dissonanz zwischen theologisch verordnetem Gottvertrauen und konkreter Wirklichkeit benennen – weil die christliche Vorstellung eines sorgenden, gütigen Vaters einem Realitätssinn entwickelnden Aufklärungspublikum nicht mehr einleuchten will. Die Genese der Sinnfrage hat daher mit dem Verlust des Vertrauens auf einen außerweltlichen Sinngeber zu tun, gehört also in die Geschichte des christlich-abendländischen Monotheismus und tritt dort erst im Moment des Bröckelns seiner Fundamente auf. *Vor* diesem Bröckeln, das heißt für den gläubigen christlichen Menschen, gibt es kein Sinnproblem. Die moderne Sinnfrage ist demnach ein Folgeproblem des religiösen Bewusstseins, nicht dessen Voraussetzung. Oder, anders gesagt: Der Glaube an eine überirdische Instanz, die die Welt nach einem wohlgeordneten Plan gestaltet hat, ist nicht eine der möglichen Antworten auf eine „allgemeinmenschliche" Sinnfrage, sondern deren geistesgeschichtlicher Ermöglichungsgrund. Im zugrunde liegenden Leidensdruck steckt also nichts ‚Natürliches', er gehört zum Rückzugsgefecht der christlichen Zuversicht, sucht Antworten auf Fragen, die außerhalb unseres Kulturkreises nicht wirklich Sinn machen.

Zweitens zeigt sich, dass das Leibnizsche Programm der Aussöhnung im Blick auf Gott kontraproduktiv ist: Ein Gott, der Rücksichten auf die Weltharmonie, auf Gesetze, die er nicht ändern kann, nehmen muss, kann nicht mehr als der Schöpfung aus dem Nichts fähig betrachtet werden. Dies sieht und reklamiert auch Immanuel Kant: Das Argument, Gott müsse Übel zulassen, die er eigentlich gar nicht wolle, rechtfertige den Schöpfer nicht, sondern „kompromittiere ihn und seine Welt" und sei deshalb „ärger als die Beschwerde", schreibt er 1791.

Diese Kontraproduktivität ist allerdings kein Zufall, sondern notwendige Konsequenz der Sinnfrage, wie sie mit Leibniz auf den Plan tritt. In dieser geht es gar nicht um Gott, als einen Jenseitigen oder radikal anderen, über dem Menschen Stehenden. Indem die Theodizee den Blick auf den Funktionssinn des Ganzen lenkt, erlöst sie den Menschen aus der Vorherrschaft einer unkalkulierbaren, überirdischen Macht. Der Leibnizsche Rationalismus lässt ein homogenes Universum entstehen, das dem menschlichen Verstand zugänglich ist und in dem keine ‚äußere' Stimme mehr Einhalt gebietet – ein Universum, in dem die Menschen frei sind, sich faktisch zu dem zu machen, was sie in der Leibnizschen Kosmologie auf der Ebene des Mikrokosmos zunächst nur theoretisch sind: „kleine Götter".

Entgegen dem Anspruch, Gott zu verteidigen, und im deutlichen Unterschied zur griechisch-antiken Sinnkonstitution, geht es in der Leibniz-Theodizee also von Anfang an ausschließlich um den Menschen, um die Sicherstellung der Letztinstanzlichkeit seiner Ratio, darum, dass der Welt eine gedanklich fassbare menschenfreundliche Ordnung eignet, in der das Andere, Fremde, das Unbegreifbare und deshalb auch Unverfügbare keine Stelle mehr hat. Mit Gott verliert natürlich auch die Natur ihr Anderssein, ihren sinnfremden Eigensinn, und ist nur noch Teil eines Systems von Zwecken, in der allein der Mensch für sich beanspruchen kann, Endzweck zu sein – eine metaphysische Anmaßung, die Kant später als denknotwendig deklarieren wird. Derart zum Schweigen gebracht, bietet die Natur keinen grundsätzlichen Widerstand mehr, sie lässt sich fortan ohne Scheu in wissenschaftlich-technischen Zugriff nehmen, zum Selbstbedienungsladen für die Krone der Schöpfung machen.

Die Befreiung von göttlicher Bevormundung wird auf diese Weise Lizenz zur uneingeschränkten Machtergreifung über die Natur. Eine Rückkehr zur Orientierung an der sichtbaren Welt, am unvordenklichen und damit sinn-losen Zusammensein von Mensch und Natur, findet nicht statt. Die neuzeitliche Sinnfrage tritt nicht allein als Sehnsucht nach einem Zusätzlichen, nach einem metaphysischen Mehrwert des Daseins, auf, sondern auch als Abwehr gegen das fällige *Sicheinfügen* in die irdisch-naturhafte Welt. Statt auf ein Verhältnis respektvoller Koexistenz schielt die mit Leibniz anhebende Sinnfrage auf die Alleinherrschaft des Menschen. Diese Schräglage, so wird zu zeigen sein, wird sie auch später nicht mehr los.

Ihrer Struktur nach zwar schon präsent, stellt sich die Sinnfrage bei Leibniz aber noch nicht in ihrer modernen, emphatisch-zugespitzten Form. Sie muss sich auch noch nicht stellen, wird die Existenz des großen Sinngebers doch noch stillschweigend vorausgesetzt. Die Welt *muss* nicht sein. Es gibt sie nur deshalb, weil Gott mit ihr etwas im Sinne hat, der moralische Schöpfungssinn so umfassend über dem materiellen Universum schwebt, dass es mit Leibniz gesprochen, „nichts Ödes und Unfruchtbares“ gibt, oder anders gesagt, dass es nichts gibt, was sich der menschlichen Vereinnahmung prinzipiell versperren würde. Als Inhabern eines endlichen Verstandes fällt den Menschen lediglich die Aufgabe zu, ihre Gedanken so zu sortieren, dass sich möglichst viel dieses omnipräsenten Sinnes enthüllt. So kann Leibniz auf Bayles Argument, Kinder, die vor der Taufe sterben, müssten nach der christlichen Logik ja wohl der ewigen Verdammnis anheimfallen, mit naiver Offenherzigkeit antworten: „Es ist doch viel sinnvoller, sie der unendlichen Güte des Schöpfers anheimzustellen." – Das ist es in der Tat, wenn es diesen Schöpfer gibt und die Gottesattribute „Güte" und „Allmacht" auf ihn zutreffen. Gelingt es im Einzelfalle nicht, die pro-menschliche Grundierung des Universums zu entdecken, so liegt dies für Leibniz nicht etwa am Fehlen von Sinn, sondern es fehlt nur an der kognitiven Kompetenz, seine wahre Form zu erkennen.

Spätestens bei Nietzsche ist das anders. Der an Radikalität kaum zu überbietende Denker schließt an die fatalistische Willensmetaphysik Schopenhauers an und sieht im Grunde des Weltgeschehens nur noch einen blinden, grund- und vernunftlosen Willen wirken – den Willen zur Macht, der nichts Außer- und Überweltliches ist, sondern sich konkret in den Lebensäußerungen jedes Lebewesens zeigt und das Leben sozusagen aus sich selbst heraus immer weiter treibt. Gott ist nun tot und es gibt keine Instanz mehr, die dem menschlichen Dasein noch irgendeinen höheren Zuspruch garantieren könnte. Damit beginnt die Sinnfrage ihre eigentliche, moderne Karriere. Gewöhnt an die Vorstellung einer immerwährenden Ordnung, die durch einen menschenfreundlichen Schöpfer verbürgt ist, taumelt Nietzsches Mensch nun in die Haltlosigkeit, wird Kandidat für das Delirium des Nihilismus, Opfer der so unabweisbaren wie unlösbaren Wozu-das-alles-Frage.

Im gesellschaftlichen Alltag der Zeit tut sich freilich wenig, die große Mehrheit der Bevölkerung hält es nach wie vor mit der Kirche, andere wendeten sich weltlichen Ersatzreligionen zu, die die christliche Heilserwartung ins Diesseits verlegten, allen voran dem Marxismus. Zur gleichen Zeit beginnen nationalistische und rassentheoretische Ideologien das entstandene Sinndefizit auszugleichen – später auch unter Zuhilfenahme von Nietzsches grotesk verdrehter Theorie des Übermenschen.

Nietzsches Position ist allerdings nicht so souverän, wie sie im ersten Moment erscheint. Denn der Tod Gottes wird nicht als etwas Beiläufiges und Selbstverständliches dargestellt, sondern zum historischen Ereignis mit grundstürzenden Folgewirkungen dramatisiert:

> „Wir haben ihn getötet – ihr und ich! Wir alle sind seine Mörder! Aber wie haben wir das gemacht? Wie vermochten wir das Meer auszutrinken, wer gab uns den Schwamm, um den ganzen Horizont wegzuwischen? Was taten wir, als wir diese Erde von ihrer Sonne losketteten? Wohin bewegt sie sich nun? Wohin bewegen wir uns? Fort von allen Sonnen? Stürzen wir nicht fortwährend? Und rückwärts, seitwärts, vorwärts, nach allen Seiten? Gibt es noch ein Oben und ein Unten? Irren wir nicht wie durch ein unendliches Nichts? Haucht uns nicht der Leere Raum an? Ist es nicht kälter geworden? Kommt nicht immerfort die Nacht und immer mehr Nacht?"

Die Aufgebrachtheit, mit der der Befund vorgetragen wird, ist für den Antichristen, zu dem Nietzsche sich stilisiert, überraschend. Sinn-Losigkeit zum herben Verlust aufzuspielen heißt schließlich, im theologischen Sprachspiel zu bleiben, und ist damit nicht weniger abwegig als das Insistieren auf „Sinn".

Konsequent ist Nietzsches Diagnose nur darin, dass es nach dem Tode Gottes auch keinen übergreifenden Sinn mehr geben kann. Im Grunde ist diese Diagnose sogar banal: Die Sinnfrage macht nur solange Sinn, wie man unter Sinn „das, was der Schöpfer – bei der Schöpfung – im Sinn gehabt hat" versteht. Streicht man Gott aus dem Schöpfungsgeschäft, so ist auch die Welt, das Leben, die Menschheit naturgemäß und im präzisen Sinne des Wortes sinn-los: *ohne zugrunde liegende Absicht*. Eine emphatische Nachfrage nach Sinn, also nach einer Absicht ohne Beabsichtigenden, ist eine *contradictio in adiecto*: Ein gottloses Universum muss sich dem Menschen gegenüber nicht rechtfertigen. Die moderne Frage nach dem Sinn ist – so Günther Anders – die säkularisierte Form der Theodizeefrage und damit implizit an Voraussetzungen gebunden, die keine Gültigkeit mehr haben. Eine Gesellschaft atheistischer Sinnsucher ist deshalb eine absurde Gesellschaft, sie sehnt sich nach etwas, das es unter ihren Bedingungen überhaupt nicht geben kann. Ohne die Annahme einer Instanz, die eine zweckmäßige Einrichtung der Welt verbürgt, verbietet sich die Frage von selbst.

Damit ist allerdings *nicht* gesagt, dass der Terminus Sinn aus dem Sprachschatz gestrichen gehört. Er hat – wenn er sich nicht gleich auf die sogenannten fünf Sinne bezieht, über die sich der Außenweltbezug einstellt – zwei Bedeutungsfelder, in denen seine Berechtigung unbestritten bleibt, das Bedeutungsfeld des Verstehenssinns und das des Handlungs- oder Zwecksinns. Im ersten Fall geht es um sprachliche oder gestische Äußerungen, die genau dann sinnvoll genannt werden können, wenn der Adressat sie verstehen kann, im zweiten dreht sich der Begriff um das Ziel einer Handlung: Wenn festliegt, was jemand beabsichtigt, so gibt es Sinnvolles oder weniger Sinnvolles – zur Erreichung dieses Zwecks. Für kontingente Dinge wie Lebewesen oder das Gesamt der irdischen Natur bleibt der Begriff dagegen unanwendbar.

Wer fragt aber denn eigentlich heute noch nach *dem* Sinn, wer glaubt denn noch an die große, objektive Antwort? Ist es in der pluralistischen Gesellschaft nicht längst so, dass jeder nur seinen eigenen, ganz *privaten* Sinn sucht, ohne jeden Anspruch auf intersubjektive oder gar kosmische Gültigkeit? Werden hier also nicht ganz disparate Dinge in eins gesetzt? Muss man nicht ganz rigoros trennen zwischen der alten metaphysischen Sinnfrage und dem ganz verständlichen subjektiv-jemeinigen Verlangen nach Sinn?

Das muss man in der Tat. Nur sollte man sich darüber im Klaren bleiben, dass auch der Anspruch auf den kleinen privaten Sinn auf die große metaphysische Frage bezogen bleibt. Er setzt diese nicht nur historisch voraus, sondern spekuliert auch auf einen übersituativen Halt der Einzelexistenz, auf ein individuelles Heil, dessen man sich unabhängig von den Mitmenschen und der natürlichen Umgebung sicher sein können soll. Die scheinbar gemäßigte, privatisierte Allerweltsfrage nach Sinn führt deshalb in Aporien, und sie tut dies auch da, wo man sich um sauberes, logisch-analytisches Denken bemüht, wie etwa bei Joseph Maria Bocheński, dem 1995 verstorbenen Deep Thought der zeitgenössischen formalen Logik.

In seinem Aufsatz *Über den Sinn des Lebens* versucht Bocheński nichts Geringeres als die Widerlegung des sogenannten Pessimismus und definiert, dass menschliches Leben genau dann einen Sinn habe, „wenn ich meine, urteile, fühle usw., dass es für mich einen Wert hat, oder, einfacher ausgedrückt, wenn ich meine, urteile, fühle usw., dass es sich *lohnt* zu leben“. Bochénski sucht nun nach exemplarischen Situationen, in denen dies der Fall ist, und findet vor allem solche, in denen ein Ziel vorhanden ist, das man anstrebt und erreichen möchte. Als Beispiel aus eigener Erfahrung nimmt er den unter Sinnlosigkeitsgefühlen leidenden Studenten, der, als sein Co-Pilot in einem kleinen Motorflugzeug in einigen tausend Metern Höhe durch lebensbedrohliche Vergaserprobleme „herausgefordert“, ganz plötzlich wieder weiß, was er will, sich dem Ziel widmet, „den Motor wieder auf Touren zu bringen“, oder kurz gesagt, nicht abzustürzen. Bocheński folgert:

> „Nun, am Sinn seines Lebens konnte man während dieser Minuten vernünftigerweise nicht zweifeln, denn er hatte ein Ziel. Hat jemand ein solches Ziel, so kommt auch der Sinn des Lebens automatisch mit.“

Doch für den renommierten Logiker ist die Vorhandenheit eines Ziels keine notwendige Bedingung für das Vorhandensein eines Lebenssinns, denn es gibt auch

> „Augenblicke, in denen ein Mensch kein Ziel anstrebt, und sein Leben doch einen Sinn hat [...] Fälle, in welchen der Sinn des Lebens sozusagen sehr intensiv da ist.“

Gemeint ist das sogenannte Genießens des Augenblicks, beispielsweise des ‚faul‘ und ‚nichtsdenkend‘ nach einem Bade im Meer am Strand Herumliegens, für Bochénski ein „Fall, wo der Sinn des Lebens klar gegeben ist, aber ohne jedes Zielstreben“. Darüber hinaus gibt es Bochénski zufolge ein Sinnerleben, das zielfrei und aktiv zugleich ist:

> „Ich nehme ein kleines Flugzeug und fliege auf etwa 500 bis 700 Fuß über Grund, ohne Ziel, einfach um zu fliegen und

die Landschaft zu genießen [...]. Ich führe das Flugzeug, d. h. ich handle – aber ich strebe kein Ziel an. Nun hat mein Leben selten so viel Sinn, wie während dieser Flüge."

Allen drei Sinn-Situationen ist gemein, dass das heikle Thema gar nicht ins Bewusstsein dringen kann. Das Nichtspüren der Frage avanciert zum Kriterium für Sinnhaftigkeit – zum Beleg für die Anwesenheit von Sinn oder anders gesagt: Nur wenn und indem ich frage, entsteht Sinnlosigkeit. Bochénski kehrt damit das berühmte Diktum von Adorno „Leben, das Sinn hätte, fragte nicht danach" um. Meinte Adorno so lakonisch wie unwiderleglich, dass schon das Aufkommen der Frage die Abwesenheit dessen impliziert, wonach gefragt wird, so scheint für Bochénski das Nichtstellen der Frage die Anwesenheit des Gesuchten zu garantieren. In die Form des diskreten Konditionalsatzes von Adorno gebracht, lautet Bochénskis Auskunft also: Leben, das nicht nach Sinn fragt, hat Sinn!

Eine solche Botschaft ist nicht nur bemerkenswert sinnleer, sondern führt auch in erstaunliche Selbstwidersprüche: Hat im nächsten Moment (nach Abklingen kontemplativer Stimmungen bei gleichzeitiger Indifferenz gegenüber Zielen aller Art), das Leben eines Menschen, das eben noch einen hatte, nun keinen Sinn mehr? – Oder wenn man das bizarre Beispiel eines kleinen Angestellten wählt, der sein halbes Leben unauffällig dem Sinn seines Berufs und seiner Familie nachgeht, nach diesen Jahren stillen Glücks in ein Waffengeschäft geht, zunächst Frau, Eltern und Kinder, dann einige Nachbarn und schließlich sich selbst erschießt –: Hat dieses Leben *vor* dem Amoklauf einen Sinn gehabt? Wie konnte dieser dann so plötzlich abhandenkommen? Oder hatte es etwa erst im Moment des Waffenkaufs einen Sinn – das Ziel der Beseitigung jener Menschen, die seiner Sinnerfüllung im Wege stehen?

Indem Bocheński den Begriff synonym gebraucht mit Ausgefülltsein, entweder ein Ziel verfolgen oder sich in feierabendlicher Kontemplation ergehen, wird dessen Verwendung gänzlich überflüssig: Der um das Überleben bemühte Co-Pilot hatte ein Ziel, und sonst nichts; der Badende für den Moment seinen Frieden mit Welt gefunden, und nichts darüber hinaus. Zur unter der Hand avisierten Frage, ob ein Individuum Anspruch auf etwas erheben könne, das den Namen Sinn verdient, ist damit noch gar nichts gesagt und schon gar nicht ist daher auch die vermeintlich pessimistische Auffassung widerlegt, wonach menschliches Dasein grundsätzlich keinen Sinn habe. Bochénski bietet nur eine heruntergefahrene, formalisierte Theorie guten Lebens, die mit der zunächst angekündigten, dann aber wegdefinierten Frage nichts mehr zu tun hat. Dass es Momente gibt, in denen die Sinnfrage nicht auftaucht, ist indes schnell zugestanden. Auch, dass es sinnvoll (in der profanen Bedeutung von zweckhaft, lebensdienlich) ist, sich zu beschäftigen, nämlich sich vor Langeweile (und damit vor dem Aufdringlich- und Maßloswerden der Sinnfrage) zu schützen, wird konzediert. Ebenso wenig ist gegen kontemplatives Sichgehenlassen einzuwenden.

Warum das Ganze unter dem Titel Sinn verhandelt wird, bleibt jedoch rätselhaft bzw. es erschließt sich nur dem, der zu ahnen beginnt, dass hier im Grunde doch die – gleich zu Beginn der Abhandlung als sinnlos deklarierte – große Frage nach dem Sinn, nach einer *rational* fassbaren Daseinsgrundierung gestellt ist, und man suggerieren möchte, auch via Aufenthalt in einem ganz anderen semantischen Bezirk zu ihrer Beantwortung beigetragen zu haben. Bochénski tut so, als ob das, was mit der Streichung Gottes verschwunden ist, nicht ein für alle Mal abhandengekommen wäre, sondern lediglich ins Private hinübergewechselt sei und dort gleichsam in winzig dosierten Sinnportiönchen weiterlebte. Statt des großen kosmischen Sinns gibt es, so die Suggestion, jetzt viele kleine, die zusammen genommen ähnlich viel Halt zu geben vermögen wie dieser eine: gleich ob es sich um den Klavierunterricht der Tochter, um die berufliche Karriere (samt der dazugehörigen Entspannung am Feierabend), um die ehrenamtliche Tätigkeit im Sportverein und dergleichen mehr handelt.

Etwas völlig anderes ist das gelegentlich noch verbreitete Bedürfnis, etwas *Sinnvolles* zu tun, insofern damit ein altruistischer Impetus verbunden ist – die Bereitschaft, einen Beitrag zu Erhalt oder Verbesserung des gesellschaftlichen Zusammenseins zu leisten. Es mag hier sogar Fälle geben, in denen man zu Recht vom Sinn eines Lebens sprechen kann. Dann nämlich, wenn jemand sein Leben in den Dienst einer guten Sache stellt, sich mit Haut und Haaren einer Lebensaufgabe verschreibt, der Abschaltung der Atomkraftwerke etwa oder dem Endsieg des Proletariats oder dem Kampf gegen die Kindersterblichkeit in Afrika. Doch abgesehen davon, dass über den Sinn dieser Zielsetzungen nicht unbedingt allgemeine Zustimmung herrscht, entsteht beim Außenstehenden im Blick auf die konkrete Lebenspraxis eines solchen Menschen mindestens genauso viel Schrecken wie Neid. Und selbst dann, wenn das Groß-Engagement einmal über jeden Zweifel erhaben sein sollte, hat das entsprechende Dasein weniger einen Sinn als lediglich einen – allerdings integren und begrüßenswerten – Zweck: die Verbesserung der menschlichen Verhältnisse, die Verringerung der Not und des Leidens.

In der am Beispiel von Bochénski gezeigten modernen Privatsinn-Auffassung geht es aber genau darum eben nicht. Im Gegenteil: Für Bochénski sind die Ansprüche der Mitmenschen sogar grundsätzlich auszublenden in der Frage, die einst das Große und Ganze betraf. Er schreibt:

> „Mir scheint es, dass ich moralisch in Ordnung bin, wenn ich versuche, mir meinen Sinn auf meine Weise zu sichern, ganz abgesehen davon, ob das der Gesellschaft gefällt oder nicht“

und liefert damit eine unfreiwillige Gesellschaftsdiagnose: Das moderne Individuum erfährt sich in der vermeintlich alles entscheidenden Frage ganz auf sich gestellt, maßt sich an, Sinn unabhängig von der sozialen und natürlichen Umwelt haben zu können, und betrachtet den Planeten als zur Verfügung gestellten Austragungsort privater Sinnjagden. Ob „mein“ Sinn den der anderen stört, mit diesem in unversöhnlichem Widerspruch liegt, was es also beispielsweise für die Überflogenen bedeutet, wenn ich meine Erfüllung in abendlichen Motorflugzeugrundflügen suche, wird gar nicht mehr gefragt. Die Zucht von

Kampfhunden oder das Denunzieren von Parksündern kann nun mit der gleichen Legitimität zum Sinn eines Lebens erhoben werden wie das Sammeln von Briefmarken.

Die Totalisierung des Ichbezugs in der Sinnfrage steht also nicht nur insgeheim im Fragehorizont des metaphysischen Sinnanspruchs. Sie rechtfertigt und begünstigt auch die zunehmende Atomisierung der Gesellschaft, die das Gefühl der Sinnleere weiter verschärft und deshalb kontraproduktiv ist. Es ist die selbstgefällige Position der Hobbyflieger, Hundezüchter und Opernhausabonnenten, die „ihren" Sinn schon haben und es sich vor diesem Hintergrund auch leisten können, auch noch das soziale Moment aus der Sinnfrage zu verabschieden. All denen, denen das Orientierungsproblem wirklich auf den Nägeln brennt, können solche Überlegungen aber nicht weiterhelfen. Man kann ihnen den Halt nicht andemonstrieren, den sie ja gerade vermissen. Sie fragen nach *mehr* als den jedermann gegebenen temporären Glücks- und Zufriedenheitszuständen, nämlich nach einer entdeckbaren positiven Grundstruktur ihres Daseins, die sich durchhält und verlässlich genug ist, auch die unerfüllten Stunden ertragen zu helfen.

Derartige gut gemeinte Lebenshilfe-Tipps und Sinnfindungsstrategien verschlimmern die Situation sogar, insofern sie den Eindruck vermitteln, in Besitz von Sinn zu kommen, sei das Mindeste, was man von sich erwarten könne, Sinn sei die *conditio sine qua non* gelingenden Lebens. In dieser Hinsicht schießt der Wiener Psychotherapeut Viktor Emil Frankl (1905–1997) den Vogel ab: Er droht denen, die nicht nach einem Sinn im Leben fragen, sogar damit, krank zu werden. Wer nach einem solchen sucht, ist es bereits, hatte dagegen Sigmund Freud behauptet, dessen Position Frankl auf den Kopf stellt. Anspruch auf Sinn zu erheben heißt sich nun auch in dieser Sache unter Leistungszwang zu stellen, seine Enttäuschungsanfälligkeit zu erhöhen und damit auch das Leid, das man auf diese Weise zu kurieren suchte. Unter den Bedingungen eines gesellschaftlichen Erwartungsdrucks ist die Sinnsuche die Krankheit, deren Heilung sie verspricht.

Der Gießener Philosoph Odo Marquard plädiert deshalb zu Recht für eine Ernüchterung der Sinnfrage, für eine Diätetik der Sinnerwartung, und zeigt den Zusammenhang mit der modernen Konsum- und Anspruchsgesellschaft auf:

> „Die moderne Gesellschaft ist der Versuch, den verlorenen Sinn durch Luxus zu ersetzen. An seine Stelle treten die Zerstreuung, das Geld, der Erfolg, das Prestige. Doch in der Anspruchsgesellschaft kompensieren nicht allein die Ansprüche das Sinndefizit; vielmehr: das Sinndefizit entsteht seinerseits durch Ansprüche, nämlich durch einen unmäßigen Sinnanspruch. [...] unsere primäre Schwierigkeit ist nicht der Sinnverlust, sondern das Übermaß des Sinnanspruchs; und nicht die große Sinnverlustklage bringt uns weiter, sondern eine Reduktion des unmäßig gewordenen Sinnanspruchs, eine Diät in Sachen Sinnerwartung."

Für Marquard liegt der Hauptfehler in der „direkten" Sinnintention – in der Vorstellung, die entsprechende Erfüllung sei ohne jeden Umweg ansteuerbar. Die hochfliegende Erwartung schlage immer dann, wenn man auch nur eine Spur hinter dem gewünschten Ziel zurückbleibe, um in absolute Verzweiflung, bis hin zur Angst vor dem Ende der Menschheit, die ebenfalls nur ein Folgeprodukt der übermäßigen, also „direkten" Sinnerwartung sei. Marquard rät deshalb zu Gelassenheit, zur Würdigung der kleinen Sinnantworten, zur Pflege des unsensationellen Sinns wie ihn Beruf, Familie, Routinen böten.

Marquard hat da freilich leicht reden, denn er blickt von der kulturtheoretischen Anhöhe der Münsteraner Ritter-Schule herab. Er meint nämlich, auf das vertrauen zu können, was Jacob Burckhardt seinerzeit „das geheimnisvolle Gesetz der Kompensation" nannte. War die Nachweisbarkeit dieses Gesetzes bei Burckhardt noch auf die Tatsache beschränkt, dass der Verlust von Menschenleben in Kriegen durch enorme Geburtenschübe in der Folgezeit kompensiert wird, so avanciert es bei Hermann Lübbe und Odo Marquard, den prominentesten Schülern von Joachim Ritter (1903–1974), zur zentralen „Verlaufskategorie“ geschichtlicher Prozesse.

Dafür macht Marquard Arnold Gehlens Mängelwesentheorie spekulativ fruchtbar. Diese besagt, dass der Mensch die ihm ursprünglich fehlende Instinktsicherheit kompensieren, sich die zu ihm passende Umwelt erst herstellen muss. Mit Händen und Intelligenz hat ihm die Natur die Mittel dafür an die Hand gegeben, seine konstitutiven Defizite gegenüber dem Tier *auszugleichen*, das heißt, er ist nicht schon fertig, sondern muss sich erst noch schaffen. Er hat also zu tun, aber zuletzt nichts zu befürchten, denn das Material für seine Milieusicherung, die Natur, ist ihm ja gegeben – und er hat die Fähigkeit (und geradezu die Verpflichtung), dieses Material nach seinem Zwecksinn umzuarbeiten.

Marquard weitet den Anwendungsbereich der Idee eines quasi-natürlichen Ausgleichsprinzips nun vom anthropobiologischen Grundbefund des Mängelwesens Mensch auf den Gegenstand neuzeit- und kulturspezifischer, also geschichtlich entstandener Mängellagen aus. Für Verluste, die die unaufhaltsame Dynamik der wissenschaftlich-technischen Moderne für den menschlichen Seelenhaushalt mit sich bringt, gibt es geradezu automatisch Ersatz. Es treten Gegenbewegungen hervor, die die dramatische Entwurzelung, wenn schon nicht aufzuhalten, so doch wenigstens zu konterkarieren und – im Hegelschen Sinne – aufzuheben vermögen. Marquard schreibt allgemein: „Die Beschleunigung des sozialen Wandels wird durch Kompensationen neutralisiert“, und meint konkret: die Entzauberung und Versachlichung der Umwelt wird neuverzaubert durch die ästhetische Entdeckung der Landschaft, der änderungsbedingte Vertrautheitsschwund im Ortsbild wird ausgeglichen durch die Passion für Denkmalschutz und Musealisierung, und die „tachogene Weltfremdheit“, der schmerzliche Erfahrungsverlust aus dem Auseinanderfallen von Herkunft und Zukunft, durch die umwerfende Karriere der Geisteswissenschaften.

Dafür, dass dieser freundliche Prozess ungestört verlaufen kann, sorgen die gewachsenen Institutionen. Sie liefern, mit

Gehlen formuliert, die nötige Hintergrunderfüllung, *indirekten* Sinn also, vorausgesetzt, dass man sich „von den Institutionen konsumieren lässt“, das heißt, sich ihren Sondersphären und Eigenlogiken unterwirft. Für den verlässlichen Fortgang der Geschichte ist deshalb kein steuerndes Eingreifen und schon gar kein kritisches Bewusstsein erforderlich. Ein solches würde die Sache sogar verderben. Gefährdet wird das selbstregulative Gleichgewichtssystem nämlich von denen, die damit nicht zufrieden sind – von den Intellektuellen also, die mehr wollen als ein Leben in „wohltuender Fraglosigkeit“.

Mit dem Glauben an die harmonisierende Kraft der Institutionen und der Verabschiedung individueller Kontrollansprüche scheint Marquard sich wieder der griechischen Perspektive zu nähern, in der die vermessenen Sonderwünsche des Menschen keinen Platz haben. Doch der Kosmos, in den Marquard meint, nicht eingreifen zu dürfen, ist nicht der des von Natur aus Seienden, sondern der Kosmos der modernen Mängelwesentheorie, in dem der ungehemmte Zugriff auf die Natur *eo ipso* gerechtfertigt ist. Diese Mängelwesentheorie anthropologisiert den neuzeitlichen Menschen zu jenem Homo Faber, der er in der westlichen Gesellschaft ja tatsächlich zunächst und zumeist auch ist. Das heißt: Sie hypostasiert den nichtreflexiven Pol praktisch-technischer Kompetenz zum eigentlichen Wesensmerkmal des Menschen und vergisst im Seinlassen das notwendige und gleichursprüngliche Komplement des Tätigseins zu erkennen. Dieser Mensch wähnt sich in der Sonderstellung, als einziges Wesen gleichsam mit dem Rücken zur Wand der Evolution zu stehen, sich also wehren, das andere der Natur rücksichtslos anverwandeln zu müssen, um seine unfertige Existenz zu komplettieren. Der Respekt vor dem Ganzen einer menschenunabhängigen Ordnung, der die antike Philosophie auszeichnete, reduziert sich in der Kompensationstheorie deshalb zum menschlichen Selbst-Respekt, zum Kniefall vor den selbst losgetretenen neuzeitlichen Vernutzungstechnologien und Sachzwang-Dynamiken. Die Harmonievorstellung bleibt reserviert für die zugerichtete Nutz- und Werkwelt, für die Welt des Menschen. In der Antike als ewiges Wechselspiel zwischen je zwei einander gegenüberstehenden Polen verstanden, gilt Ausgleich jetzt nur noch als Kompensation zivilisationsgeschichtlich entstehender Mängellagen, als Service am Menschen.

Norbert Bolz' kritische Theorie der Sinngesellschaft ist nicht weniger affirmativ – schließlich ist er ja auch der einzige Marquard-Epigone, der ausschließlich an dessen versöhnlicher Altersphilosophie, die Kompensationstheorie, anknüpft. Für Bolz ist die Kultur nichts anderes als die Kompensation der Moderne. Der Mensch braucht sie als nützliche Fiktion, weil die zunehmende Komplexität der realen Welt für den Menschen unlebbar wäre.

> „Ich setze Einigkeit darüber voraus, dass unsere Gesellschaft unüberschaubar komplex ist, dass unsere eigenen Technologien uns überfordern und dass das Maß des Menschen keine Weltorientierung mehr gewährt. Kultur bietet für diese Zumutungen einen Ausgleich; sie verspricht einen Ausweg aus der Komplexität und sie bietet Symbole der Einheit an. [...] Die gesellschaftlichen Differenzierungsprozesse fordern ausgleichende Rituale der Einheit – und die liefert uns der Kulturbetrieb."

Nichts anderes leistet die Kultur*kritik*, die nach Bolz deshalb nichts Äußeres ist, sondern Teil der Kultur selbst:

> „Gerade die Kulturkritik erfüllt die Funktion der Komplexitätsreduktion und Einheitssymbolik besonders gut. Denn mit Hilfe des kulturkritischen Entfremdungs- und Verdinglichungsvokabulars kann man die Phantomwelt des Spontanen und Authentischen beschwören: Echtheit, Reinheit, Selbstverwirklichung, zurück zur Natur, das Wesentliche – sonst nichts! Echtheit und Authentizität sind die präzisen, polemischen Gegenbegriffe zur Kontingenz der modernen Welt."

Kulturkritik ist also kein wichtiges Instrument zur Vermeidung gesellschaftlicher und zivilisatorischer Fehlentwicklungen, sondern gehört ins Feld kompensatorischer Sinnstiftung, besitzt also keine tiefere Bedeutung, sondern allenfalls Unterhaltungswert. Gleiches gilt für die apokalyptische Warnung vor der ungebremsten Fortsetzung der Naturzerstörung. Diese Warnung speist sich – und auch hier folgt Bolz Marquard – nicht etwa aus Realitätssinn, sondern aus übermäßigem Sinnanspruch. Richtig, das heißt mit wissenschaftlicher Nüchternheit betrachtet, ist Kritik an den Eigendynamiken der wissenschaftlich-technischen Welt dagegen unnötig. „Es läuft", lautet Bolz' Credo, und das tut es gerade deshalb, weil die gesellschaftliche Entscheidungsfindung nicht mit Sinnansprüchen überfrachtet wird, sondern der Markt regiert, Funktionssysteme also, die einen sinnfremden Eigenwert angenommen haben. Das ist nicht nur nicht schlimm, sondern macht die Postmoderne nachgerade zur besten aller möglichen Welten, zu jenem Paradies, in dem der Nachzügler dieses Fortschritts, der Linksintellektuelle, sich den Sinn auf dem Wege utopischer Gesellschaftskritik verschafft und wahrhaft Aufgeklärte wie Bolz sich an dem Sinn erfreuen, der schon da ist: am Sinn der Oberflächengestaltung, des Designs – am kompensatorischen Friedensangebot der wissenschaftlich-technischen Systemwelt.

So weit, so tröstlich. Verdächtig wird diese neue Bescheidenheit im Sinnanspruch aber dem, der weiß, dass die Trostformel der Kompensation nicht die Errungenschaft einer neuen philosophischen Ernüchterung, sondern eine Leihgabe aus dem Argumentationshaushalt der Leibniz-Theodizee ist. In der frühaufklärerischen Fundamentalapologie fungierte das Kompensationsmotiv als *zweite* Rechtfertigungsstrategie, gewissermaßen als Hilfsargument für den Fall, dass die erste Strategie, der Hinweis auf die Funktionalität des Übels, nicht überzeugen sollte: Leibniz verrechnete das Übel mit Positivbefunden und stellte Ausgeglichenheit fest. Unverschuldetes Leid werde nicht nur durch Belohnung im Jenseits vergolten, sondern der Schöpfer habe schon im Diesseits gleichsam per Naturgesetz für gerechte Entschädigung gesorgt: Übel wie Überschwemmungen, Erdbeben und Blitzschläge würden „durch tausend gewöhnliche und beständige Bequemlichkeiten kompensiert", Leibniz im O-Ton. Übel sind demnach entweder sinnvoll oder ausgeglichen, an der Bestmöglichkeit der Welt und damit an ihrer immanenten Menschenfreundlichkeit erlauben sie keinen Zweifel.

Mit einer Rückkehr zur vorchristlichen Sinn-Abstinenz haben die Theorien von Marquard und Bolz also nichts zu tun. Sie kommen nur deshalb ohne großen Sinn aus, weil sie auf einen Zustand prästabilierter Harmonie spekulieren, im Blick auf welche ein wirklich irreversibler Absturz gar nicht denkbar ist – eine Vorentscheidung, die Marquard auch ganz offenherzig „Vize-Optimismus" nennt. Man vertraut auf den Sekundärsinn der Kompensation und bleibt damit im Gravitationsfeld christlicher Zuversicht. Was sich bei Bolz als letzte Ernüchterung feiert, sind in Wahrheit also alte, aufgewärmte Selbstbeschwörungsformeln. Wie Marquard verweigert auch er sich der Einsicht in die volle Tragweite menschlicher Sinn-Losigkeit.

Lässt sich die Sinnlosigkeit aber überhaupt ertragen, ohne zu vertrauensgewährenden Hilfskonstruktionen Zuflucht zu nehmen? Welche wäre denn die adäquate Haltung, die sich keiner Selbstillusionierung verdächtig machte? Ein Heroismus, der jede Sinnorientierung in den Wind schlägt, ein radikaler Existenzialismus also?

Ein solcher wäre schon deshalb mit Vorsicht zu genießen, weil der Ausstieg aus der christlichen Sinnerwartung auch in seinen historischen Positionen stets nur halbherzig vollzogen wird. Das gilt schon für Nietzsche, ihren geistesgeschichtlichen Stichwortgeber: „Wer seinen Willen nicht in die Dinge zu legen vermag, der Willens- und Kraftlose, der legt wenigstens noch einen Sinn hinein, d. h. den Glauben, dass schon ein Wille darin sei", schreibt er scheinbar klarsichtig im Nachlass. Die Sinnbehauptung ist demnach Fluchtreaktion, ein Versuch, den christlichen Diskurs auch nach seinem Ende noch weiterzuführen. Der Anspruch auf Sinn setzt den antiquierten Glauben an einen außerweltlichen Willen voraus, er ist ein Zeichen von Schwäche – und Dummheit.

Indes bleibt ein gelingendes menschliches Dasein auch für Nietzsche abhängig von einer Entität namens Sinn: Gibt es keinen (objektiven) Sinn, so machen wir ihn uns selbst, so soll ein

Wille herrschen, der der (Um-)Welt den fehlenden Sinn *vorschreibt.* Nietzsche lässt das menschliche Individuum in die Rolle Gottes schlüpfen. Er feiert das heroische, männliche Subjekt, das alle sozialen Rücksichten hinter sich lässt und keinen Sinn braucht, weil es der Welt und den Mitmenschen *seinen* (Eigen-)Sinn aufzwingt. Damit liefert Nietzsche nicht die avisierte Umwertung aller Werte, sondern allenfalls den letzten Schrei der abendländischen Metaphysik. Statt die christliche Sinnerwartung zu verabschieden, verlegt er sie nur ins gänzlich Diesseitige. Aus eben den Gründen, aus denen das Christentum Welt und Leben verneint hatte, bejaht er diese nun – und mit der gleichen Emphase. Der Philosoph Franz Josef Wetz schreibt:

> „Sinn und Rechtfertigung sind im Christentum und in Nietzsches Philosophie zwar grundverschieden, aber deren Maß, Grad oder Betrag mindestens gleich. Die Welt ist zwar keine fürsorglich verwaltete Schöpfung mehr, sondern ein sich selbst behauptendes Geschehen sich wechselseitig überwältigender Willen-zur-Macht-Kräfte. Aber in dem Maße, wie Gott nach Erschaffung der Welt seine Schöpfung für gut befand und sie als Werk seiner Hände sinnvoll, bedeutungsschwer und gerechtfertigt ist, soll sich nun die gottverlassene Welt als das Geschehen sich wechselseitig überwältigender Willen-zur-Macht-Kräfte selbst für sehr gut, für wiederholungswürdig, alternativlos, sinnvoll und bedeutungsschwer halten. [...] Nietzsche vermag den mit dem Tode Gottes aufgetretenen Nihilismus und Pessimismus nur durch Ersatzmetaphysik zu bannen."

Kein Wunder, dass auch die Existenzialisten des 20. Jahrhunderts auf die christliche Sinnerwartung bezogen bleiben. Die Dramatik, mit der der Sturz ins Nichts, ins Bodenlose, beschrieben wird, zeigt die Nichtbereitschaft, die Sinnlosigkeit als banalste Tatsache der Welt hinzunehmen.

Sartre etwa bemüht in seinem Roman *Der Ekel* zunächst ganz explizit die physikotheologische Betrachtung des Ozeans, um sich dann rigoros von ihr abzugrenzen:

> „Das wirkliche Meer ist kalt und schwarz und voller Tiere: Es rumort unter dieser dünnen grünen Schicht, die nur gemacht ist, um die Leute irrezuführen. Die Wesen, die mich umgeben, fallen darauf herein – sie sehen nur die dünne Schicht – und die beweist die Existenz Gottes."

Sartre versteigt sich hier zu einer diametralen Umkehrung der christlichen Zuversicht: Das Meer, das eben noch als Symbol göttlicher Allmacht und Wohlordnung erschien, ist im existenziellen Moment nur noch kalt und schwarz und voller Tiere. Was über Jahrhunderte als Grund von Heimatlichkeit erfahren wurde, ist nun plötzlich Garant vollständiger Fremdheit und vollendeten Ausgesetztseins – ein Absturz, der nur verständlich wird, wenn man sich die Höhe des Erwartungshorizonts vergegenwärtigt, von dem der Existenzialist auf das gottlos gewordene Dasein herabblickt.

Auch bei Camus herrscht die Übertreibung, das heißt: Die gegen sich selbst gewendete emphatische Sinnerwartung. Im *Mythos von Sisyphos* beschäftigt er sich unter dem Zwischentitel „Verfremdung" mit der hochgradigen Absurdität der Naturerfahrung:

> „In der Tiefe jeder [landschaftlichen] Schönheit liegt etwas Unmenschliches, und diese Hügel, der sanfte Himmel, die Konturen der Bäume – sie verlieren im Augenblick den trügerischen Sinn, mit dem wir sie bedachten, und liegen uns von nun an ferner als ein verlorenes Paradies. Die primitive Feindseligkeit der Welt, die durch die Jahrtausende besteht, erhebt sich wieder gegen uns."

Was sich in solchen Momenten gegen uns erhebt, ist freilich nicht die „hostilité primitive de la monde", sondern die perennierende Feindseligkeit der christlichen Zivilisation gegen die Natur, eine Feindseligkeit, die nun in Resignation umschlägt. Entsprechende Situationen machen deshalb nicht klar, „mit welcher Intensität die Natur oder eine Landschaft uns verneint", sondern wie sehr sich der abendländische Mensch weigert, im Blick auf die sinn-lose Koexistenz von Mensch und Natur ohne metaphysischen Mehrwert auszukommen, oder andersherum formuliert, wie sehr er trotz aller gegenteiligen Behauptungen nach argumentativem Trost, nach Sinn – nach jener Sonderstellung sucht, die er zugleich dementiert.

Auch Sartres emphatisches Zur-Freiheit-verdammt-Sein offenbart nur die halbe Wahrheit, nämlich die heroisch auf sich genommene Erkenntnis, dass der Mensch ohne vorgegebenen Sinn ist. Das existenzialistische „der Mensch ist frei" überzeugt so zwar als Korrektiv zu den Beteuerungen der philosophischen Tradition, die ihn für in substanzieller Verfasstheit gehalten nimmt, bleibt – als emphatische Klage über solchen Verlust – aber selbst noch dieser verpflichtet. Bloß späte, verzweifelte Form pro-menschlicher Selbstauslegungen, gehört auch dieses Motto noch zum christlich-abendländischen Tanz um das Menschen-Ich.

Indem der Existenzialismus die horizontalen, weltlichen Bindungen geringschätzt, zeigt er, dass er in der Tradition von Kirchenvater Augustinus steht. Der Blick wird ausschließlich nach oben und innen gerichtet, die sichtbare, uns umgebende Welt wird zum Reich der Fremde erklärt, als Orientierungsmaß ausgeschlagen. Auch in Heideggers Früh- und Hauptwerk *Sein und Zeit* ist das so – der Blick nach außen, das Sich-Verlieren an die Welt, gilt als Vergehen an der Eigentlichkeit, die sich allein im Horizont der je eigenen Zeit realisieren könne.

Der Existenzialismus stellt also keine Alternative zum christlichen Weltbild dar. Vielmehr entpuppt er sich als versteckte Fortsetzung seiner Sinnerwartung – und der dazugehörigen latenten Naturfeindschaft. An seinen historischen Vertretern zeigt sich, was auch im Blick auf den zeitgenössischen Umgang mit der Sinnfrage schon deutlich wurde: Selbst dort, wo man den Sinnanspruch des abendländischen Menschen zurückweist, wird er insgeheim aufrechterhalten. Um zu einer illusionsfreieren Einschätzung des menschlichen In-der-Welt-Seins zu kommen, wäre deshalb ein konsequenterer Abschied vom Sinn erforderlich als der existenzialistische, ein Abschied, der zudem ebenso über Marquards vize-optimistische Sinn-

Diätetik hinausginge wie über Bolz' Urvertrauen in die schöne heile Welt des Designs.

Rezepte dafür, wie diese neue Nüchternheit Eingang in unser Alltagsbewusstsein finden könnte, sind freilich nicht in Sicht. Die Erwartung eines Lebenssinns verschwindet nicht schon allein dadurch, dass man ihre Absurdität erkennt. Man wird nicht einfach zur griechischen Perspektive zurückkehren können, auch wenn man ihren dezenten sinnlich-sinnenhaften Weltbezug für den weitaus angemesseneren hält. Nietzsche dürfte Recht behalten mit seiner Prophezeiung, der Schatten Gottes werde noch in Jahrtausenden über den Menschen schweben.

Natürlich wird man jetzt einwenden, dass es die gesuchte radikale Nüchternheit längst gibt – in Form des wissenschaftlichen Weltbilds, dem wir die neuzeitliche Entzauberung der Welt verdanken. Doch zum einen ist der in der modernen Wissenschaft praktizierte Sinnverzicht nur methodisch, erspart also nicht die grundlegendere Welt-Orientierung, deren existierende Menschen bedürfen. (Weswegen selbst Hardcore-Wissenschaftstheoretiker und Astrophysiker im Alter nicht selten noch ein Büchlein vorlegen, das den Sinn des Lebens reflektiert.) Zum anderen operieren Wissenschaftler und Techniker stillschweigend mit der kulturspezifischen Vorentscheidung, dass es sich bei den Gegenständen der Natur um bloßes Material handele, das man nach Belieben erforschen und verbrauchen könne – solange keine Menscheninteressen davon betroffen sind. Wer sein Denken in den Dienst der wissenschaftlichen Wertfreiheit stellt, denkt deshalb nicht vorurteilsfrei und nüchtern, sondern hat sich in der Frage des Umgangs mit der Natur im Grunde schon auf die Seite des Menschen geschlagen.

Die sogenannten modernen Wissenschaften sind nicht umsonst das Kind der westlichen Kultur, die von einer anderen als pragmatischen oder ästhetischen Beziehung zur Natur nichts wissen will. Wissenschaftlicher Sinnverzicht ist die Rückseite jener Medaille, deren Vorderseite Theodizee, sinnstiftende Selbstermächtigung des Menschen, heißt. Das wissenschaftliche Weltbild ist deshalb nicht zu nüchtern, sondern nicht nüchtern genug. Selbstverliebt richtet es sich in der Welt der Tatsachen ein, in einem gedanklichen Schutzraum, in dem die Anmaßung eines menschlichen Sonderrechts unangetastet bleibt.

Wie aber könnte eine Nüchternheit aussehen, die keiner ideologischen Scheuklappen mehr bedürfte? Führt sie nicht notwendig zu einem Selbstverständnis, das überhaupt keine Rücksicht mehr kennt, zu einer Nach-mir-die-Sintflut-Gesinnung?

Wer sich von derartigen Nihilismus-Warnungen verunsichern lässt, fällt auf die künstliche Opposition herein, mit der sich die moderne Gesellschaft gegen ein offeneres Naturverhältnis wappnet – auf jene haltlose Vereinfachung, dass es nur entweder den wissenschaftlich-sachlichen oder den religiös-metaphysischen Zugang zu unserem Heimatplaneten gibt und kein Drittes. Der Ausstieg aus der abendländischen Sinnerwartung wäre aber dieses Dritte. Er würde die Abwesenheit vorgegebener Bestimmungen nicht vorschnell als Lizenz zur freien Selbstbedienung begreifen, vielmehr anerkennen, mit dem, was sonst noch mit und neben dem Menschen da ist, allein zu sein – ohne den Beistand höherer Mächte, ohne Handlungsanweisung und das heißt: ohne jenes pauschale Recht des Ausgriffs, das die Mängelwesentheorie erteilt und die Wissenschaften stillschweigend zur Grundvoraussetzung haben.

Dazu bedarf es keines Rückfalls in die Unterstellung eines Animismus. Als das Andere verstanden, mit dem der Mensch in unvordenklicher Weise koexistiert, wird die nichtmenschliche Natur nicht notwendig zum Gottesersatz oder zum Garanten von Sinn: Sie bedeutet nichts, liefert keine Message, die rational zu entschlüsseln wäre und für klare Verhältnisse sorgte. Sie fordert den Menschen auch nicht zur Schonung auf. Dieser steht ihr jetzt nur gleichsam nackt gegenüber, ohne den Selbstschutz des Räsonnements, ohne Konzepte der menschlichen Selbstaffirmation. Darin liegt aber nichts Bedauerliches, sondern – gerade im Gegenteil – eine große Chance: Aus der Abwesenheit intellektueller Sicherheiten entspringt die Möglichkeit zu einer neuen und eigentlichen Zuwendung. Erst jetzt kann es zu jener Würdigung der Erde als letzter und einziger Heimat des Menschen kommen, die seit Leibniz aussteht. Und es kann dies allein deshalb, weil man die heile Welt des Räsonnements verlassen, sich nicht mit Antworten gerüstet hat, sich nicht auf tiefere Gründe stützen zu können glaubt. Nur in einer sinnlosen Welt kann man sich dieser gegenüber öffnen.

Literaturverzeichnis

Der Welt abhandengekommen – Eine kleine Philosophie der Abwesenheit

Virilio, Paul: Fahren, fahren, fahren …, Merve, Berlin 1978

Die Asphaltierung der Welt

Adamson, James: Sketches of our Information as to Rail-roads, zitiert nach Schivelbusch, Wolfgang

Anders, Günther: Die Antiquiertheit des Menschen, München 1956

Muthesius, Ehrenfried: Der letzte Fußgänger oder die Verwandlung unserer Welt, Beck, München 1960

Ruskin, John, zitiert nach Schivelbusch, Wolfgang: Geschichte der Eisenbahnreise, München/Wien 1993

Schivelbusch, Wolfgang: Geschichte der Eisenbahnreise, München/Wien 1993

Schoener, Hellmut: Berchtesgadener Fremdenverkehrs-Chronik 1923–1945, Berchtesgaden 1974

Virilio, Paul: Fahren, fahren, fahren …, Merve, Berlin 1978

Fluchtpunkt Wildnis – Der Wille zum Naturerlebnis zwischen Sehnsucht und Wirklichkeit

Diemer, Matthias, Flueler, Elsbeth und Volken, Marco: Wildnis – Ein Wegbegleiter durchs Gebirge, Rotpunktverlag, Zürich 2004, darin: Adolphs, Suchanek, Haubl, Hohler

Klages, Ludwig: Mensch und Erde, Gesammelte Abhandlungen, Kröner, Stuttgart 1956

Snyder, Gary: Lektionen der Wildnis, Matthes & Seitz, Berlin 2011

Stremlow, Matthias u. Sidler, Christian: Schreibzüge durch die Wildnis, Haupt, Bern 2002

Wagner, Richard: Mein Leben, Zweiter Band, Dietrich'sche Verlagsbuchhandlung, Leipzig 1968

Das Beben der Diskurse – Anmerkungen zum Konfessionskrieg um Naturkatastrophen

Kant, Immanuel: Geschichte und Naturbeschreibung der merkwürdigen Vorfälle des Erdbebens, welches an dem Ende des 1755sten Jahres einen großen Teil der Erde erschüttert hat, in: Breidert, Wolfgang (Hg): Die Erschütterung der vollkommenen Welt, Wiss. Buchgesellschaft, Darmstadt 1994

Rousseau, Jean-Jacques, Schriften Band I, Fischer, Frankfurt a.M. 1988
Voltaire (Arouet, Francois-Marie) in: Breidert, Wolfgang (Hg): Die Erschütterung der vollkommenen Welt, Wiss. Buchgesellschaft, Darmstadt 1994

Wer nicht hören will, muss fühlen – Ein Versuch über den Lärm

Lessing, Theodor: Die verfluchte Kultur, Matthes und Seitz, München 1981

Die dunkle Seite des Lichts – Überlegungen zum Ende der Nacht

Birkefeld, Richard u. Jung, Martina: Die Stadt, der Lärm und das Licht, Kallmeyersche Verlagsbuchhandlung, Seelze 1994
Hungerbühler, Ruth u. Morici, Luca: Soziologische Beobachtungen zur Wahrnehmung nächtlicher Landschaften, in: Zumthor, Peter u.a. Wieviel Licht braucht der Mensch, um leben zu können, und wieviel Dunkelheit?, vdf-Hochschulverlag, Zürich 2005

Sich auf den Weg machen – Konturen einer Philosophie des Wanderns

Adamson. James: Sketches of our Information as to Rail-roads, zitiert nach Schivelbusch, Wolfgang
Heidegger, Martin: Sein und Zeit, Niemeyer, Tübingen 1984
Kant, Immanuel: Kritik der Urteilskraft, Suhrkamp, Frankfurt a.M. 1974
Lévinas, Emmanuel: Die Spur des Anderen, Alber, Freiburg-München 1987
Lévinas, Emmanuel: Totalität und Unendlichkeit, Alber, Freiburg-München 1987
Muthesius, Ehrenfried: Der letzte Fußgänger oder die Verwandlung unserer Welt, Beck, München 1960
Riehl, Wilhelm Heinrich: Land und Leute, Manuscriptum, Waltrop 2010
Ritter, Joachim: Subjektivität, Suhrkamp, Frankfurt 1989
Rousseau, Jean-Jacques: Emile oder Über die Erziehung, Reclam, Stuttgart 1998
Schivelbusch, Wolfgang Geschichte der Eisenbahnreise; München/Wien 1993

Heimat – Neubestimmung eines verstaubten Begriffs

Achternbusch, Herbert: Die Heimat ist ein Kamel in: Gropp, Petra; Hosemann, Jürgen; Opitz, Günther u. Vogel, Oliver (Hg.): Neues aus der Heimat, Fischer Frankfurt a.M. 2004

Abschied vom Sinn – Plädoyer für ein Leben ohne metaphysischen Mehrwert

Adams, Douglas: The Hitchhikers Guide to the Galaxy" Pan Books, London 1979
Bocheński, Joseph Maria: Über den Sinn des Lebens und über die Philosophie, Herder, Freiburg 1994
Bolz, Norbert: Die Sinngesellschaft, Econ, Düsseldorf 1997
Camus, Albert: Der Mythos von Sisyphos, rororo, München o. Jahreszahl

Eucken, Rudolf: Der Sinn und Wert des Lebens, Jazzybee, Altenmünster 2012

Gehlen, Arnold: Der Mensch, Bonn 1958

Gehlen, Arnold: Moral und Hypermoral, Aula-Verlag, Wiesbaden 1986

Heidegger, Martin: Sein und Zeit, Niemeyer, Tübingen 1984

Kant, Immanuel: Die Metaphysik der Sitten. / Die Religion innerhalb der Grenzen der bloßen Vernunft, Frankfurt 1977

Leibniz, Die Theodizee, Meiner, Hamburg 1968

Löwith, Karl: Weltgeschichte und Heilsgeschehen, in: Schriften Band II, Metzler, Klaus u.a, Stuttgart 1983

Lübbe, Hermann: Praxis der Philosophie, Praktische Philosophie, Geschichtstheorie, Reclam, Stuttgart 1978

Marquard, Odo: Abschied vom Prinzipiellen, Reclam, Stuttgart 1981

Marquard, Odo: Diätetik der Sinnerwartung in, ders.: Apologie des Zufälligen, Reclam, Stuttgart 1986

Nietzsche, Friedrich: Die fröhliche Wissenschaft, München 1959

Sartre, Jean-Paul: Der Ekel, rororo, München 1963

Wetz, Franz Josef: Lebenswelt und Weltall, Neske, Stuttgart 1994

Die Graue Edition

Herausgegeben von Prof. Dr. Walter Sauer und Dr. Florian Lauermann in Zusammenarbeit mit der Prof. Dr. Alfred Schmid-Stiftung, Zug/Schweiz

Eine Auswahl aus den Büchern der Grauen Edition

Josef H. Reichholf: Begeistert vom Lebendigen
Facetten des Wandels in der Natur
308 Seiten, ISBN 978-3-906336-62-6

Walter Sauer (Hrsg.): Verlassene Wege zur Natur
Impulse für eine Neubesinnung. Ein Lesebuch
394 Seiten, ISBN 978-3-906336-09-1

Jürgen Dahl: Bitteres Lachen im grünen Bereich
Essays und Glossen eines Skeptikers
316 Seiten, ISBN 978-3-906336-32-9

Gernot Böhme: Die Natur vor uns
Naturphilosophie in pragmatischer Hinsicht
305 Seiten, 38 Abb., ISBN 978-3-906336-33-6

Günter Altner / Gernot Böhme / Heinrich Ott (Hrsg.):
Natur erkennen und anerkennen
Über ethikrelevante Wissenszugänge zur Natur
304 Seiten, ISBN 978-3-906336-29-9

Michael Gebauer / Ulrich Gebhard (Hrsg.): Naturerfahrung
Wege zu einer Hermeneutik der Natur
368 Seiten, ISBN 978-3-906336-44-2

Michael Hauskeller (Hrsg.): Die Kunst der Wahrnehmung
Beiträge zu einer Philosophie der sinnlichen Erkenntnis
385 Seiten, ISBN 978-3-906336-36-7

Michael Hauskeller (Hrsg.): Ethik des Lebens
Albert Schweitzer als Philosoph
282 Seiten, ISBN 978-3-906336-46-6

Eucken, Rudolf: Der Sinn und Wert des Lebens, Jazzybee, Altenmünster 2012
Gehlen, Arnold: Der Mensch, Bonn 1958
Gehlen, Arnold: Moral und Hypermoral, Aula-Verlag, Wiesbaden 1986
Heidegger, Martin: Sein und Zeit, Niemeyer, Tübingen 1984
Kant, Immanuel: Die Metaphysik der Sitten. / Die Religion innerhalb der Grenzen der bloßen Vernunft, Frankfurt 1977
Leibniz, Die Theodizee, Meiner, Hamburg 1968
Löwith, Karl: Weltgeschichte und Heilsgeschehen, in: Schriften Band II, Metzler, Klaus u.a, Stuttgart 1983
Lübbe, Hermann: Praxis der Philosophie, Praktische Philosophie, Geschichtstheorie, Reclam, Stuttgart 1978
Marquard, Odo: Abschied vom Prinzipiellen, Reclam, Stuttgart 1981
Marquard, Odo: Diätetik der Sinnerwartung in, ders.: Apologie des Zufälligen, Reclam, Stuttgart 1986
Nietzsche, Friedrich: Die fröhliche Wissenschaft, München 1959
Sartre, Jean-Paul: Der Ekel, rororo, München 1963
Wetz, Franz Josef: Lebenswelt und Weltall, Neske, Stuttgart 1994

Die Graue Edition

Herausgegeben von Prof. Dr. Walter Sauer und Dr. Florian Lauermann in Zusammenarbeit mit der Prof. Dr. Alfred Schmid-Stiftung, Zug/Schweiz

Eine Auswahl aus den Büchern der Grauen Edition

Josef H. Reichholf: Begeistert vom Lebendigen
Facetten des Wandels in der Natur
308 Seiten, ISBN 978-3-906336-62-6

Walter Sauer (Hrsg.): Verlassene Wege zur Natur
Impulse für eine Neubesinnung. Ein Lesebuch
394 Seiten, ISBN 978-3-906336-09-1

Jürgen Dahl: Bitteres Lachen im grünen Bereich
Essays und Glossen eines Skeptikers
316 Seiten, ISBN 978-3-906336-32-9

Gernot Böhme: Die Natur vor uns
Naturphilosophie in pragmatischer Hinsicht
305 Seiten, 38 Abb., ISBN 978-3-906336-33-6

Günter Altner / Gernot Böhme / Heinrich Ott (Hrsg.):
Natur erkennen und anerkennen
Über ethikrelevante Wissenszugänge zur Natur
304 Seiten, ISBN 978-3-906336-29-9

Michael Gebauer / Ulrich Gebhard (Hrsg.): Naturerfahrung
Wege zu einer Hermeneutik der Natur
368 Seiten, ISBN 978-3-906336-44-2

Michael Hauskeller (Hrsg.): Die Kunst der Wahrnehmung
Beiträge zu einer Philosophie der sinnlichen Erkenntnis
385 Seiten, ISBN 978-3-906336-36-7

Michael Hauskeller (Hrsg.): Ethik des Lebens
Albert Schweitzer als Philosoph
282 Seiten, ISBN 978-3-906336-46-6

Die Graue Edition

Burkhard Liebsch: Verletztes Leben
Studien zur Affirmation von Schmerz und Gewalt
301 Seiten, ISBN 978-3-906336-63-3

Hans-Dieter Mutschler: Von der Form zur Formel
Metaphysik und Naturwissenschaft
227 Seiten, ISBN 978-3-906336-58-9

Stefan Diebitz: Leonardos Entdeckung
Eine Philosophie des Ausdrucks
265 Seiten, ISBN 978-3-906336-60-2

Thomas Fuchs: Leib- und Lebenswelt
Neue philosophisch-psychiatrische Essays
378 Seiten, ISBN 978-3-906336-51-0

Gernot Böhme: Invasive Technisierung
Technikphilosophie und Technikkritik
350 Seiten, ISBN 978-3-906336-50-3

Michael Hauskeller: Biotechnologie
und die Integrität des Lebens
261 Seiten, ISBN 978-3-906336-53-4

W. Alt / U. Eibach / V. Herzog / S. Schleim / G. Schütz:
Lebensentstehung und künstliches Leben
410 Seiten, ISBN 978-3-906336-56-5

Alfred Schmid: Traktat über das Licht
Eine gnostische Schau
283 Seiten, ISBN 978-3-906336-00-8

Alfred Schmid: Principium motus
Vom Wesen der Schöpfung
173 Seiten, ISBN 978-3-906336-49-7

Walter Sauer: Begegnungen und Schicksale
Autobiographische Aufzeichnungen
465 Seiten, ISBN 978-3-906336-61-9